拯救者的祭酒

——柏拉图《蒂迈欧》的科学叙事

牛小兵 ◎ 著

安徽师范大学出版社
·芜湖·

图书在版编目(CIP)数据

拯救者的祭酒:柏拉图《蒂迈欧》的科学叙事 / 牛小兵著.— 芜湖:安徽师范大学出版社,2019.5

ISBN 978-7-5676-3966-9

Ⅰ.①拯… Ⅱ.①牛… Ⅲ.①柏拉图(Platon 前427—前347)–哲学思想–研究 Ⅳ.①B502.232

中国版本图书馆CIP数据核字(2019)第035269号

拯救者的祭酒——柏拉图《蒂迈欧》的科学叙事　　　　　牛小兵◎著

责任编辑:辛新新
装帧设计:张　玲
出版发行:安徽师范大学出版社
　　　　　芜湖市九华南路189号安徽师范大学花津校区
网　　址:http://www.ahnupress.com/
发 行 部:0553-3883578　5910327　5910310(传真)
印　　刷:江苏凤凰数码印务有限公司
版　　次:2019年5月第1版
印　　次:2019年5月第1次印刷
规　　格:700 mm×1000 mm　1/16
印　　张:14.25
字　　数:235千字
书　　号:ISBN 978-7-5676-3966-9
定　　价:49.80元

自　序

　　《圣经·创世纪》用文学的隐喻笔法叙说了上帝在6天的时间中创造万物与人类的历程。上帝首先创造了"光"，这是为人类感官创造的光，因此视觉对人类至关重要，这样混沌宇宙中的万物就在"光"的照耀下有了区分与定位。我们说"眼睛是心灵的窗户"，没有眼睛人类无法识别太阳下的万物。仅仅如此还不够，因为人类在黑暗中识别万物的力量会受到太多的限制：错觉与误判。上帝最后比照自己的形象创造了主宰万物秩序的人，并在人的躯体中吹进了"灵气"，这是理智与光明出现的前提。生活在伊甸园中的亚当和夏娃受"好奇"的驱使违反禁令偷吃了知识树上的果实，从此他们混沌的自我意识开始分裂，窥视到了不同的自我之间首先是两性生理上的差异，从此具备了倾听上帝声音的力量。《圣经·创世纪》告诉我们一个真理：知识就是光，那些把人类带进歧途的"知识"是"伪知识"，而把我们带入黑暗与苦难深渊的"知识"则是"假知识"。《圣经·创世纪》叙述了人类对真理的渴望，渴望站在真理的高峰俯瞰生活在"峡谷"或"洞穴"中的人类因视觉的迷雾及灵魂的漂泊而铸就的无穷的错误。而柏拉图的《蒂迈欧》恰恰是基督教寻找解决真理问题路径的出发点。

　　柏拉图是西方的圣人，有着拯救人类灵魂并使人类摆脱现象世界纷扰带给人类的无穷迷茫的渴望，其对话《蒂迈欧》中所叙述的宇宙天体的创造与人的创造恰恰是《圣经·创世纪》的理论来源。这一点我们可以从犹太人菲洛所著述的《〈圣经·创世纪〉释义》中看到。因此，不理解柏拉图的《蒂迈欧》就无法站在真理的高度阅读《圣经》。不过《蒂迈欧》与《圣经·创世纪》不同，《蒂迈欧》高度赞扬的是以数学知识为典范的科学理性，《蒂迈欧》中的神是具有数学思维与创造理性的科学之神，与《圣经·创世纪》的叙述有天壤之别。哥白尼《天体演化论》继承了《蒂迈欧》的数学构建，颠覆了基督教的根基。没有《蒂迈欧》理性之光的照耀，哥白尼无法在意识上走出《圣经》的阴影。意大利柏拉图学园创始人菲西诺非常重视《蒂迈欧》，认为它推动了文艺复兴新文化的出现，没有《蒂迈欧》西方人就不可能冲破中世纪的藩篱而窥视到近代科学的曙光。如果说《圣经》撒播的是信仰，安抚的是处在灵魂迷茫中的信徒，那么《蒂迈欧》播种的是代表希腊时代最高成就的立体几何与比例论，吹响了激励人类攀登科学与真理高峰的号角。谎言是上帝裁判人类的最后的钟声，只要《蒂迈欧》存在，科学理性的钟声将永不停息地震动那些被"伪知识"与"假知识"拨乱的人类的灵魂。哲学与神学、理性与信仰之间的争吵依然在继续。柏拉图之后是怀疑主义的浪潮，康德之后的尼采更是公开宣称：真理是尚未被发现的谬误。这种怀疑主义更加彻底宣示了：人类追求真理实际上是痴心妄想。近代科学的进步并没有消解希腊哲学与基督教之间持续的紧张，这种紧张恰恰就是西方文明蓬勃生机的根源！这种张力恰恰是西方不断推动制度创新的精神基因。而《蒂迈欧》则在思想史上第一次展示了这种张力。《蒂迈欧》是理解希腊哲学在逻辑上走向基督教的精神枢纽。

柏拉图的《理想国》是学界公认的西方"乌托邦"源头，这恰恰是天大的误会。《蒂迈欧》的开篇"重述《理想国》"，使我们开始思考《理想国》与《蒂迈欧》的关系。《理想国》开启了对真理的探索，假设了真理的存在，渴望寻找通往真理的路径。真理与人类生存的依据息息相关：没有真理指引，错误与苦难就无法避免；没有真理指引，躁动与盲动就无法避免。苏格拉底"无知即罪恶"的论断告诉我们：没有真理指引，我们的生存是没有意义的。没有经过审查的生活是没有价值的。审查什么？审查我们的生活是在真理指引下度过的？还是表面上是真理而实际上是在谬误的指引下度过的？《蒂迈欧》把《理想国》帮助人类摆脱苦难的方案放在《蒂迈欧》的开篇究竟是何意图？为什么柏拉图在《蒂迈欧》的开篇重述《理想国》时删掉"哲学家做王"的制度设计？我们只有阅读《蒂迈欧》才能够彻底解决《理想国》中的真理困境。《蒂迈欧》把《理想国》的制度设计比作一个静止的城邦、一个用几何学的画笔勾勒的理想社会的样板，在这个理想的城邦中，妇女儿童共有，财产共有，由具有最高政治智慧与科学知识的哲学家统治。当人们嘲笑柏拉图的时候，苏格拉底说：你可以否定我这个制度画家所画的美在人世间并不存在，但是你不能否定这幅画的审美价值，你也不能否定我画的美永远不会衰老。问题是，一旦这个美从画中走向人间，衰老就是必然的了，再美的东西也经受不起时间的洗礼。《理想国》暗示：完美的制度在人世间并不存在的根源，是制度设计者"真理意识"的欠缺与人类灵魂的复杂多变，即便在一些琐碎的问题上我们也很难达成一致的意见，指导我们行动的理论并没有真正建立在真理的轨道上。柏拉图在《理想国》中的"洞穴比喻"描绘了人类灵魂寻找真理摆脱意见束缚的艰难处境：我们被现象世界纷纭多变的假象所迷惑而迷失方向，即便通过教育也会面临巨大的政治风险。我们应该从经验中走出来，注视茫茫的夜空，探索宇宙天体秩序的完美起源，作为构建人类社会良好秩序的样板与参照。因此，《理想国》的困境必然导致《蒂迈欧》的出现，而《蒂迈欧》恰恰是理解《理想国》的合理视角。《理想国》筹划的理想城邦所欠缺的视角与范例就在《蒂迈欧》中：只有科学才能擦亮我们的眼睛，才能使我们的灵魂走向"非迷雾的真理"，从而获得真正的解放与自由。真理只存在于知识的领域，而人类经验恰恰混杂着错误与伪装、谎言与欺骗、幻觉与假象等"非知识"，它是人类摆脱苦难与走出迷雾必须切除的对象。经验是无法复制的，任何模仿都是可笑的。柏拉图的《理想国》制造了许多笑话，编制了许多谎言，我们就把柏拉图的戏谑之词看作是检验人类灵魂是否在真理的指引下走出迷茫而故意设置的篱笆吧！

柏拉图的《蒂迈欧》构建了理性神学的样本。柏拉图在《法篇》中批评智者学派的信仰："人是万物的尺度。"柏拉图说，这种论断效果不好，会导致意见纷争与"百家争鸣"，最终会导致强势的披着真理外衣的主流意见主导并控制社会，成为构建强权政治的意识形态；思想的独断比制度的独裁更加恐怖，探寻真理之路就被阻隔了，真理的裁判权就被垄断了。不如改为"神是万物的尺度"。因为神代表理性的完美，而人类的理性可能永远都达不到这样的境界，这样才能实现"真理面前人人平等"。柏拉图的担忧很快在《约翰福音》中变成了现实：使徒约翰宣称自己是"真理的见证者"，耶稣是"神的儿子"。基督教在《蒂迈欧》的地基上筹划"恩典真理意识"，从此在权威面前，人是不允许思考的，更不要说允许批评了，我们唯一可以做的就是服从。柏拉图在《菲莱布》中讨论了"快乐"的命题：是追求真理快乐呢？还是追求肉体快乐？这是我们这群生活在洞穴中的人类灵魂面临的选择。人类的理性是有限的理性，宇宙的理性却是无限的，而真理是我们人类需要穷其一生去追求的终极生存的依据。理性为宇宙天体安排了永恒的秩序，而人类受身体局限无法容纳这种永恒。真理是为人类而存在，而人不认识真理只认识意见。如果缺少真理性意见的指引，我们的选择就会从错误的意见出发，我们的行动一开始就会走在错误的起点上。就让我们给那些为探索宇宙秩序的奥秘，渴望拯救人类于苦难而不懈努力探索真知，穷其一生却收获甚微，常常遭受世人误解的先驱者们献上一杯"祭酒"吧！

目　录

导　言

　　马克思从事学术活动的起点是探讨希腊科学与哲学之间关系的《博士论文》，认为物理世界与真理世界的关系是"理解希腊哲学的真正的历史钥匙"；马克思批评黑格尔对希腊哲学的解释的同时增加了普鲁塔克与伊壁鸠鲁论战的文章，因为这场论战代表了一个方向，它恰当地表现了神学化的理智对哲学的态度。这场论战其实是宇宙自然的"理性解释"与"经验解释"之间的对立，也表明希腊时代柏拉图学园的导师从柏拉图到普鲁塔克与伊壁鸠鲁主义者之间存在持续的紧张。有历史记载表明，柏拉图曾经希望烧掉伊壁鸠鲁的文章，但有人告诉柏拉图这些文章已经传播了。与伊壁鸠鲁展示了宇宙观与人生观的分离不同，柏拉图的《蒂迈欧》展示了宇宙观与人生观的一致。在基督教独断论统治了欧洲1 500年后，作为复兴"伊壁鸠鲁意志"的英国经验论崛起了，拯救苦难的路径由基督教神性生存转向了世俗生存。马克思是否也有同样的渴望？

　　众所周知，苏格拉底与毕达哥拉斯一样述而不作，苏格拉底是柏拉图对话中的主要角色，而毕达哥拉斯的数学影子则潜伏在柏拉图对话中。《蒂迈欧》作为柏拉图晚年关于自然哲学的对话，也是苏格拉底引领毕达哥拉斯学派天文学家蒂迈欧叙说的。但是我们对苏格拉底研究的第一手资料主要还是依据柏拉图"经过修饰的苏格拉底"对话、亚里士多德著作中的部分评论、苏格拉底弟子色诺芬的《回忆录》《齐家篇》等，还有柏拉图同时代的喜剧诗人阿里斯托芬的剧本《云》。虽然尼采认为阿里斯托芬（而非伊壁鸠鲁）是柏拉图最为敬重的对手，尤其是《财神》与《云》好像是在回应柏拉图的《理想国》，而其剧本《鸟》好似在隐约回应柏拉图的《蒂迈欧》，但我们缺少充分的历史证据验证这种猜测的合理性。历史的证据则表明柏拉图与毕达哥拉斯学派早期的两个数学家菲洛劳斯（Philolaus）与阿尔肯塔斯（Archytas）交往亲密，后者尤甚。的确，最早的哲学家泰勒斯与毕达哥拉斯都是数学家，早期的哲学家们大都用诗歌体表达对宇宙万物的认知，但希腊哲学有着独特的表现宇宙的方式即科学与神话或者科学与诗歌的交织，希腊科学更确切地说是缺少实证逻辑论证的"科学解释学"，因此我把对《蒂迈欧》的研究定性为科学叙事——对宇宙的科学解释性的言辞。正如《理想国》是关于"最佳政制的言说"一样，《蒂迈欧》是关于宇宙万物产生与人类灵魂归宿的"科学言说"，这种言说有着强烈的伦理取向，与当今科学哲学要努力使哲学科学化的价值追求并竭力清除形而上学不同。

柏拉图是有着诗人性格与科学嗜好并终身关怀政治的哲学家。我读硕士研究生时期主要关注《理想国》，在德国浪漫主义学派施莱尔马赫的柏拉图研究和美国保守主义政治哲学代表列奥·施特劳斯（Leo Strauss）学派"古典诗学解释路径"影响下而写作了论文：《解放的现代性：卡尔·马克思的政治哲学》。但是柏拉图对话中的数学影子始终令人困惑不解，也使我难以走出"政治哲学"视域。随后我集中研读柏拉图的《菲多》这一篇苏格拉底与毕达哥拉斯学派数学家菲洛劳斯的弟子之间关于"灵魂不朽"的对话并写作了《柏拉图〈菲多〉的论证：言辞与意图》，但这篇论文没有阐明数学在《菲多》中的作用以及柏拉图如何对待数学在哲学追求智慧与真理中的意义与价值。《菲多》叙述了早年的苏格拉底也是自然哲学的爱好者，与《苏格拉底申辩》展现了不同的关注数学论证的苏格拉底形象。阅读《菲多》的困惑使我转向研究毕达哥拉斯学派数学，尤其是对柏拉图有深刻影响的两位毕达哥拉斯学派数学家菲洛劳斯与阿尔肯塔斯，我的主要依据是希腊研究学者卡尔·霍夫曼编辑的这两位数学家的著作残篇的希腊文-英文注疏：《塔里托姆的阿尔肯塔斯》与《克里托的菲洛劳斯》。这两部著作开阔了我的视野：（1）我开始走出列奥·施特劳斯政治哲学的研究路径，也理解了当年列奥·施特劳斯与数学家克莱因（John Klein）在解读柏拉图上的分歧以及数学对理解柏拉图的重要性①。同时开始阅读毕达哥拉斯学派的研究著作并重新阅读《理想国》，写作了发表在《理论月刊》（2015年第2期）上的研究论文：《柏拉图〈理想国〉：数学在理想城邦建构中的意义》，渴望理解《理想国》中"数学与政制"的关系；以批判的眼光看待近代学者康福德与泰勒的《蒂迈欧》研究，试图摆脱亚里士多德"形而上学的研究路径"。（2）完全转向毕达哥拉斯学派数学与希腊数学以及柏拉图学园的数学研究，开始以古典视野梳理新柏拉图主义和新毕达哥拉斯主义对《蒂迈欧》理解上的分歧。以科学哲学的古典视角阅读柏拉图对话尤其是《蒂迈欧》，使我开始走出"形而上学的研究思路"的束缚。因此写作了发表在《自然辩证法研究》（2014年第10期）上的研究论文：《柏拉图〈蒂迈欧〉研究：当代论争与意义》。（3）对《蒂迈欧》的阅读要追溯到"埃及亚历山大学派"普罗提诺及其弟子波菲利编著的《九章集》，和波菲利弟子杨布里柯在与其导师发生分歧后转向毕达哥拉斯数学并创立了"叙利亚学派"；最后落脚到雅典学派的最后一位导师普罗克洛斯②的著作，尤其是他在28岁时对《蒂迈欧》5卷本的评注③。

我认识到：普罗克洛斯对《蒂迈欧》的研究已经关注到柏拉图对话中

① 刘小枫：《施特劳斯与古典政治哲学》，上海三联书店2002年版，第721页。在"剖白"中记载了发生在1970年1月美国圣约翰学院关注希腊科学与数理逻辑的数学家克莱因与施特劳斯这两位在海德格尔影响下成长起来的思想家的对话与理解柏拉图的分歧：（1）克莱因认为，科学是古典思维的副产品，作为这种思维的副产品，科学也是能够遮蔽我们思域的稀有物。克莱因关心科学的道德价值，认为柏拉图更关心的是美德；因为在柏拉图看来，任何事物存在的依据就是在其内部包含"善"的种子，否则便不会存在；（2）施特劳斯关注政治与神学问题。柏拉图对话存在着戏剧性的特征，这种戏剧性展示的是城邦与哲学的张力，而不是科学的道德意义。这场对话体现了理解柏拉图对话意图上的分歧，也是"科学哲学研究路径"与"古典诗学研究路径"的交锋。我觉得克莱因的数学背景使他在理解柏拉图尤其是《理想国》与《蒂迈欧》上比施特劳斯更合理，因为施特劳斯无法理解《蒂迈欧》，甚至其弟子伯纳德特也只是关注《蒂迈欧》的喜剧特征，对《理想国》的解读也对对话中的数学解释视而不见，甚至手足无措。

② 柏拉图创办的学园存在了近900年，在公元529年被罗马帝国关闭。参见 John Dillon.Neoplationic Philosophy,Introductory Reading,Hackett Publishing Company Inc.2004.

③ Harold Tarrant.Proclus：Commentary on Plato's Timaeus Ⅰ,Proclus on the Socratic State and Atlantis,Cambridge University Press,2006；Michal Share.Proclus：Commentary on Plato's Timaeus Ⅱ,Proclus on the Causes of the Cosmos and Its Creation,Cambridge University Press,2008；Dirk Baltzly.Proclus：Commentary on Plato's Timaeus Ⅲ,Proclus on the World's Body,Cambridge University Press,2006；Dirk Baltzly.Proclus：Commentary on Plato's Timaeus Ⅲ,Proclus on the World's Soul,Cambridge University Press,2006；Dirk Baltzly.Proclus：Commentary on Plato's Timaeus Ⅴ,Proclus on Time and the Stars,Cambridge University Press,2013.

的科学元素，尤其是数学对柏拉图创作《蒂迈欧》的决定性作用；但是普罗克洛斯对柏拉图对话"荷马-赫西俄德创世史诗的神话叙事"中隐含的人类原初的思维结构重视不够，这使得普罗克洛斯的《蒂迈欧》评注存在致命的缺陷，即折中主义，因此他对《理想国》的注疏也只是关注荷马史诗的诗学意义。另外，普罗克洛斯过分依赖当时占统治地位的托勒密的天文学成果，使得《蒂迈欧》中的"数学构建宇宙"的思路受到削弱，这与他有亚里士多德的研究背景有关。在对希腊化时代关于《蒂迈欧》的古典争论有了清晰的思路后，我又写作了《柏拉图〈蒂迈欧〉研究：古典论争与意义》，由于涉及新柏拉图主义三大学派：亚历山大学派、叙利亚学派与雅典学派，对基督教的态度以及他们共同的亚里士多德"形而上学"背景，再加上我对基督教和亚里士多德著作尤其是《圣经·创世纪》和《约翰福音》这两篇与《蒂迈欧》密切关联的主要作品缺乏深入研究，这篇论文始终无法完成。另一篇尚处在襁褓中的论文：《柏拉图〈理想国〉研究：数学与政制》，也由于涉及《理想国》对西方"乌托邦政制"的哲学根源、《理想国》在阿拉伯哲学中的位置尤其是阿尔法拉比对《理想国》宗教化的政治取向的探讨，始终令人困惑。我对这些柏拉图著作的传播史了解得不多。柏拉图对话尤其是《理想国》（第2～3卷）中的"神学立法"与《蒂迈欧》中的"理性神学建构"，延续到《法律篇》（第10卷）中"作为立法者的神学"的政治哲学建构，使我认识到必须回到荷马史诗叙事的"众神纷争的世界"与赫西俄德《神谱》中的"众神统治秩序的神学立法"中去。《神谱》中的宇宙秩序与《工作与时日》中的政治劝谕之间的关系是很类似于《蒂迈欧》的叙事结构的[1]，这也是本书所没有解决的问题。列维·施特劳斯在《神话与意义》中提出，"神话与神学"的逻辑演进促使我思考柏拉图《蒂迈欧》中的"科学与神话"的关系，没有数学支持，这一演进在《蒂迈欧》中不可能得到很好的体现。柏拉图的《蒂迈欧》让人兴奋，更让人感到困惑。

　　《蒂迈欧》是柏拉图著作中唯一一篇关于自然哲学的对话，对话中对宇宙的科学解释与神话的叙事交织，城邦最佳政制、数学设计的宇宙秩序与

---

　　① Jenny Strauss Clay. Hesiod' Cosmos, Cambridge University Press, 2005.

人类灵魂秩序三位一体、互相映照。《蒂迈欧》中柏拉图对数学的热情与对政治的关怀再次汇集，科学与形而上学之间建立了神秘的逻辑关联。在柏拉图看来，一切自然存在物都存在自然秩序意义上的目的或"命运"，而违背这种秩序的灵魂则必然会在时间中受到"惩罚"，政治秩序必须以自然秩序为参照才有可能得到更好的治理，宇宙秩序是政制秩序的模本，这样目的论宇宙观就与目的论人生观完成了统一。

　　理解《蒂迈欧》需要从"两个整体性"出发：柏拉图对话的整体性与《蒂迈欧》叙事结构的整体性。因此，我首先梳理了思想史上对《蒂迈欧》研究的"古今论争"以及对《蒂迈欧》作为对话之整体理解的各种偏离。《蒂迈欧》有三重叙事结构：（1）开篇苏格拉底"重述《理想国》"的最佳政制；（2）克里蒂亚"转述古典雅典与大西岛的文明冲突"的历史记忆；（3）西西里天文学家蒂迈欧对宇宙与人的数学解释。因此，理解《蒂迈欧》需要从这"三重叙事结构"的整体性出发才能更好地理解柏拉图渴望表达的真实意图。接着我结合《理想国》《克里蒂亚篇》《法律篇》及柏拉图其他对话，从整体上解读《蒂迈欧》开端中苏格拉底"重述《理想国》"与克里蒂亚转述古典雅典的历史记忆对理解《蒂迈欧》思想意图的重要性。最后重点解读天文学家蒂迈欧对宇宙万物创世的数学解释。与《圣经·创世纪》不同，《蒂迈欧》的"创世"分为"造物主的创造工作"与"造物主所创造的众神的工作"，这样宇宙秩序的自然整合与人事秩序的片段就形成了鲜明对照，再一次与《理想国》中受制于"几何学必然性"的最佳城邦与受制于"情欲必然性"的现实城邦遥相呼应。《蒂迈欧》中数学理性支撑的宇宙秩序就为"最佳政制"提供了最好的模本。《蒂迈欧》是对《理想国》中最佳政制的辩护，也是通向《法律篇》中"次佳政制"的桥梁。

　　荷马在史诗中描绘了"众神纷争的世界"；赫西俄德在《神谱》中诉说了奥林波斯众神的统治秩序，其《工作与时日》中的"潘多拉神话"与"种族神话"则建立了神圣秩序与尘世秩序的血缘链接。柏拉图则在《蒂迈欧》中筹划理性神学的事业，隐约在回应赫西俄德对灵魂向善的劝谕与对众神秩序的描述，进一步确立了神圣宇宙秩序对尘世政治秩序的指导作用。同时，柏拉图深受同时代毕达哥拉斯学派的两个数学家菲洛劳斯与阿尔肯塔斯的影响，数学在柏拉图《蒂迈欧》中就成为灵魂走向纯粹理智的拐杖和解开宇宙万物奥秘的钥匙。因此，《蒂迈欧》中对宇宙的数学解释与神话的叙事方式就成为柏拉图解读"灵魂命运"奥秘的两条隐秘通道。这两条通道汇集在一个意图之上：宇宙秩序是人类灵魂秩序所追求的终极目标和规范自身的最高坐标。

柏拉图的《蒂迈欧》作为科学哲学的古典文献及对希腊自然哲学演进的系统总结，其文学形式下包裹的对宇宙创世与人类出场的数学解释使这部晦涩的对话充满争议。争论的核心问题是：它是一部创世的史诗？还是一部形而上学的哲学著述？柏拉图究竟是一个毕达哥拉斯分子还是苏格拉底的忠实信徒？问题是：柏拉图否认存在所谓的"柏拉图哲学"，他只写对话，因为只有对话才能对真理的探索保持开放性，而柏拉图对话既不是诗歌也不是哲学论文，正如他"书信二"中所言"所谓的柏拉图著作不过是经过修饰的苏格拉底著作"。我们也无法否认苏格拉底之死对柏拉图的震撼，更不能否认柏拉图同时代的两位毕达哥拉斯早期学派数学家菲洛劳斯与阿尔肯塔斯对柏拉图创作的巨大刺激；但柏拉图就是柏拉图，正如他在"书信二"中所言"真正追随我的追随者只有一个，那就是我自己"。《蒂迈欧》中的政制与历史、科学与神话交织在一起，其独特的叙述方式与思想意图隐而不显，我们究竟该从何种视角去阅读与解释这篇对话呢？

当代《蒂迈欧》研究的两种路径：（1）以康福德与泰勒为代表的"形而上学学派"偏重于从柏拉图《巴门尼德》与《智者篇》中的"理念论"视角解读《蒂迈欧》，把《蒂迈欧》形而上学化了。问题是柏拉图对话尤其是《蒂迈欧》是否真正存在一个形而上学的理论构想还存在争论。（2）以列奥·施特劳斯为代表的"古典诗学学派"继承了德国浪漫主义施莱尔马赫的文学解释学，把《蒂迈欧》看作是"宇宙诗学"性质的创造神话，他们偏重于柏拉图《会饮篇》与《斐德若》中的"灵魂不朽"的教诲，从而把《蒂迈欧》文学化了。当代对柏拉图《蒂迈欧》的这两种争论不过是《蒂迈欧》诞生之后所产生的"古典论争"的延续。希腊化时期的新柏拉图主义者：埃及亚历山大学派的普罗提诺与波菲利，叙利亚学派的杨布里柯与柏拉图学园的普鲁塔克、普罗克洛斯相继参与了这场旷日持久的"古老论争"。(1)波菲利编著了其导师普罗提诺的遗著《九章集》,他们定居在罗马的亚历山大,与雅典的柏拉图学园传统保持距离,这与柏拉图学园内部把《巴门尼德》看作是"辩证法的逻辑训练"显著不同;他们把《巴门尼德》而不是《理想国》看作是包含柏拉图原初形而上学教诲的最重要的著作,把《蒂迈欧》形而上学化了。(2)出生于罗马帝国统治下的叙利亚学派的杨布里柯虽然受教于波菲利,但他曾经远去西西里多年接触毕达哥拉斯学派的弟子阿尔肯塔斯的数学。柏拉图也曾经三次前往西西里与阿尔肯塔斯有密切往来,但是柏拉图不是杨布里柯所断言的"本质上是毕达哥拉斯分子"。(3)柏拉图确实非常重视数学尤其是几何学。柏拉图死后,学院内部对其对话的理解产生了分歧。普鲁塔克关注柏拉图的政治伦理取向,但忽视了数学在《理想国》中对最佳政制与在《蒂迈欧》中对宇宙创生的作用;柏拉图学园的最后一位导师普罗克洛斯,虽然从一开始重视《蒂迈欧》对宇宙的数学建构并称其为"科学的颂歌",但普罗克洛斯并没有认识到柏拉图创作《蒂迈欧》的终极意图是为《理想国》所筹划的最佳政制提供宇宙论的支持。所有这些论争都忽视了一个核心问题:荷马-赫西俄德史诗传统对希腊自然哲学解释模式尤其是对《蒂迈欧》的影响,隐含着由"神话创世到理性构建的创世"的逻辑转变。虽然我们不否认毕达哥拉斯早期学派数学对柏拉图创作《菲多》《巴门尼德》《理想国》和《蒂迈欧》的影响,但是苏格拉底"伦理取向"的问题意识始终左右着柏拉图对话。

通过对柏拉图《蒂迈欧》"古今之争"的思想史进行梳理与考察,我们发现这些争论大都受到作者自身所处的文化环境的制约。他们不仅忽视了柏拉图著作作为对话的整体性,割裂了《蒂迈欧》完整的三重叙事结构,而且忽视了《理想国》与柏拉图书信对理解《蒂迈欧》的枢纽作用。首先,柏拉图在《理想国》中筹划了最佳政制的几何图像,这个图像的模本在《蒂迈欧》中得以构建,这个在《蒂迈欧》中用几何学的画笔勾勒的数学比例之和谐秩序模本,进一步延伸到《法篇》对"次佳政制"的神学立法的表达。我们应该明白,柏拉图学园并不是一个传授正统的形而上学的地方或者与理念论有什么密切的关联。其次，理解《蒂迈欧》同时需要返回到与柏拉图同时代、与柏拉图思想密切关联的毕达哥拉斯学派的数学家菲洛劳斯与阿尔肯塔斯；柏拉图对话充斥着数学论证与数学隐喻，尤其是《理想国》与《蒂迈欧》中勾勒的"最佳政制"与"最和谐宇宙"中的毕达哥拉斯学派数学家的数学比例与音乐和谐理论。数学对理解柏拉图是重要的，不过数学在柏拉图对话中只是灵魂追求智慧与真理的拐杖与钥匙。柏拉图对现实政治的热忱关怀与对数学的极端重视结合在了一起。再次，柏拉图的《蒂迈欧》沿袭了荷马"众神的世界"与赫西俄德《神谱》所勾勒的创世神话组建的叙事史诗对宇宙图景的探寻线路并赋予了数学化的逻辑解释。这样，自然与人伦、天道与自然就融合在《蒂迈欧》表达哲人渴望理解宇宙万物起源与自身归宿的终极追求中。数学成为驯化人类灵魂走向真善美和谐状态的最佳支撑。我们很难说数学家泰勒斯的"万物皆水"与毕达哥拉斯的"万物皆数"是凭空想象而与赫西俄德《神谱》的宇宙图景没有关系。

苏格拉底的"知识就是美德，无知就是罪恶"对柏拉图的影响是决定性的。那么，知识就是成就美德的最佳骨骼，而无知恰恰是通往罪恶最近的门厅。而这就需要灵魂摆脱身体的纠缠转向对善与真理的不竭追求，因此"灵魂不朽与惩罚"的学说乃是柏拉图对话的灵魂，也是《蒂迈欧》渴望表达的哲学信仰。柏拉图在"书信七"中说"不相信这条真理的人现在过着无知的生活，而相信这条真理的人已经高尚地死去""这个古老的学说告诫我们灵魂不朽，灵魂在与身体分离后要接受严厉的惩罚"。柏拉图的《菲多》是苏格拉底临终前在狱中与毕达哥拉斯学派菲洛劳斯的弟子讨论"灵魂不朽"的对话；《理想国》是在用几何学画笔描绘了言辞中的最佳城邦后，在结尾叙说了命运三女神主持"灵魂惩罚"的"厄尔神话"；《蒂迈欧》在西西里天文学家蒂迈欧叙说了宇宙创生与人类出场后，重述了命运之神对"灵魂惩罚"的"命运轮回"，延续到《法篇》第10卷"立法者的神学"。因此，《蒂迈欧》中数学支撑的宇宙创世就把"逻辑解释"与"非逻辑的神话"劝说结合在了一起。这就是柏拉图把对宇宙创生的科学叙事安置在《理想国》政治神学的背景之下竭力所要表达的真正意图：科学要为道德服务。这也是尼采讲的"整个希腊思想都狂热追求理性。自柏拉图以来的希腊哲学家的道德主义是有病理学根源的"。这种根源就是假设真理存在，而真理又是善与美的结合体。这种"真理情结"在《会饮》中得以展现，在《理想国》中以"善的知识"为引爆点，其"洞穴比喻"暗喻必须走出城邦的狭隘视野注视太阳（善的儿子）才能抵达彼岸，但是我们的眼睛无法直观太阳而只能直观"太阳的阴影"（借助数学的工具），《蒂迈欧》集中展示了宇宙和谐的音乐秩序。因此，数学设计的宇宙就是善与美的模本，最佳城邦的筹建也必须以此模本为参照才能够彻底根除政治与伦理的邪恶。因此，缺乏对宇宙天体的科学研究就必然"以恶为善，以丑为美"，因"无知而作恶"。

　　《蒂迈欧》是柏拉图唯一关于自然哲学的对话。我们知道人类最初的哲学是用诗歌形式表达人类对智慧的认知。最早表达对宇宙万物与政制人事关系的荷马与赫西俄德都是诗人而非圣徒或宗教学家。《蒂迈欧》也在诗歌与神话的伪装下表达哲人对宇宙秩序的原初追问，进而探讨人事秩序与宇宙秩序之间的联系。否则，我们就无法理解从荷马众神的世界到赫西俄德《神谱》的创世神话，从《蒂迈欧》的宇宙创造与人类创生的科学叙事到犹太教的《圣经·创世纪》这一系列关于自然与人伦、天道与自然之间纠缠的柏拉图《蒂迈欧》在神话的外衣包裹下的科学叙事，这彰显了人类理性渴望解释万物起源与自身归宿的终极追求，恰恰也是哲人追求智慧的隐秘的爱欲。科学在柏拉图那里就成为驯化灵魂走向真善美的最好的拐杖与支撑。因此，对《蒂迈欧》的理解要从柏拉图对话的整体出发，尤其是柏拉图的《菲多》《理想国》与《巴门尼德》。柏拉图创造《蒂迈欧》的目的并不是推进科学的进步，而是为《理想国》的最佳政制提供支持。但《蒂迈欧》对宇宙的数学解释却在无形中结出了硕果，而对话中的宗教神学元素也深刻地影响了基督教世界。

　　柏拉图的《蒂迈欧》最显著的叙事特征是"对话充满着'毕达哥拉斯与荷马的竞赛'"。这让我们难以搞明白他们争论的目的是什么以及他们争论的方法是什么。柏拉图对话的这种显著特征体现在深受希腊史诗传统影响的苏格拉底身上，就是希腊的竞技精神、英雄传统与苦难意识。在这一点上，施莱尔马赫看到了"柏拉图与其说是一个处处遵循逻辑的哲人，不如说是一个肆意的辩证法家；与其说他在刻意或有能力建造理论大厦，不如说他渴望寻找反驳他的人"。①但是，"毕达哥拉斯作为自然科学的创始人，又凌驾于希腊哲学与科学的起源与希腊文学的开端之上"，"洛柯西的蒂迈欧显然是柏拉图和亚里士多德物理学模仿者"。②这意味着阅读柏拉图对话的困难是：科学与文学的交织。"毕达哥拉斯数学和荷马传统"同样隐蔽地体现在《蒂迈欧》中，但毕达哥拉斯与在荷马传统影响下成长起来的苏格拉底一样述而不作，留下文字的早期毕达哥拉斯学派数学家是菲洛劳斯和与柏拉图交往甚密的阿尔肯塔斯③，至于荷马-赫西俄德的史诗传统已经进入柏拉图的苏格拉底思想的深处，体现在以苏格拉底为角色的柏拉图对话中。荷马史诗叙述了"众神纷争"的世界，赫西俄德《神谱》则确立了宙斯（Zeus）在宇宙众神中的统治秩序，而《蒂迈欧》则进一步寻找众神统治秩序的终极来源并把这种秩序理想化，作为"万物之王的造物主"的理性设计与数学建构。《理想国》攻击荷马与赫西俄德的只是"人格化的众神"而从未攻击史诗诗人构建的宇宙和谐秩序。毕达哥拉斯学派的数学逻辑无疑是柏拉图使"众神理智化"的最佳工具。"这就是为什么柏拉图的眼光注视在构筑存在的前宇宙之流的原因，这完全倾注在蒂迈欧方法论的渴望之中。"④因此，研究《蒂迈欧》必须回到毕达哥拉斯和荷马的竞赛这个主题，从而才能看清，柏拉图究竟是苏格拉底的信徒还是一个毕达哥拉斯分子，以及柏拉图把这两个学派的思想安置于《蒂迈欧》中的伦理意图。

希腊人是思想的御者，他们把探索真理而不是真理本身看得高于一切，这体现在苏格拉底身上就是哲人隐秘的爱欲——对智慧的追求，但是智慧并不是财产可以被哲人所占有。柏拉图把几何学引入《理想国》的理想城邦构建。《理想国》在"善的知识问题"上的困境延续到《蒂迈欧》

① Walliam Dobson.Schleiermacher's Introductions to the Dialogues of Plato, Nabu Press, 1874, p7.

② Walter Burkert.Pythagorean Question, Harvard University Press, 1972, pp1-9.

③ 参看希腊研究学者卡尔·霍夫曼对柏拉图同时代的两位毕达哥拉斯学派哲人菲洛劳斯与阿尔肯塔斯的最新的注疏本：Carl A. Huffman Archytas of Tarentum: Pythagorean, Philosopher and Mathematician King, Cambridge University Press, 2005. 与 Philolaus of Croton: Pythagorean and Presocratic, Cambridge University Press, 2004.

④ Haubold J. H., Boys-Stones G. R.Plato and Hesiod, Cambridge University Press, 2002, p251.

中。"善是数学意义的，太阳的比喻意味着知识就是光源，而光又常常潜伏在黑暗中。"①《理想国》用"太阳的儿子"或影像数学的相似性比喻可知世界的最高知识——几何学与天文学。柏拉图在《蒂迈欧》"重述《理想国》"中略去"哲人王"，他显然认为可见世界是对可知世界的模仿。《蒂迈欧》的开端攻击诗人和智者。因为诗人模仿的是生活中的凡俗知识，即便是对宇宙天体的颂歌也是想象多于真实；而智者则在城邦中居无定所，他们不明白为什么政治生活中没有真理，而是充满欲望的意见冲突的海洋。而只有哲学家兼政治家的立法者才能模仿真实存在与最高的善。这好像隐约在回应《理想国》"哲人王"的数学教育与《蒂迈欧》"造物主"的数学宇宙设计。《蒂迈欧》开篇就把政制秩序与宇宙秩序结合在一起，理性城邦的建构就成为宇宙创造之模式在人间的映像，政制之最佳秩序就成为宇宙和谐之秩序的最好模仿。作为《蒂迈欧》开篇之克里蒂亚的大西岛的战争叙事，就成为最佳政制在历史记忆中的样本，也成为支持柏拉图《理想国》的历史依据与历史范例。而在柏拉图的《克里蒂亚》中对大西岛的城市规划就完全是数学建制了。我们应该明白：数学对理解柏拉图对话是何等重要！"两千年来，柏拉图对话中的数学阴影困惑着柏拉图的读者们！人文主义者选择了回避，而是聚焦于柏拉图对话的文学特征。而新柏拉图主义则聚焦于此，渴望找到解开柏拉图哲学迷宫的钥匙，渴望发现柏拉图在对话深处不能够清晰表达的学说。现代柏拉图研究就在这两者之间互相争锋。"②作为前者代表的施莱尔马赫无法完成对《蒂迈欧》的翻译与注疏，而对柏拉图的《理想国》拥有独到见解的列奥·施特劳斯在晚年对弟子伯纳德特说："柏拉图的《蒂迈欧》始终密盖着7封密札。"③而新柏拉图

---

① Cairns Douglas.Pursuing the Good：Ethics and Metaphysics in Plato's Republic，Edinburgh University Press，2003，pp251，273.

② Robert S. Brumbaugh.Plato's Mathematical Imagination，Indiana University Press，1988，pp3-4.

③ Seth Benardete.The Argument and the Action，The University of Chicago Press，2000，p376.列奥·施特劳斯注疏了几乎所有的柏拉图对话尤其最为重视《理想国》，但是对《巴门尼德》与《蒂迈欧》却避免触及。其弟子更是如此，作为研究《蒂迈欧》的代表伯纳德特也只是把《蒂迈欧》看作是"科学的幻象"。而施莱尔马赫虽然注意到《蒂迈欧》与《巴门尼德》的亲缘关系，但只是如此，他更多的是把《政治家篇》看作是"《蒂迈欧》的准备"。"《蒂迈欧》是理解《理想国》的钥匙"。参见施莱尔马赫：《论柏拉图对话》，华夏出版社2011年版，第228、315页。

主义创始人普罗提诺的弟子波菲利在面临基督教的"上帝形象"对《蒂迈欧》的挑战时被迫转向荷马，随后普罗克洛斯更是为柏拉图的荷马辩护并认为"《蒂迈欧》与《巴门尼德》都是科学的颂歌"①。因此，理解柏拉图的《蒂迈欧》必须考虑"毕达哥拉斯的数学与荷马-赫西俄德史诗元素"在对话中的奇特结合。要知道科学如果没有神话的刺激与理智的想象是不可能产生的。苏格拉底的老师阿那克萨戈拉曾经用"心灵"解释万物的生成，柏拉图的《菲多》表达了苏格拉底对先师未能够将"心灵"贯彻到宇宙万物的不满。因此，"目的论的解释并不是柏拉图的发明，《蒂迈欧》提供的只是对自然现象的目的论解释"②。"在古代，科学是很难获得尊崇与赞美的，即便是对科学最为热心的人也把追求道德置于首位，把知识当作道德最佳的工具已经是对科学的最高奖赏了。"③这也许就是对柏拉图《蒂迈欧》意图的诠释。

尼采曾经批评苏格拉底"知识就是美德"是"逻辑的重孕"，但也不得不承认，在古希腊，知识是成就美德的最佳工具。希腊哲人泰勒斯与毕达哥拉斯对科学的追逐并非是实用主义的，他们也不会认为知识会推动社会进步。知识是一个精神贵族必备的灵魂素养和身份符号。柏拉图的《蒂迈欧》也体现了这种意图。我们从《蒂迈欧》三位一体的叙事结构中可以得出：（1）《蒂迈欧》首先由苏格拉底重述了在《理想国》第1～5卷中用几何学构建的理想城邦和由数学模型铸造的最佳政制；（2）克里蒂亚转述梭伦从埃及带回的关于最佳城邦的历史范例、古典雅典与大西岛之间的文明冲突以及最终因宇宙运动导致文明毁灭的历史记忆，为柏拉图的《理想国》筹划的理性城邦提供了证据支持；（3）西西里的毕达哥拉斯学派的天

---

① R. M. Van.Denberg.Proclus' Hymns, Library of Congress Cataloging-in-Publication, 2001, P23. 波菲利论文《荷马问题》与普罗克洛斯对荷马的辩护见研究荷马与新柏拉图主义关系的文献：Robert Lamberton. Homer the Theologian, pp108, 162-172. 尤其是普罗克洛斯开始分析荷马史诗中神话的逻辑结构对柏拉图创作对话的精神刺激，其早年对柏拉图《蒂迈欧》的注释也体现了这种看法。在新柏拉图主义作家中只有普罗克洛斯是从柏拉图本身理解柏拉图的，而其他的大多是从亚里士多德或从毕达哥拉斯出发来理解柏拉图的。

② Andrew Waterfield.Plato: Timaeus and Critias, Oxford University Press, 2008, Preface, IX.

③ Friedrich Wilhelm Nietzsche.Nietzsche: the Gay Science: With a Prelude in German Rhymes and Appendix of Songs, Cambridge University Press, 2001, p119.

文学家蒂迈欧讲述宇宙创生的科学叙事，最后回归灵魂轮回与命运惩罚的神话。这样的理想城邦之秩序就是对宇宙和谐秩序的模仿。宇宙秩序是城邦秩序的样板，柏拉图就在现象世界与理念世界之间建立了稳定的二元等级秩序。存在决定非存在，理念创造现实。几何学逻辑组建的宇宙和城邦笼罩在政治神学背景之下，这种叙事结构通过天理与人伦、科学与形而上学的纠缠表达了某种神秘的逻辑关联。苏格拉底热衷于逻辑，追求宇宙和人生的理性解释，使科学真理与政治文明间的对立得到了和解。尼采说："科学问题不能在科学的基础上被认识。"[①]那么，我们该在什么样的基础上认识科学呢?《蒂迈欧》告诉我们：科学和神话并非人的头脑想象出来的游离于世界之外的空中楼阁，而是人类渴望表达的真实的内心诉求，逻辑图式的最初来源即神话。哲学与科学至今尚未走出神话，哲学追求科学化的努力最终证明了哲学不是科学，而渴望借助科学支持推动哲学前进的努力不得不返回源头检验自身。

尼采说，知识与论证是科学大门上的徽记。它提醒人们，科学使命在于理解生存。如果做不到，最终不得不求助于神话。神话是科学的必然结果，甚至是科学的意图。[②]被认为丧失了"确定性"和缺少稳定"逻辑基础"的数学依然在大踏步前进，不断试错的科学创造了一个又一个的神话在今天已经是一个事实。这种求知欲所推动的科学进步波涛汹涌，其浪潮波及知识的各个角落。科学世界正在摧毁神话设置的篱笆，科学究竟要把人类带到何方? 世界上根本不存在一种"不设前提"的知识，那样的知识是不可能的、无法想象的。因此，企图窥视宇宙奥秘的《蒂迈欧》的书写方式游离在叙事和抒情、科学和神话之间，表现的是理智的谨慎。

---

① 尼采:《悲剧的诞生》,漓江出版社2007年版,第5页。
② 尼采:《悲剧的诞生》,漓江出版社2007年版,第69页。

第一章 柏拉图《蒂迈欧》研究的论争与意义

　　柏拉图的《蒂迈欧》从问世至今，对这篇晦涩作品的争议就持续不断，其文学形式下面包裹的科学叙事困惑着一代又一代的柏拉图学者。新柏拉图主义的亚历山大学派的普罗提诺，叙利亚学派的杨布里柯和雅典学派的普罗克洛斯相继参与了这次古老的论争。他们虽然在反对基督教上拥有共同的立场，却在理解《蒂迈欧》这篇对话的叙事结构和科学内核的奇特结合上产生分歧。普罗提诺抽离柏拉图对话的戏剧特征，依据《巴门尼德》的思路与亚里士多德对柏拉图的解释把《蒂迈欧》"形而上学化"；杨布里柯依据《菲多》对"灵魂不朽"的演绎证明思路解读柏拉图，重视柏拉图对话中的数学元素。他看到了柏拉图的哲学智慧是建立在数学基础之上的，从而把《蒂迈欧》"毕达哥拉斯化"；只有新柏拉图主义的最后一位导师普罗克洛斯是从柏拉图对话本身所具有的双重特质——科学与神话、诗歌与哲学的结合出发来看待《蒂迈欧》的，但面对基督教世界的崛起又有将《蒂迈欧》引向理性神学的趋势。当代《蒂迈欧》的研究也延续了这场古老的论争，受德国施莱尔马赫解释学影响的"古典诗学研究路径"，偏重于从对话的戏剧特征和思想意图角度，把《蒂迈欧》看作是"宇宙诗学"性质的创造神话。施莱尔马赫看到了柏拉图《蒂迈欧》中在"激发读者思想生成"的神话下面对科学之最高原理的探究与表述。受康德哲学影响的"形而上学研究路径"，试图从知识论和本体论的角度去理解《蒂迈欧》尤其是康福德与泰勒对《蒂迈欧》的注疏。这两种研究路径都忽视了一个关键问题：柏拉图学园的数学研究传统和柏拉图对几何学的极大热情。他们都不了解毕达哥拉斯早期学派的数学对柏拉图《蒂迈欧》的决定性影响。但问题是柏拉图骨子里依然是一个苏格拉底分子。《菲多》的矛头首次对准了毕达哥拉斯学派对"灵魂问题"的数学论争；《理想国》中的苏格拉底反对荷马，同时内心依然敬重荷马；《巴门尼德》展现了数学论证与哲学的张力。《蒂迈欧》把毕达哥拉斯学派的天文学置于"最佳政制"的统治下，但柏拉图从没有对毕达哥拉斯学派表现出同样的感情。

与希腊罗马时代尤其是与新柏拉图主义传统不同的是，当代中国学界历来重视《理想国》而忽视《蒂迈欧》。宋继杰老师的《柏拉图〈蒂迈欧〉的宇宙论》和谭立铸博士的《柏拉图与政治宇宙论》也延续了当代西方对《蒂迈欧》的两种研究路径。我希望考察这些对《蒂迈欧》理解的"古今之争"。我试图从与柏拉图有密切关联的早期毕达哥拉斯学派数学家菲洛劳斯和阿尔肯塔斯出发，理解《蒂迈欧》，理解《理想国》与《蒂迈欧》的密切关联，理解柏拉图创作这部对话的政治意图：科学为道德服务，宇宙理性是城邦政制应该模仿的最高坐标。宇宙秩序是城邦秩序模仿与追求的终极目的，《蒂迈欧》本质上是对《理想国》所构建城邦的最佳政制的辩护。我把《蒂迈欧》的科学叙事置于希腊文化传统的背景之下，考察宇宙中理智世界的数学结构与城邦政制之数学模型之间共同的理性基础与终极来源——善的理念，同时也没有遗忘荷马-赫西俄德的创世神话中隐匿的逻辑结构对柏拉图创作《理想国》与《蒂迈欧》的内在影响。

第一节　古典论争与意义

一、埃及的亚历山大学派

埃及的亚历山大学派侧重以亚里士多德的形而上学解读柏拉图，几千年来，埃及一直是希腊哲学与东方神学的交汇地。阿摩尼阿斯·萨卡斯（Ammonius Saccas）的弟子普罗提诺创立了新柏拉图主义。普罗提诺定居在罗马，远离柏拉图研究的中心——雅典。这意味着他想与柏拉图学园的传统保持距离，他有理解柏拉图哲学的新路径。这种路径在学园内是不可能发展起来的。普罗提诺把自己定义为"柏拉图的解释者，他把柏拉图的《巴门尼德》看作是最重要的形而上学著作，虽然这篇对话的目的在柏拉图主义的历史中缺少定位。他还把与《蒂迈欧》相关联的《巴门尼德》看作是包含柏拉图原初形而上学教诲的唯一的对话，这与柏拉图学园内部把《巴门尼德》作为辩证法的逻辑练习的观点不同"①，其著作由其弟子波菲利编著为《九章集》。波菲利曾经研读亚里士多德的逻辑学，他对"荷马问题"的研究也沿袭了柏拉图《克拉底鲁》的语言分析的路径，②他对先师著作的编排严格按照亚里士多德的思路。

"一"的"流溢说"是普罗提诺形而上学的核心概念，但是"普罗提诺对'一'的理解主要源自柏拉图的两篇对话《理想国》与《巴门尼德》。一方面，普罗提诺认为'一'与《理想国》中柏拉图存在于完全超验领域的善的本性是一致的；另一方面，他又依据《巴门尼德》对第一原理的'一'的否定解释定义'一'"。③他对《理想国》的关注也集中在存在的善的理念中，对柏拉图《巴门尼德》存在的两个等级："一"（The First One）；"一即多"（One-Many）与非存在的"一与多"（One and Many）情有独钟。柏拉图在学员内部讲到"善就是'一'"，但是柏拉图在《理想国》与《蒂迈欧》中用了太多神话的叙述，概念并不清晰。普罗提诺渴望把柏拉图对话中潜在的本体论与亚里士多德的逻辑学结合起来，用亚里士多德的逻辑为柏拉图的学说和自己由"一"延伸出来的"三个原初的本体"辩护。把"'一'、理智与灵魂"④作为自己形而上学的三个基本原则：（1）神圣的存在，存在于"一"中，拥有整全的理智，自身却没有理智的规定性，是善的居所；（2）理智的存在，分有纯粹理智，是善的影子，依靠视觉与凝思注视神圣的理智，受到神圣存在的制约，同时又有自己的规定性，是实体的居所；（3）灵魂的存在，是理智与情感欲望的混合物，拥有

---

① James，Wilberding.Plotinus' Cosmology，Oxford University Press，2006，p12.

② John A. Macphail.Porphyry's Homeric Question on the Iliad，Walter De Gruyter，2011，p3.波菲利在前往亚历山大跟随普罗提诺学习之前，曾经在雅典学习语法与数学，他与导师在一起的时间不过5年半，随后去西西里游学。

③ Giannis Stamatellos.Plotinus and the Presocratics，State University of New York Press，2007，p24.

④ John Dillion.Neoplatonic Philosophy，Hackett Publishing Company Inc.2004，pp66-83.

向理智靠拢的能力，又拥有自由意志。柏拉图的《蒂迈欧》中曾经用"混合的碗槽"说明灵魂源自理智，又是不纯粹的理智。在柏拉图的《蒂迈欧》中是属于造物主创造的众神模仿造物主创造之模式创造的产品，是第二等级的创造。普罗提诺也承认这些叙说就存在于柏拉图的作品中，但是普罗提诺对柏拉图理解的一个最大缺陷就是他对柏拉图对话中神话元素的逻辑分析。"在公元3世纪之前，荷马被认识是由于波菲利而不是普罗提诺。普罗提诺在《九章集》中从未提到过荷马，也很少关注从柏拉图本身解释柏拉图和早期诗歌对神话语义学的解释，虽然他并不缺少文学素养，事实上他对诗歌语言的感觉与想象是很大的。"①因此，《蒂迈欧》创世神话反映复杂的意义结构和表现现实的积极超验的一面被普罗提诺忽略了。柏拉图是诗人，但普罗提诺不是。柏拉图对书写保持谨慎，因为与最高理念连接的最高存在是逻辑语言所无法表达的，因此普罗提诺的"一"及其"流溢说"最终坠入宗教神学的想象中。他对《蒂迈欧》的解释的第二个缺陷是：完全无视柏拉图的《理想国》与《蒂迈欧》中的毕达哥拉斯学派的数学构建，也无视柏拉图写作《蒂迈欧》的理性诉求，这样就完全陷入了亚里士多德逻辑框架试图对无法定义的事物的定性。其弟子波菲利更是陷入亚里士多德的《范畴篇》中解读普罗提诺的本体论②。他对柏拉图的《理想国》与《蒂迈欧》中毕达哥拉斯数学与荷马史诗神话元素的双重忽视，使他对随后崛起的宗教势力困惑不解，更无法应对。

　　普罗提诺对崛起的基督教保持沉默，但对埃及亚历山大的灵知派③却不客气，因为柏拉图《蒂迈欧》中造物主的善与造物主创造的物理世界的恶

---

　　① Robert Lamberton.Homer the Theologian，University of California Press，1989，p83.

　　② Jonathan，Barnes.Porphyry Introduction，Oxford University Press，2003.这部解读亚里士多德逻辑学的著作并不是为了理解亚里士多德，而是波菲利依据普罗提诺哲学解读亚里士多德，它成为基督教时代"逻辑哲学训练"的核心文献。

　　③ 1960年在 Messina 召开了关于"灵智主义的起源"会议，但发现很难对这个出现在前基督教时代的关于"奴役，苦难与拯救"的问题进行解释。灵知派对西方主流价值进行挑战始于犹太教"怨恨的思想诉求"，发展到近代的马克思主义在西方绝不是一种偶然现象。参见 Benjamin Walker.Gnosticism：Its History and Influence，The Aquarian Press，1983，pp11–15.这部追述灵知派历史与影响的著作看到了犹太教对埃及波斯等东方神学的吸收，遗憾的是普罗提诺无法应对这些关于"拯救"的难题，因为在柏拉图看来，知识也不过是一种药物，并不能医治所有人类的"疾病"。参见约纳斯，等：《灵知主义与现代性》，华夏出版社2005年版。

的冲突，使灵知派最终远离了众神和理智。普罗提诺的宇宙论与天体学说，基本是沿袭了柏拉图的《蒂迈欧》中"宇宙来自造物主的创造，人类来自众神模仿造物主之模式的创造"的思想，但是柏拉图的《蒂迈欧》也叙述了万物的终极根源在造物主，而物理世界的恶来自身体，与造物主无关。灵知派对柏拉图与普罗提诺的挑战是：（1）造物主是否会改变自己的主意而像上帝一样震怒？（2）造物主创造的宇宙既然存在异的分离运动，宇宙是否会脱离同的运动的支配而走向毁灭？（3）既然人类的生活也受制于造物主创造之众神，众神也曾经多次用洪水与地震毁灭人类，造物主与众神的永恒之善体现在哪里？这些潜伏在柏拉图《蒂迈欧》中的神话被灵知派所引爆，而导火索来自灵知派接受了犹太教《旧约》对上帝创造世界的同时撒播恐惧的清醒意识。灵知派对《蒂迈欧》挑战的实质：对知识与真理的追求是否能够从根本上拯救人类自身？柏拉图的《蒂迈欧》中体现的造物主之善的绝对性与人类之恶的必然性的冲突，造物主之意志的不可更改性与人类意志的摇摆性的冲突，撒播了禁欲主义与悲观主义的火种。柏拉图的《理想国》与《蒂迈欧》构建的森严的等级秩序和对贵族政治的神学辩护，也面临着罗马世界对平等的诉求。平等在柏拉图与普罗提诺那里完全是暴民政治的先兆，是无法理解的"精神错乱"。柏拉图的《蒂迈欧》在近代结出"科学理性主义"的硕果的同时，却最先在近东撒播下了"历史虚无主义"的种子。柏拉图并未说科学理性一定会战胜宗教与虚构的神灵，他在《蒂迈欧》中竭力表达的"理性对必然的劝说"恰恰体现了对理性局限性的清醒认知。普罗提诺忽视这些警告，随后他的弟子波菲利反对基督教的努力也付诸东流。波菲利无法理解圣经的文学语言，"天国就像商人追逐的无价之珍珠，这完全是为聪明人甚至女巫所不齿的野蛮的想象。基督教将会为无序的社会开辟道路，它不会教诲我们尊敬众神，因为通过洗礼就能够洗清罪恶的观点是荒唐的"①。波菲利对"神苛求权力"与"神肉身化"这些违背柏拉图《蒂迈欧》教诲的学说，唯一的反击手段就是分析圣经语言逻辑的谬误：这些语言不是理智的现象，而是情感的幻觉。波菲利没有认识到自己面临的问题：世俗权力的来源与合法性问题。这些

---

① Joseph Hoffmann.Plotino Eneadas I, Oxford University Press, 1994, ppp77, 83, 90.

问题在《蒂迈欧》那里是确定的：城邦政制之秩序来自宇宙灵魂之秩序，在《理想国》中城邦最佳政制的模型在天上。在中世纪演变为"世俗权力与神权的等级问题"或者近代所谓的"耶路撒冷与雅典问题"。这就迫使叙利亚派的新柏拉图主义杨布里柯开始研究毕达哥拉斯数学、埃及宗教逻辑建构。

普罗提诺直接影响到中世纪的基督教世界，"其思想虽归于柏拉图却与亚里士多德和斯多阿派关系密切，构建了自然的世界图式，明确了人在宇宙中的位置，把神人关系置于道德修养的核心，把柏拉图的《蒂迈欧》推向宗教神学化的走向"[1]。这直接影响到亚历山大的菲洛对《蒂迈欧》的神秘元素解释、中世纪奥古斯丁的《上帝之城》的写作、卡尔齐地乌斯的《蒂迈欧》注疏和安塞姆（1033—1109年）创立上帝存在的本体论证明等。亚历山大学派对柏拉图《蒂迈欧》的解读，为基督教神学"上帝、世界、灵魂"三位一体的叙述提供了范例。普罗提诺与波菲利思想的传播延续到12世纪的阿拉伯哲学，尤其是阿尔法拉比对"真主"的哲学论证[2]与15世纪拜占庭学者创建柏拉图学园。意大利文艺复兴时期的马尔西利奥·费奇诺（Marsilio Ficino，1433—1499年）翻译注疏柏拉图对话为拉丁文，[3]开始恢复利用柏拉图《蒂迈欧》中的理性神学，反对基督教开展思想启蒙。亚里士多德对《蒂迈欧》的最大误读源自他对数学理性的忽视与理智想象的匮乏，或许亚里士多德对这些数学问题并没有兴趣或者没有研究能力，这遮蔽了普罗提诺的理论视野。"柏拉图认为，理解自然世界，尤其是物理原理的核心数学研究，柏拉图学园最重要的就是要投身数学，这种状况持续到柏拉图死后两百年，继承了毕达哥拉斯的数学传统。"[4]近代康福德和泰勒都强调《巴门尼德》对柏拉图的影响，到黑格尔达到顶峰，随后是尼采、海德格尔反对基督教的形而上学。

---

① James Wilberding.Plotinus' Cosmology,Oxford University Press,2003,p103.

② Peter Adamson.The Cambridge Companion to Arabic Philosophy,Cambridge University Press,2005,p4.

③ Farndell,Arthur.All Things Natural:Ficino on Plato's Timaeus,Shepheard Walwyn Ltd.2001,p26.

④ Alfred North Whitehead.Adventures of Ideas,The Free Press,1961,p149.

二、叙利亚学派

杨布里柯出生在罗马帝国统治下的叙利亚，侧重以毕达哥拉斯数学解读柏拉图。经历过300年的和平与繁荣后，罗马帝国对这个地方的控制很松散，这就是新柏拉图主义研究的中心转移到东方的原因，这里也是柏拉图与东方宗教神秘主义合流最安全的场所。杨布里柯的著作大部分遗失，残留下来的保存在普罗克洛斯的《柏拉图的神学》与《柏拉图〈巴门尼德〉注疏》中。杨布里柯虽然受教于普罗提诺的弟子波菲利，但是波菲利曾经离开过普罗提诺的圈子，远去西西里，很多年没有返回。杨布里柯受波菲利从毕达哥拉斯数学角度理解柏拉图的思路的极大影响，以至于他认为："柏拉图本质上就是一个毕达哥拉斯分子，我们发现杨布里柯曾经大量利用阿尔肯塔斯的数学。"[①]但是杨布里柯显然与其导师波菲利存在分歧：（1）"波菲利对伦理学与宗教的关心超过了数学——算术与几何。他认为，毕达哥拉斯本质上是一个柏拉图式的哲人，他并没有感觉到对毕达哥拉斯学派的数学有特殊关注的需要，他是理念型的哲学家"[②]。（2）"波菲利把基督教看作新柏拉图主义最强劲的对手。而杨布里柯却很少注意到这种新宗教，也许是因为他远离基督教的中心而没有真实的感觉。他关心的是新柏拉图主义的文学启示与被埃及神学激发存留在希腊人头脑中的神秘主义。因此，他认为最迫切的事不是基督教的崛起，这只是宗教上新方法与旧方法的冲突"[③]。虽然他在对《蒂迈欧》的理解上走出了脱离普罗提诺的决定性的一步，转向从毕达哥拉斯学派数学与奥菲斯宗教神学角度解读柏拉图，但他在本质上依然没有走出普罗提诺理解柏拉图的路子。转向从荷马-赫西俄德的希腊史诗传统角度来解读柏拉图《蒂迈欧》的思路，是由新柏拉图主义的最后一位导师普罗克洛斯完成的。单纯依赖毕达哥拉斯学派的数学理解《蒂迈欧》的困境，迫使他最终转向奥菲斯宗教神学，甚至苛求

[①] The Fragments of Lamblichus Commentary on the Timaeus, 1986, ppp6,2,27. 同时参阅《毕达哥拉斯的生平与著述》，有泰勒的评注本，但是他把柏拉图的《蒂迈欧》完全数学化了，波菲利是从普罗提诺的视角理解毕达哥拉斯，而杨布里柯是从毕达哥拉斯的视角理解柏拉图。

[②] Dominic J. O'Meara.Pythagoras Revived, Oxford University Press, 1989, pp28,29.

[③] John C. Thon.Lamblichus: De Mysteries, Society of Biblical Literature Adlanta, 2002, 前言 XXVII-XXIX.

利用印度哲学解决思想上的困惑。波菲利在编著普罗提诺的著作后，大部分时间利用亚里士多德的逻辑与荷马应对基督教的挑战。他的学生杨布里柯集中研究毕达哥拉斯学派的数学而遗忘了荷马。杨布里柯对亚历山大学派的不满，使其在叙利亚创建了毕达哥拉斯化的柏拉图数学学派，这对普罗克洛斯及其导师西米亚斯于5世纪在雅典学园复兴柏拉图主义做出了贡献。

　　毕达哥拉斯是第一个自称"哲学家"的数学家，杨布里柯称他为"哲学之父"并写作了《毕达哥拉斯主义》，把研究中心放在数学与哲学的关系上，企图从数学的视角理解柏拉图《蒂迈欧》的数学宇宙论。据普罗克洛斯的老师西米亚斯的叙述，杨布里柯对毕达哥拉斯的论述涉及科学的整全，包含"Ⅰ论毕达哥拉斯的生活、Ⅱ论毕达哥拉斯的哲学、Ⅲ论一般数学科学、Ⅳ论尼克马库斯的'算术引论'、Ⅴ论物理学中的算术、Ⅵ论伦理学中的算术、Ⅶ论神学中的算术、Ⅷ论毕达哥拉斯的几何学、Ⅸ论毕达哥拉斯的音乐，还有遗失的Ⅹ卷论毕达哥拉斯的天文学。杨布里柯对智慧的热情是被柏拉图《蒂迈欧》中的文学隐喻所激起的。"①杨布里柯充分利用了柏拉图《斐德若》与《蒂迈欧》的主题，在柏拉图对话的框架内展开对神圣起源的探索。这就意味着杨布里柯已经在起点上摆脱了波菲利的影响，从柏拉图那些最具文学特征的对话开始，对柏拉图《会饮》中"狄欧提玛的爱欲神话"、《斐德若》中的"灵魂的马车"与《蒂迈欧》中的"创世神话"进行逻辑分析，因为在柏拉图看来，哲学是神圣的礼物，这个礼物源自神圣的理智领域，利用毕达哥拉斯灵魂的超验理智的本性才有可能窥视其中的奥秘。杨布里柯不知道这些神话叙事的最初来源是荷马-赫西俄德的史诗传统。但是他对神话之中潜伏的逻辑结构的分析却是古典语义分析学的先驱。他已经触及柏拉图对话深层次的文学背景与戏剧情节对理解柏拉图的重要性。

　　我们把泰勒斯称为第一个自然哲学家与第一个走出神话的人，他开始

---

① Dominic J. O'Meara.Pythagoras Revived，Oxford University Press，1989，ppp33，35，37.叙利亚人西米亚斯，我们唯一知道的就是他在柏拉图学园的领导人普鲁塔克死后，约在431年掌管学园，培养出来像普罗克洛斯这样百科全书式的哲学家及柏拉图的注疏家。(参见 Sarah Klitenic Wear.The Teachings of Syrianus on Plato's Timaeus and Parmenides，Boston University Press，2011，pp1-2.)

以具体的"水"解释万物的起源与演变。科学摆脱神话意味着理智发现与意识觉醒。我们要寻找理智的最初来源就必须深入到神话最原始的意义与逻辑结构中去。杨布里柯追寻哲学的开端从追寻数学开始，因为与人类生活最密切的就是数学，而开端总是粗糙的、古老的，充满着无限的开放性。因此，杨布里柯最后转向埃及神学不是偶然，而是其解读柏拉图《蒂迈欧》创世神话的困境所致，但是他跨过了希腊奥林波斯众神与荷马-赫西俄德的神话宇宙论，而这些神话的逻辑结构恰恰是柏拉图创作《蒂迈欧》的深层次动机与意图。杨布里柯更不会明白的是，"希腊的神话不像其他民族的神话是由祭司或者圣人所创作的，希腊的神话是诗人所创作的"①。荷马史诗是从叙述奥林波斯众神群像之后宙斯的统治开始的，描绘的是众神的后代——英雄们的行为。赫西俄德的《神谱》进一步追溯众神的谱系与宇宙的创造，而《工作与时日》却是追溯人与神的血缘及人的退化。赫西俄德的这种下降的叙事结构与柏拉图的《蒂迈欧》从人类居住的城邦上升到众神居住的天体，进而追溯到城邦与天体共同拥有的神圣秩序之来源。我们说柏拉图的对话充满荷马与赫西俄德神话叙事的影子，柏拉图的苏格拉底在《理想国》与《蒂迈欧》的开篇攻击诗人与智者，不是攻击神话的意义结构而是内容的逻辑混淆。因此，柏拉图也在创造神话，不过与赫西俄德创造的神话不同，柏拉图的《蒂迈欧》中的神是数学与理性的符号与象征，而不是人性化的荷马的众神。与早期"伊奥尼亚哲学原初同一的分裂，对立双方持续不断的斗争，显示了伊奥尼亚宇宙论所奠基的神话基础"②。柏拉图《蒂迈欧》的创世神话却是从原初的同一意义结构开始叙述宇宙的，在理性指引下和理智秩序的规范下，是在哲学理性产生之后开始创造神话的。而这是杨布里柯研究埃及神话所无法想象的。

柏拉图的《理想国》叙述了哲人的教育课程与学习秩序，算术、平面几何、立体几何、天文学与音乐和谐这四门技艺是通往智慧的门厅。杨布里柯认为，"这四种知识形式也存在神、英雄与魔鬼、世界、天文现象与物理宇宙中的万物。但是科学可以撬开理智的眼睛，使它看到真实的原则与

---

① Jenny Strauss Clay.Hesiod's Cosmos,Cambridge University Press,1990,p1.

② Jean-Pierre Vernant.Myth and Thought among the Greeks,Zone Books,2006,p375.

万物产生的原因，知识的形式与物质实体中的真理最相似，但是科学与非物质实体的真理，如柏拉图的《蒂迈欧》中所讲，数学可以引导理智关心永恒不变的实体"①。杨布里柯认为，这种学习秩序隐含着理智的秩序，意味着灵魂对身体的统治、灵魂与理智的驯化，最终是为了获得完美的智慧，这种对柏拉图对话中数学的利用，就是为了说明柏拉图就是毕达哥拉斯主义者。但是杨布里柯忘记了数学在柏拉图对话中的价值，忘记了善才是柏拉图追求的终极目标，即便是数学之后的辩证法也只是一个理智上升的进阶。柏拉图对城邦政制的热情关怀是杨布里柯没有认识到的。杨布里柯在《论毕达哥拉斯主义》中大幅度引用了毕达哥拉斯早期学派数学家阿尔肯塔斯的数学著作，但是他忘记了柏拉图与阿尔肯塔斯的争吵，也忽略了柏拉图在西西里改造叙拉古政制失败的历史。"在阿尔肯塔斯看来，科学的终极目标是为物理世界提供数的解释，而数的科学的前提是逻辑，那么逻辑超验于其他技艺而被认为是智慧。几何学是自足地超越了图形，使证明有了结果。因此，数的科学就超越了其他科学。算术可以对数进行分类研究，这就需要注意数的量与其他量的关系，逻辑学相对于量就处于核心。"②不仅阿尔肯塔斯对几何学尤其是对立体几何的重视是不够的，而且杨布里柯对毕达哥拉斯主义的研究也停留在算术上面，这使他无法触及柏拉图对话，尤其是《理想国》与《蒂迈欧》把立体几何安置在宇宙创造之模式与城邦政制建构之核心的原因。柏拉图渴望通过几何学使人类的理智摆脱感觉世界走进理智世界，进而窥视宇宙和谐秩序之整全，从而指导城邦政制达到最佳政制，为人类拥有最优越的生活方式提供指南。杨布里柯忘记了古典希腊的"四艺"在柏拉图对话中处于前厅阶段，后厅还有辩证法这一高级阶段，终极的目标是善。杨布里柯关注人类灵魂的和谐，但在柏拉图的《蒂迈欧》看来，这种目标如果缺少对宇宙天体的注视与对善的秩序的关照是无法实现的。因此，数学科学的价值在阿尔肯塔斯那里是为解释物理现象服务的，在杨布里柯那里是为灵魂的和谐服务的，在柏拉图那里则是为城邦政制服务的。这也无法使杨布里柯理解《蒂迈欧》中"宇

---

① Dominic J. O'Meara. Pythagoras Revived, Oxford University Press, 1989, pp40—41.

② Carl A. Huffman. Archytas of Tarentum, Cambridge University Press, 2005, pp68—69.

宙灵魂"与"宇宙身体"的几何学意义，在价值等级上高于人类灵魂与身体的算术意义。

如果说波菲利是从普罗提诺本体论的视角看待毕达哥拉斯数学，那么他不会真正理解《蒂迈欧》。如果说杨布里柯是从毕达哥拉斯数学的视角理解《蒂迈欧》，他就无法理解《蒂迈欧》中的神话，从而把柏拉图毕达哥拉斯化。唯一从柏拉图本身理解柏拉图的是纽曼纽斯（Mumenius）与尼克马托斯（Nicomachus）[1]，然后延续到雅典的柏拉图学园。因此，无论是普罗提诺与波菲利，还是杨布里柯，都不是苏格拉底更不是荷马的信徒，他们都没有真正理解柏拉图对话的整体与真实的意图，他们把柏拉图对话中的苏格拉底看作是柏拉图的化身。因此，杨布里柯不可能合理地解释《蒂迈欧》在利用毕达哥拉斯学派数学构建的宇宙背后，所隐蔽的荷马史诗传统对《蒂迈欧》创作意图的内在支持，也就无法从《理想国》与《蒂迈欧》内在的关联去理解《蒂迈欧》。所以，在杨布里柯看来，《蒂迈欧》开篇"重述《理想国》"与"克旦蒂亚的战争记忆"就是多余的，而不是对话三位一体的完美的希腊三联剧的叙事结构。杨布里柯尚未学会从柏拉图对话本身理解柏拉图，他不明白柏拉图本质上是苏格拉底的信徒，而非毕达哥拉斯分子。毕达哥拉斯也不是波菲利所认为的柏拉图主义者。

杨布里柯对《蒂迈欧》中神话与埃及神话的语义学解读，影响了阿拉伯哲学的文字普及运动与犹太教，从基督教对圣经文字的象征意义的诠释，到近代德国的施莱尔马赫对柏拉图对话的语义解释学的论证，他们都侧重于柏拉图的《法篇》与《理性国》。美国的施特劳斯学派对古典诗学的研究思路就是这样的，将在后面叙述。犹太哲学家菲洛就是利用《蒂迈欧》解释创世纪。这种思想的困境恰恰是柏拉图《蒂迈欧》中的潜在问题：造物主的善与人的恶，宇宙理性与人类理性的矛盾。他们都误解了柏

---

① 纽曼纽斯出生于阿帕米，他关心的问题是"毕达哥拉斯的数学与哲学的关系"，写有《论善》。他引用了柏拉图《理想国》中的暗示，认为数学会引导灵魂远离物质走向最高的善，因此他讨论的问题就是：数学与辩证法、数与理念、辩证法与最高存在的关系。尼克马托斯写有《算术引论》，他集中探讨柏拉图的《理想国》与《蒂迈欧》中数学与宇宙秩序的关系。在《论神学》中，他讨论了数学与物理学、伦理学的关系，发展了柏拉图《蒂迈欧》中目的论的宇宙观。参见 Dominic J. O'Meara. Pythagoras Revived, Oxford University Press, 1989, ppp13, 14, 16.

拉图的"神"是希腊的德尔菲神庙的神，而不是犹太教与基督教的人格化的上帝。他们也忘记了柏拉图的告诫，智慧和强权的互相吸引是自然法则，二者始终互相追求，这始终是一个人类感兴趣的话题。依据自然法则，最卑劣的人实际上不会有什么思想，而最高尚的人则会青史留名。柏拉图告诉我们，人的统治有一个自然的起源，自然的神圣秩序与和谐是人类应该模仿和追求的目标。《蒂迈欧》从"重述《理想国》"开始，下降到克里蒂亚的"真实城邦的历史叙事"，又上升到"宇宙天体"，最后又返回到尘世，表达的正是这一意图。

三、雅典学派

柏拉图在世的时候深感希腊世界对立体几何的忽视，在改造叙拉古政制失败后创建了柏拉图学园，并规定了入学的前提条件是精通几何学。据12世纪的拜占庭学者Johannes Tzetaes记述，柏拉图学园的门上刻着一句名言：不懂几何学者莫入此门。这样柏拉图学园开始了长达数百年的数学研究，反对数学应用于物理领域，并培养出像欧几里得这样的几何学家。柏拉图的《美诺》讨论几何学与德行，《理想国》讨论几何学与政制，《泰阿泰德》讨论知识与数学，《菲多》讨论几何学与灵魂，《智者》讨论数学与定义，《巴门尼德》讨论数学与哲学论证方法，《法篇》讨论数学与立法，《蒂迈欧》叙述几何设计的宇宙。因此，普罗克洛斯在研读欧几里得几何学后得出结论："柏拉图大部分经历花在一般数学与几何学上，对这些研究尤其有热情。众所周知，柏拉图的著作是被数学刺激而创作的，他无时不在强调数学在哲学研究中的意义。"[1]遗憾的是柏拉图的精神遗产并未得到其弟子的继承，在374年柏拉图死后，学园内部分裂了，最重要的前奏是亚里士多德出走创建了独立的逍遥学派，学园内部对柏拉图对话的解读一部分把柏拉图苏格拉底化，一部分转向纯数学研究。这种状况持续到普鲁塔克晚年，拜占庭人普罗克洛斯主掌柏拉图学园才得以从根本上改观，普罗克

---

[1] Glenn R. Morror.Proclus：A Commentary on the First Book of Euclid's Elements, Princeton University Press,1922,p66;同时参见 David Fowler:《柏拉图学园的数学》,剑桥大学出版社1999年版;关于柏拉图死后学园的情况参见John Dillon:《柏拉图学园的继任者》,剑桥大学出版社2003年版。

洛斯因此成为新柏拉图主义雅典学派真正的创始人，侧重从理性神学的视角解读柏拉图的《蒂迈欧》。普罗克洛斯注疏了《蒂迈欧》《巴门尼德》《泰阿泰德》和《阿尔科比亚德》，这代表了对柏拉图对话的真实理解：重视柏拉图晚期对话尤其是《蒂迈欧》中宇宙的数学建构，同时他也没有忽视分析《蒂迈欧》的神话叙述所隐含的理性化的逻辑结构与柏拉图对话，尤其是《蒂迈欧》体现的典型的苏格拉底性格的混合。普罗克洛斯依然没有走出亚里士多德形而上学的路子，虽然他已经开始注意到荷马的神话创世的逻辑结构对《蒂迈欧》的潜在影响并开始关注荷马，但他没有注意到赫西俄德《神谱》中的创世神话的叙事结构对柏拉图创作《蒂迈欧》的核心作用。普罗克洛斯的《〈蒂迈欧〉注疏》最大的缺憾是：他没有意识到《蒂迈欧》科学叙事的终极结局与目标是为《理想国》所建构的最佳政制提供宇宙论的支持。

据 Harold Tarrant 介绍，普罗克洛斯出生于拜占庭一个富裕的律师家庭，早年在家乡研习法学，后到亚历山大学习修辞学、逻辑学与数学，在19岁时进入雅典的柏拉图学园。在当时学园的领导人西米亚斯的指引下，普罗克洛斯研习亚里士多德的著作，随后是柏拉图的《菲多》，在28岁时注疏柏拉图的《蒂迈欧》并发展为理性神学，他对柏拉图的《理想国》研究不够，这可能是当时的现实所迫。新柏拉图主义正面临着基督教统治下的生存危机，西米亚斯之前的学园导师普鲁塔克虽然认为柏拉图的《蒂迈欧》隐藏了世界在时间中创造的思想，并继承了波菲利反对基督教的传统，但是他的道德倾向与对《蒂迈欧》研究的匮乏使他对基督教的挑战无能为力。普罗克洛斯著有《神学原理》《柏拉图的神学》《物理学原理》，并注疏了《巴门尼德》《泰阿泰德》《克拉底鲁》《阿尔克比亚德》等柏拉图对话。其"《神学原理》是对古典希腊柏拉图研究的总结，通过拉丁世界翻译进入阿拉伯世界，影响到中世纪哲学。他的作品囊括了柏拉图的研究"[①]。其对欧几里得几何学的研究决定了理解《蒂迈欧》的核心。[②]普罗

---

① John Dillon.Neoplatonic Philosophy:Introductory Readings,Hackett Publishing Company,Preface.

② Glenn R. Morrow 最新翻译和评注本，Proclus.A Commentary on the First Book of Euclid's Elements, Princeton University Press,1970.最近，英文世界翻译了他对《蒂迈欧》的评注本5卷，由 Harold Tarrant 主编，Proclus.Commentary on Plato's Timaeus,Cambridge University Press,2006.

克洛斯"早年师从修辞学家列奥纳斯（Leonas），后去雅典学园学哲学，接受严格的数学训练，后来听到奥林皮多罗斯（Olypiodorus）的演讲，他迅速理解了主题"[①]。普罗克洛斯精通亚里士多德的著作，尤其喜欢毕达哥拉斯学派的数学，本身又具有文学修养，这是他能够迅速进入柏拉图对话的原因，并开始注疏柏拉图的《蒂迈欧》，在《〈蒂迈欧〉注疏》中保存了许多新柏拉图主义尤其是杨布里柯的文献。普罗克洛斯生活在基督教兴盛的时代，他捍卫柏拉图，生活很低调。他说"做哲学就是追随神，但他的神是理性的代名词，与基督教完全不同，希腊奥林波斯的拟人化的神已经完成了使命"[②]。他花大力气注疏柏拉图的《蒂迈欧》，就是隐秘地抵抗和批评亚里士多德对柏拉图意图的误解。普罗克洛斯虽然大量引用新柏拉图主义的著作，但他与普鲁提诺、波菲利和杨布里柯不同，他看到了柏拉图对话的核心问题：哲学与诗的争吵是柏拉图对话的主题，但柏拉图企图取代诗的拐杖是数学，毕达哥拉斯与苏格拉底的争吵是动因。《蒂迈欧》的目的是讨论最完美的自然科学的获取，必须注意自然的原则性原因。[③]那么，这个原因是精神性的理性数学，只有它才是苏格拉底智慧探寻的有力工具。而这种探寻无疑又具有诗歌的创造性的理智想象作为补偿。这就是为什么普罗克洛斯为荷马辩护，把"《蒂迈欧》和《巴门尼德》作为科学的颂歌并认为其具有教化功能"的原因。这种看法与苏格拉底临终前改变伊索寓言，回忆自己早年自然哲学研究面临的困境是一致的。问题是柏拉图的《蒂迈欧》设计一个有始世界的尝试主要是依靠数学逻辑完成的。数学逻辑试图按照我们设计的存在模式去认识现实世界，因此，"数学想象作为精神再出发的逻辑训练就支配了柏拉图传统，甚至许多人关注的理念论在学园内部引起争论。亚里士多德就质疑数学在柏拉图本体论构建中的地位：一方面数学来源于物质世界，另一方面它又脱离了感觉世界，可以通过思维进行。数学或物理学作为宇宙逻辑的科学决定我们的世界图景是否是争论

---

① Thomas M. Johnson, Proclus. Proclus' Metaphysical Elements, Osceola Missouri, 1909, Preface.

② R. M. Van Den Berg.Proclus' Hymns, Leiden Library of Congress, 2001, p66.

③ 论文《普罗克洛斯作为柏拉图〈蒂迈欧〉的读者》选在 John Dillon 主编的论文集 Studies on Plato, Aristotle and Proclus, Dowling College and Bard College Press, 2013, p526.

的核心。普罗克洛斯把几何学作为宇宙逻辑学放在优先位置"[①]。如果说在通往科学的道路上有两个障碍：对真实世界的信仰和自然科学对这一信仰的抵抗，那么，《蒂迈欧》把这两者进行了调和。近代学者关注普罗克洛斯对欧几里得《几何原理》的评注，就是柏拉图《蒂迈欧》中宇宙的数学设计模式在学园内部争论的延续。普罗克洛斯重视柏拉图对话尤其是《蒂迈欧》的双重性格，科学与神话的交织展现的是古典科学叙事在缺少科学实验依据下所做的成就与局限。

20世纪的新柏拉图主义者纽曼纽斯在谈到研究柏拉图的方法时说："解读柏拉图最好的思路是：融合毕达哥拉斯的教诲，走柏拉图的路子。"[②]普罗克洛斯对柏拉图《蒂迈欧》的解读遵循的就是这一思路。但是他在重视《巴门尼德》对理解《蒂迈欧》的重要性的同时，却忽视了《理想国》对理解柏拉图创作《蒂迈欧》意图的影响，他没有把柏拉图与苏格拉底区分开来，虽然这种区分很困难。柏拉图在创作《蒂迈欧》之后还创作了对话《法律篇》，《法律篇》是《蒂迈欧》意图的延续，柏拉图在晚年最终关怀的还是哲人生活的城邦政制。列奥·施特劳斯在谈到柏拉图对话的意图时说："柏拉图的对话与其说是介绍一种学说，不如说是为苏格拉底的生活——他的生活的精髓，树碑立传，它们展现了苏格拉底是如何从事最重要的工作的，即如何启迪他的同胞并努力把他们引导到他本人所奉行的善的生活中来。"[③]也就是说，柏拉图终生是苏格拉底最真诚的信徒，毕达哥拉斯的数学在柏拉图对话中的意义就在于，为苏格拉底走上善的生活提供了一条便捷的路径。柏拉图对话的整体其实就是为探讨如何创造一个最佳的政制，为哲人在城邦中的统治奠定理论基石。我们还应明白，柏拉图学园研究数学并不是为了科学进步，柏拉图对纯数学研究的同时反对数学与物理学的结合应用，在实际生活中恰恰阻碍了科学进步，而不是为形而上学奠基。"柏拉图学园不是一个传授正统的形而上学的地方，或者与理念论有某种特别密切的关联。虽然数学在柏拉图指导下确实取得了巨大进步，尤

① Proclus Philosophy of Mathematic,在 John Dillon 主编的论文集 Studies on Plato, Aristotle and Proclus, Dowling College and Bard College Press,2011,p202.

② Kenneth Sylvan Guthrie.Numenius of Apamea,Comparative Literature Press,p2.

③ 施特劳斯,克罗波西:《政治哲学史》,河北人民出版社1993年版,第30页.

其是几何学，但是柏拉图始终对数学方法是否适合哲学对智慧的追求保持谨慎，如普罗克洛斯所言，那些研究哲学的人确实被数学所激励而推动了这门科学的进步。"①普罗克洛斯认为，柏拉图的著作是被数学所刺激而创作的，这只说对了一半，数学只不过为柏拉图筹划的理想城邦的最佳政制提供了实现的假想空间。柏拉图从事哲学研究放弃了诗人的梦想与从事政治的冲动，最深层次的刺激是苏格拉底之死所引发的哲人在城邦政制中的生存困境。新柏拉图主义的共同麻烦就是没有把《理想国》《蒂迈欧》与《法律篇》结合起来整体阅读柏拉图的真正意图。

第二节　当代论争及其局限

柏拉图否认存在所谓的"柏拉图哲学"。柏拉图只写对话，因为只有对话才能对真理的探索保持开放性。柏拉图对话颇像希腊戏剧的三联剧，苏格拉底在《理想国》中还是导演兼演员，虽然他在《蒂迈欧》的后面部分隐退了，但是《蒂迈欧》对话的主题依然是他引领的。当代《蒂迈欧》研究的两种路径——形而上学的路径和古典诗学的路径都存在巨大的缺陷，割裂了施莱尔马赫说的"柏拉图对话的整体性"。他不明白"在自然和伦理的表述中，柏拉图的辩证法全部指向自然哲学。世界的统一性必然转化为天体的整体性，世界灵魂不仅是天体运行的轨迹，也是生命中谨慎原则的真正统一"②。《蒂迈欧》恰恰是《菲多》中缺失的自然哲学与《理想国》中所缺失的天文学的继续和完成。当代《蒂迈欧》研究的困境其实早已经在新柏拉图主义者的争论中出现了。

一、形而上学的路径

当代研究柏拉图《蒂迈欧》的权威康福德，就从柏拉图的《泰阿泰

---

① David Fowler.The Mathematics of Plato's Academy,Clarendon Press,1999,p72.

② William Dobson.Schleiermacher's Introductions to the Dialogues of Plato,Kessinger Publishing,1874,pp52-53.

德》《智者篇》和《巴门尼德》的知识论的逻辑建构和语言分析视角，把《蒂迈欧》看作是宇宙论，侧重对理念世界与物理世界关系的分析。这就不可能走出亚里士多德的《形而上学》和《物理学》划定的界限，缺少对《蒂迈欧》中数学建构与神话元素的逻辑分析，甚至对《蒂迈欧》中神话的叙事言辞干脆剔除，更没有从《理想国》与《蒂迈欧》的密切联系去理解《蒂迈欧》。因此，柏拉图《蒂迈欧》的开端"重述《理想国》"与"古典雅典与大西岛的文明冲突"就变得没有意义和多余，这样《蒂迈欧》中的导演苏格拉底的角色就被忽视了。

1. 割裂《蒂迈欧》的叙事结构

康福德对《蒂迈欧》的翻译和评论就明显割裂了整个对话，对《蒂迈欧》涉及"重述《理想国》"和"古典雅典与大西岛的文明冲突"的述说，寥寥几句，一笔带过。他说："柏拉图的目的可能集中在伦理学和政治学上，而并非物理学，整个《蒂迈欧》的宇宙论不过是他的理性城邦如何付诸行动的序言而已，那应该是《赫墨克拉底篇》的内容了。另一个就是克里蒂亚的亚特蒂兰斯故事的真实性是可疑的，因为《蒂迈欧》并未完成，三角对话的《赫墨克拉底篇》就是证据。"[1]虽然他意识到了《蒂迈欧》的政治伦理取向，但他忽视了《理想国》与《蒂迈欧》《克里蒂亚》之间的关系，是几何学意义上的理性城邦和理性宇宙的数学建构与解释。康福德没有认识到柏拉图的《理想国》与毕达哥拉斯学派的关系，以及毕达哥拉斯的数学对《蒂迈欧》数学化的宇宙设计的意义。《蒂迈欧》的终极意图隐匿在《理想国》中，在《法律篇》的"立法者的神学"中浮现。他们大都有着考据学的趣味，善于从逻辑视角而不是柏拉图思想的逻辑出发。

2. 站在现代科学尤其是牛顿力学的角度来阅读《蒂迈欧》

康福德对柏拉图《蒂迈欧》中的几何学构筑的物理学理解不够，表现在其对《蒂迈欧》"宇宙灵魂的和谐构造"的评论中，他不能认识到现代音乐与希腊音乐的区别，不知道希腊音乐的音阶是多利亚式自然音阶。希腊悲剧的位置是音乐剧，诗歌是为歌唱准备的，音乐是情感教育的引领者，

---

① F. M. Cornford. Plato's Cosmology：the Timaeus of Plato，Hackett Publishing Company Inc. 1997，p20.

是理性劝说的工具。①而且音乐在希腊是数学研究和国家立法的对象，甚至到基督教时期也是如此。在对宇宙运动模式的分析中，他用现代天文学的星体模型与牛顿力学做标准看待苏格拉底对"同""异"运动的设计。他没有看到哥白尼正是回归了古希腊的天文学尤其是毕达哥拉斯，才能突破托勒密体系的束缚。虽然"日心说到17世纪，牛顿用力学研究天体运动，发现了万有引力，是天文学摆脱当初描述天体运行的状况进入到探索天体运动的原因，但天体力学仍然对天体的本质无能为力"②。而柏拉图对宇宙天体的描述正是企图解释天体的本质，柏拉图只是在用几何学方法推演天体运动的秩序。"理性灵魂位于天体的中心和边缘，把天体包含在内，引发永不间断的生命开始。"③康福德用较大的篇幅讨论天体之间的位置及其相互关系，但忽视了几何学在构建希腊天文学中的重要性。

3. 继承亚里士多德解读柏拉图的思路

形而上学的路径偏重于柏拉图的"理念论"。康福德虽然也承认柏拉图的《蒂迈欧》有毕达哥拉斯的根源，证据就是普罗克洛斯的考证——蒂迈欧这个人物来自西西里，但他没有认真研读柏拉图《理想国》的政治诉求与《蒂迈欧》毕达哥拉斯数学的宇宙设计的关系。康福德还用《理想国》中"必然性的纺锤"结构，"解释了三个外圈的星体与其他星体的对应位置"④，但是《理想国》对这一部分的宇宙描绘，是为了说明灵魂的上升路径与俄诺斯的神圣性，正义之美与不正义之恶必须通过天文学的研究才能通达善的状态，而且那个宇宙结构更像一个圆锥体。⑤所以，康福德才把《蒂迈欧》看作一篇相似性的故事，也就是柏拉图想象的产物，但是这种想象不是幻想，而是理智的想象，虽然其中包括了天文学叙述和几何学运用。康福德的另一个谬误就是从亚里士多德的视角理解《蒂迈欧》，这体现在他把柏拉图的"载体或接收器（Receptacle）"概念作为空间来解释。其实，在柏拉图看来，"空间"只是接收器的笨拙的隐喻语言表述。他对《蒂

---

① P. 朗多尔米：《西方音乐史》，人民音乐出版社1989年版，第2-7页。

② 崔振华，陈丹：《世界天文学史》，吉林教育出版社1993年版，第2页。

③ R. D. Archer-Hind.The Timaeus of Plato，Cambridge University Press，1888，p112.

④ F. M. Cornford.Plato's Cosmology：the Timaeus of Plato，Hackett Publishing Company Inc.1997，p89.

⑤ J. M. Dorter.The Transformation of Plato's Republic，Cambridge University Press，2006，pp331-343.

迈欧》的几何学叙述原则理解片面，并极力剔除柏拉图《蒂迈欧》的神话元素，更谈不上对神话的逻辑意义结构的分析。

二、古典诗学的路径

如果说形而上学的研究路径在阅读《蒂迈欧》时，往往跳过《蒂迈欧》的开篇"重述《理想国》"与"古典雅典与大西岛的文明冲突"，径直跳跃到《蒂迈欧》的宇宙论与自然哲学的"理念论"，并注意到《蒂迈欧》中数学与形而上学的关联，那么《蒂迈欧》的科学叙事被安置在《理想国》所构建的最佳政制的背景中就无法解释。这种研究思路渴求打破形而上学的阅读习惯，把柏拉图的《蒂迈欧》当对话来读，关注其戏剧背景和思想意图，但是忽视了一个基本的历史事实：柏拉图学园长达几百年研究数学的传统和柏拉图对数学尤其是立体几何为代表的纯粹数学的极大热情。古典诗学重视柏拉图的《理想国》对最佳政制的设计，但缺乏对《理想国》中毕达哥拉斯学派数学在支撑最佳政制构建中的意义的认识，陷入对柏拉图的创作意图与叙事结构的理想化的猜测之中，尤其体现在他们对柏拉图《会饮》的解读上。他们好像就是在《理想国》中对现实政制兴趣很浓，却在《蒂迈欧》中缺席第四个人，对宇宙天体之事欠缺理解能力。他们不明白只有理解了高级的事物才能够更好地理解低级的事物。因此，他们也只是《理想国》的"洞穴中人"，他们无法适应洞穴外面太阳的直射。他们需要走出城邦政制的洞穴走向——《蒂迈欧》的宇宙天文学，然后才有资格返回洞穴设计的最佳政制中。但是无论施莱尔马赫还是施特劳斯都极力避免触及《蒂迈欧》，也不理解《蒂迈欧》。

1.强调"诗与哲学的争吵"是柏拉图对话的基本语境

柏拉图《理想国》的末卷重提"诗歌与哲学的争吵是古已有之"。这种争吵是毕达哥拉斯最先挑起的，是毕达哥拉斯最先攻击的荷马。随后是具有荷马竞技精神的赫拉克利特攻击毕达哥拉斯。①这种争吵的真实意义体现在柏拉图的《理想国》中对"三种模仿"的解释中，而工匠的模仿是《蒂迈欧》中造物主的创造。《蒂迈欧》中的蒂迈欧并不是《会饮》中的阿里斯托芬式的诗人，而是苏格拉底在《理想国》中的"哲学家兼政治家"式的诗人，也就是前苏格拉底时代的"立法者"，因此，《蒂迈欧》的开端在"重述《理想国》"之余还没有忘记古典诗人和智者，还强调它的意图——如何检验它的城邦在战争的环境下战无不胜。这就是施特劳斯学派为什么重视荷马与修昔底德的原因②。蒂迈欧的宇宙论虽然有浓烈的数学气息，实质上却无异于"诗"的制作，《蒂迈欧》中的苏格拉底虽然对诗人大加攻击，但对政治诗人梭伦却倍加赞赏，那么蒂迈欧的宇宙论言辞就是立法者的行动，或者说蒂迈欧的造物主的行动就是《圣经》中上帝的神义论。所以，整个《蒂迈欧》的戏剧性对话就作为一个整体得到解释，重述《理想国》是用几何学的尺规缔造的言辞的城邦，克里蒂亚的大西岛叙事就是真实城邦的历史佐证，《蒂迈欧》的科学叙事就是运用几何学缔造的言辞中的宇宙，它需要物理学去佐证。这就是受施莱尔马赫影响的施特劳斯学派解读《蒂迈欧》的古典诗学之路。他们无法把柏拉图《蒂迈欧》中的众神与基督教的上帝区分开来，而这种区分是新柏拉图主义波菲利与普罗克洛斯极力要做的工作。他们无法理解《理想国》数学设计的城邦与《蒂迈欧》数学化的宇宙之间拥有共同的理智来源的政治意义。他们更无法理解苏格拉底在《理想国》与《蒂迈欧》开端，对诗人的攻击究竟攻击的是哪一种类型的诗人，是荷马－赫西俄德想象式的诗人？还是像巴门尼德、蒂迈欧这样的哲学诗人？他们需要重新理解苏格拉底在《菲多》开篇中所讲的"哲学就是音乐，哲学就是作诗"并改变伊索寓言的真实含义。

---

① 第欧根尼·拉尔修：《明哲言行录》，吉林人民出版社2010年版，第510页。记载了毕达哥拉斯对荷马与赫西俄德的攻击，然后是《巴门尼德》的叙事诗对"意见之路"的否定，《理想国》中的苏格拉底是第三次挑起这种争端。《理想国》暗示了哲人也是模仿者，但在模仿真实性上依靠的是数学奠基的理智，《蒂迈欧》是《理想国》对"模仿"问题的续篇。

② Leo Strauss.Socrates and Airstophanes, The University of Chicago Press, 1966. 与 Plato's Republic, The University of Chicago Press, 1957. 施特劳斯解释苏格拉底与喜剧诗人阿里斯托芬之间的争吵表明，他并不理解哲人与诗人争吵的终极根据在于：哲人依据的是数学提供的理智的逻辑，而戏剧诗人依据的是荷马－赫西俄德创世神话的想象。

2.忽视智慧与几何学的亲缘关系

"《会饮》在整体上质疑奥林波斯众神（城邦之神），宇宙之神的问题没有出现在《会饮》中。但《俄比诺米斯》是柏拉图唯一一部献给宇宙之神的对话，神学在柏拉图对话中有着至关重要的地位。"①施特劳斯的错误就在于，没有看到《蒂迈欧》恰恰是继《伊壁诺米篇》后谈论智慧与几何学之间亲缘关系的力作。柏拉图在《理想国》中说："我们应该像研究几何学那样研究天文学，提出问题，解决问题。正像眼镜是为天文学而造的那样，耳朵是为宇宙和谐之声而造的。这两个学科是毕达哥拉斯学派的人主张的。"在苏格拉底看来，哲学是推理，依靠数学做拐杖，是从现象世界通往理智世界的桥梁。没有这一灵魂的转向，人类不可能走出洞穴世界的阴影，而诗人看到的恰恰是阴影中的阴影。《理想国》中言辞的城邦作为画家的模仿虽然利用了几何学的比例勾勒了理性城邦，可以勾起诗人的想象，但这不是画家的目的。这暗示我们：哲学家也是模仿者。我们这个世界是个仿制品，这个世界分有了神圣的世界。这就使《理想国》构建的理性秩序必然走向《蒂迈欧》勾勒的神经秩序。施特劳斯晚年虽然仍然关心《蒂迈欧》却始终没有对《蒂迈欧》进行研究，认为"《蒂迈欧》一直盖着七封印章"，但他认为"苏格拉底在《理想国》中关于灵魂的政治理解与《蒂迈欧》关于原初之人的爱欲构建具有一致性"②。他写了关于《圣经·创世纪》开端的研究，避免触动《蒂迈欧》，因为一旦触动，那种把《蒂迈欧》视为诗学叙述的解释就会面临几何学的挑战。《蒂迈欧》有两种张力——荷马与毕达哥拉斯的数学。他的弟子伯纳德特看到了这个问题，但也没有走出古典诗学的路子。其实把数学与伦理学、政治学与天文学联系起来，早在杨布里柯的《论毕达哥拉斯主义》一书中做了详细论证。"毕达哥拉斯本人也是对数学与政治拥有同样浓厚的兴趣。普罗克洛斯也利用数学讨论本体论与宇宙论、伦理学与政治学的文学结构。"③

① Seth Benardete.Leo Strauss on Plato's Symposium,The University of Chicago Press,2010,p173.

② Seth Benardete.The Argument and the Action,The University of Chicago Press,2000,pp376-377.

③ Laurence Jay Rosan.The Philosophy of Proclus,The University of California Press,1949,Preface,p112.

3.辩证法与自然哲学

辩证法在柏拉图的《理想国》中是继立体几何之后通往善的必经之路，是哲人走出洞穴之后的第一次精神觉醒，是窥视善的儿子——太阳对洞穴生活的思想的反转，是从《理想国》的洞穴走向《蒂迈欧》的宇宙天体的必然选择。施莱尔马赫把《理想国》《蒂迈欧》与《克里蒂亚》作为柏拉图晚年描述性的对话，"《智者篇》是《蒂迈欧》的准备，《政治家》的内容是《理想国》的直接准备。《蒂迈欧》与《克里蒂亚》是《理想国》的补充"，并认为"柏拉图的神话是由一个基本神话逐步发展而成的，是由神话转型为科学的"[①]。施莱尔马赫看到了《蒂迈欧》中，作为激发读者"思想生成"的神话包裹下的科学叙事对科学原理的探究和表述。但他把重点放在《理想国》《菲多》和《会饮篇》的文学形式和思想意图上，并把辩证法置于柏拉图对话的核心，没有看到毕达哥拉斯的数学尤其是几何学才是柏拉图宏伟大厦的地基中的拱顶石。"柏拉图说，智慧之人离神最近。他在指向毕达哥拉斯，因为哲学的智慧构建在数学的基础之上。"[②]因此，古典诗学的研究思路一旦遭遇《蒂迈欧》陷入无能和误解的漩涡，它就无法解释《蒂迈欧》中的数学影子在对话中的意义。施特劳斯的弟子罗森在谈到"俄诺斯神话"时说："宇宙的运动本身被必然性说所捆绑。判断善恶需要理智接纳个人的灵魂，它并不能被命运的纺锤编制的锁链说解释。一个人可以宣称不正义的惩罚和正义的奖赏是宇宙神秘的本质必然性，但是他不能被锁链说和纺锤说构建。"[③]在理解《蒂迈欧》上，古典诗学的解读忽视了毕达哥拉斯学派数学化的宇宙论的影响，过分强调荷马史诗的传统与修昔底德的史学背景。

这两种研究思路都忽视了《蒂迈欧》精神性的要素——毕达哥拉斯的数学。割裂《蒂迈欧》作为对话的完整性，误解了柏拉图《蒂迈欧》的意图：（1）科学要为形而上学服务，（2）探讨人类在理解自然的同时如何不

---

① William Dobson.Schleiermacher's Introductions to the Dialogues of Plato,Nabu Press,1874,pp41-42.

② Charles H. Kahn.Pythagoras and the Pythagoreans:a Brief History,Hackett Publishing Company Inc.2001,p14.

③ Stanley Rosen.Plato's Republic a Study,Yale University Press,1992,pp383-384.

违逆自然。我们今天已生活在数字化的世界中，物质的丰盈无法填补精神的空白。宇宙究竟是否具有造物主的数学设计依然处在争论中，人类理性能否突破神话设定的限制依然未知。科学推动了社会进步，但这种进步不是全方位的。柏拉图的《菲莱布》在讨论快乐的等级（身体快乐、灵魂快乐与理智快乐）时最后演进到对宇宙理性的模仿，这隐隐在回应《蒂迈欧》对这种宇宙秩序的想象和对城邦政制的规劝。

三、科学哲学的路径

1.柏拉图与早期毕达哥拉斯学派的关系

毕达哥拉斯述而不作，采用秘传教诲。我们今天知道的毕达哥拉斯的作品主要来自与柏拉图同时代的菲洛劳斯和阿尔肯塔斯。柏拉图在苏格拉底死后曾经三次去西西里。阿尔肯塔斯研究数学，关心"数学对人类生活的价值问题，尤其对构建一个正义的城邦而言，数学王子阿尔肯塔斯为柏拉图提供了研究哲学的全新模式"[1]。阿尔肯塔斯对柏拉图影响最大的就是，学园把数学研究作为通往智慧的艰难阶梯。柏拉图的几何学就是"理性对政治必然性的劝说"。"柏拉图曾经和阿尔肯塔斯讨论数学的价值问题，阿尔肯塔斯向柏拉图询问辩证法，然而阿尔肯塔斯不会成为柏拉图，柏拉图也不会成为毕达哥拉斯和阿尔肯塔斯，他们是科学与哲学上竞争性的朋友。"[2]阿尔肯塔斯与柏拉图最大的不同是："毕达哥拉斯学派并没有把数学研究应用到宗教信仰领域，即几何学研究与信仰是分离的。"[3]阿尔肯塔斯确实引导了柏拉图，但是阿尔肯塔斯在理性与信仰之间保持着一定的距离。阿尔肯塔斯不像柏拉图那样受荷马史诗传统的左右。"阿尔肯塔斯是毕达哥拉斯学派的成员，当狄奥尼修斯要处死柏拉图时，他写信挽救了

---

[1] Carl A. Huffman.Aychytas of Tarentum,Cambridge University Press,2003,p30.

[2] Carl A. Huffman. Archy of Tarentum,Cambridge University Press,2003,pp41-42.

[3] James Luchte.Pythagras and the Doctrine of Transnigation, Continum International Publishing Group,2002,p2.

他。"①

"菲洛劳斯是第一个论述毕达哥拉斯教诲的成员，而且对柏拉图及其学园有决定影响；阿尔肯塔斯是柏拉图的朋友，蒂迈欧也与柏拉图关系密切，柏拉图的著名对话《蒂迈欧》就是以他的名字为篇名的。"②霍夫曼则认为，阿尔肯塔斯对柏拉图的影响最大，证据就是柏拉图的书信七中提到阿尔肯塔斯和《理想国》中的阿尔肯塔斯阴影。我们发现阿尔肯塔斯的残篇与柏拉图的对话，尤其是《理想国》第7卷，证据就是柏拉图在苏格拉底死后确实到过南意大利游学，柏拉图去那里的部分原因是为了拜访阿尔肯塔斯。在《理想国》中关于数学与天文学的讨论暗指阿尔肯塔斯，柏拉图企图以阿尔肯塔斯取代苏格拉底作为他的哲人王。柏拉图还描述了立体几何企图解决数学的价值问题。柏拉图渴望与阿尔肯塔斯争吵。这样霍夫曼就用《理想国》中的理想城邦的几何学设计，来检验数学对社会正义构建的可能性。柏拉图关注几何学与天文学，是因为这些科学可以把灵魂的视觉从可变世界引导到可知世界。阿尔肯塔斯赞扬一切与科学有关的事物，"在《论自然》中，他可能讨论了数学对人类生活尤其是对一个正义城邦的意义"③，强调数学在社会中的应用，他曾经发明火炮抵抗雅典对西西里的入侵，首次把数学与物理机械连接在一起。阿尔肯塔斯的宇宙和谐思想和无限宇宙理论确实让柏拉图在《蒂迈欧》中作为主体，并作为探讨灵魂和谐的工具。柏拉图把阿尔肯塔斯局限在可见世界的和谐（比如音乐的和谐旋律）推广到宇宙天体中。

阿尔肯塔斯没有一个形而上学的构想，他不会像柏拉图那样把世界划分为两个领域，宇宙在他看来就是一个整体。如果说《理想国》有太多的阿尔肯塔斯的身影，那么《蒂迈欧》在整体上更多的是受菲洛劳斯的影响。"菲洛劳斯写了一本《论自然》的书，与《蒂迈欧》的内容相似，《美诺篇》已经利用了菲洛劳斯的医学观点，这本书于4世纪已经流传。亚里士多德拥有这本书，证明并不是口头传说，他在《形而上学》中讨论宇

---

① James Luchte.Pythagras and the Doctrine of Transnigation, Continuum International Publishing Group, 2002, p542.

② John Finamore.The Golden Chaim, Word Wisdom Inc.2004, p23.

③ Carl A. Huffman.Archytas of Tarentum, Cambridge University Press, 2003, ppp30, 40-41.

宙"①。因此，柏拉图的大部分著作追随毕达哥拉斯学派。我们从菲洛劳斯的残篇中看到，他最早关心数与世界秩序的关系。《蒂迈欧》讲，世界秩序的本质与有限、无限的连接有关，这样世界秩序就作为了一个整体，万物就包含在其中。这恰恰是《蒂迈欧》的宇宙设计原则，并体现在柏拉图的《菲莱布》中，但是柏拉图区分了理性与必然性的斗争。菲洛劳斯首次研究了数学量的等级，把存量归为算术范畴，把位置的量归为几何。这就在物理世界内部分离出来两个不同的领域，就是《蒂迈欧》的宇宙解释轨迹——宇宙的身体与灵魂分开了。众多的存在如果说是真的，无限增长就是可能的，那么分裂就是有限的，数量的无限与形状的有限结合组成了万物。这样数学就在微观和宏观上做了最初的界定。《蒂迈欧》在解释宇宙身体时就是把数的元素构建的几何图形组成了宇宙。菲洛劳斯研究了数的和谐与音乐理论，尤其是音节与音域，在《蒂迈欧》的宇宙分割模型中得到体现。毕达哥拉斯早期弟子菲洛劳斯与阿尔肯塔斯都重视物理世界的"声音想象"，探讨物体的运动及其运动的比例问题，引发了音乐理论，这种音乐理论被毕达哥拉斯的弟子亚里斯多塞洛斯（Aristoxenmus）在公元前4世纪发展为系统的"和声理论"，并著了《和声理论》与《节奏理论》。《蒂迈欧》中有两处谈到毕达哥拉斯学派的数学音乐，而比率问题是菲洛劳斯最先研究的，首次研究声音的4:3与9:8的比率问题，但系统研究音乐理论的先驱是阿尔肯塔斯，他已经涉及音域问题。②

2. "相论"的局限性与柏拉图的科学哲学转向

柏拉图的《高尔吉亚》述说了苏格拉底与修辞学家高尔吉亚的门徒波鲁斯与卡利克勒关于智者能否传授正义的问题。有些聪明人说：天与地、

---

① Carl A. Huffman.Philolaus of Croton，Cambridge University Press，2003，p14.

② John Fauvel.Music and Mathematics，Oxford University Press，2006，pp1-3.在希腊，音乐是数学研究的对象。音乐从科学走向艺术是文艺复兴以后的事了。音乐的韵律可以追溯到希腊语音体系。因此，在古希腊，音乐与数学是姊妹学科。"音域的结构是由时间的比率决定的""时间与韵律使音乐进入到二维空间，这些音乐空间的对称使音乐感挤压成一定的曲调模式"，而对音乐的数学研究来源于毕达哥拉斯，"毕达哥拉斯通过音乐产生对人类礼仪和生活的最好的矫正"。(Thomas Taylor, J. M. Watkins.Lamblichus, Life of Pythagoras, Cambridge University Press, 1818, ppp13, 61, 91.)我们要理解《蒂迈欧》的音乐理论完全是由毕达哥拉斯学派的数学决定。因此,理解《蒂迈欧》必须回归到与柏拉图同时代的毕达哥拉斯早期数学传统。

神与人都是通过友爱、秩序节制和正义联系在一起的。由于这个原因，他们把事物之和看成"有序"的宇宙，而不是混乱的世界。在我看来，你（卡利克勒）尽管富有智慧，但对这些事情未加注意。你不明白几何学的平等对于诸神和凡人都是极为重要的，你认为我们应该超过别人（在言辞上），因为你拒绝几何学。为什么不懂几何学就不可能明白何谓正义？因为正义和善是数学意义上的。维格指出："这些聪明人就是毕达哥拉斯学派（菲洛劳斯），他们的宇宙论思想被柏拉图的苏格拉底运用，作为政治社会的基础。人类社会的必然性是对宇宙和谐的模仿。智慧意味着对欲望的限制，从而获得正义和快乐。这样毕达哥拉斯学派的数学就侵入了柏拉图的灵魂中，我们可以从《理想国》与《法律篇》中看到。"①在《菲多》中，毕达哥拉斯学派数学家菲洛劳斯的思想第一次通过思考苏格拉底之死嫁接到个人命运的必然性与宇宙运动上，把荷马的命运观放在毕达哥拉斯学派的必然性面前进行拷问。《蒂迈欧》中有几何比例构建的宇宙，是《菲多》的延展。虽然《菲多》中的"理念论"在《巴门尼德》中得到审查，而不是在《蒂迈欧》中。与早期其他自然哲学不同，毕达哥拉斯学派在哲学史上第一次转向了抽象的理智，把数学作为哲学研究的第一要务，并苛求逻辑证明。数学犹如光源为科学插上了想象的翅膀。没有数学，物理学就只有在黑暗中前进；没有数学，哲学就只有在神学的圈子中旋转；没有数学，科学将无法摆脱经验的思域走向精确和明晰。亚里士多德的《物理学》产生的坏影响已经证明了这一点。毕达哥拉斯首次把数学作为思考宇宙自然和人类社会的工具，这决定了柏拉图在苏格拉底死后的科学哲学转向。"柏拉图倾注了巨大的热情关注一般数学和几何学，众所周知，他的著作是被数学的精密性所吸引的，他竭力要通过数学为哲学研究提供新的援助。"②没有毕达哥拉斯，柏拉图就不可能走出苏格拉底之死带来的阴影，也就没有柏拉图的对话。没有《蒂迈欧》也不可能有近代科学的崛起。"物理学也是一种世界解释和世界构想，而并非一种世界证明。"③

---

① Cibe Vogal.Pythagoran and Early Pythagraism, Oxford University Press, 2001, p194.

② G. R. Morrow.Proclus: a Commentary on the First Book of Euclid's Elements, Princeton University Press, 1970, p66.

③ Walter Kaufmann.On the Genealogy of Morals, A Division of Random House Inc.1989, p2.

3.柏拉图《蒂迈欧》:"数学想象"的多元影响

雅典文明消亡的历史叙事刺激着西方人探索未知的异域文明,思索自身文明的未来走向,这是西方的科幻文学与乌托邦传统的最早源头。克里蒂亚的大西岛历史叙事充斥着几何学主导的城镇建设规划。柏拉图的空间理论在建筑学上也有决定性的影响。莫尔的《乌托邦》、培根的《新大西岛》是大西岛神话的近代版本。"我们不清楚一个形象作为不确定的幻想如何能够上升为一种概念,乃至一种范式?作为一种新的文学范式,《乌托邦》在哲学层面上对大西岛神话的依赖是毫无疑问的。"[1]时至今日,科学的昌盛并没有使《蒂迈欧》失去在现代物理学中的影响,"开普勒赞扬过《蒂迈欧》研究自然的数学方法,谢林写过《蒂迈欧》的疏解,探讨人类自由的精神实质"[2]。"柏拉图培育的问题远远超过了他给出的答案,甚至某些物理结构的叙事依然保持着活力,刺激着当代的最大问题。什么是存在?宇宙有开端吗?宇宙存在于时间中或时间是宇宙本性的结果吗?我们的宇宙是唯一的吗?柏拉图的空间与理智的关系对当代人仍然是建设性的。"[3]《蒂迈欧》展示了理性与信仰的冲突与和谐。

柏拉图的著作中充满毕达哥拉斯的影子与荷马的阴魂:自杀与灵魂轮回的学说、灵魂回忆说的数学证明、几何学与修辞学、大宇宙—小宇宙的学说、有限与无限的思想与宇宙设计、宇宙运动轨迹反转;《巴门尼德》的数学论证、《理想国》的设计原则——几何学与正义引发的三波浪潮、数字婚姻和命运纺锤、《泰阿泰德》的知识论、《智者》宇宙运动"同与异"的数学讨论、《会饮》的"爱欲与灵魂运动",尤其是《蒂迈欧》的几何—物理学叙事。"毕达哥拉斯学派对柏拉图的影响主要在《蒂迈欧》,柏拉图的目的是为苏格拉底的伦理学奠定坚实的形而上学基础,以便表明宇宙自身具有理性的证据。"[4]柏拉图告诉我们,人的统治有一个自然的起源,自然的神圣秩序与和谐是人类模仿和追求的目标。近代学者关注普罗克洛斯对

---

[1] 马特:《柏拉图与神话之境》,华东师范大学出版社2008年版,第332-333页。

[2] Sallis John.Chorology:on Beginning in Plato's Timaeus,Indiana University Press,1999,p246.

[3] Richard D. Mohr, Barbara M. Sattler.One Book, the Whole Universe:Plato's Timaeus Today, Parmenides Publishing,2010,p15.

[4] Thomas.Greek Rational Medicine,Harvard University Press,1992,p114.

欧几里得《几何原理》的评注，是《蒂迈欧》宇宙数学设计模式在新柏拉图主义内部争论的延续，这种争论也许是不会有结果的。雅典文明消亡的历史叙事深入西方人的心智，刺激着他们探索未知的异域文明，思索自身文明的未来走向和文明的冲突，这就是西方的科幻文学与乌托邦传统的源头。克里蒂亚的大西岛历史叙事充斥着几何学主导的城镇建设规划，柏拉图的空间理论甚至对建筑理论和城乡规划也有决定性的影响。莫尔的《乌托邦》是大西岛神话的近代版本，它鼓舞着人们进行远征。柏拉图的《蒂迈欧》是继毕达哥拉斯及其门徒几何学研究之后，人类科学与理性发展的又一高峰，也是对前苏格拉底自然哲学的系统总结。《蒂迈欧》的核心——理性对必然的劝说，恰恰是科学的本质。在近代对《蒂迈欧》研究的形而上学思路破产后，兴起的古典诗学路径也陷入困境。根本原因就是，他们都不了解毕达哥拉斯早期学派的数学对柏拉图决定的影响。因此，必须从毕达哥拉斯出发理解《蒂迈欧》，进而寻找西方科学哲学的起源。同时，也不应忽视荷马众神的世界与赫西俄德《神谱》《工作与时日》在结构上对《蒂迈欧》的影响。

第二章

柏拉图《蒂迈欧》的开端:静止的城邦

《蒂迈欧》是柏拉图专门讨论宇宙与自然科学的对话，也是13世纪西欧重新获得亚里士多德形而上学与自然科学著作以前最好的一部哲学著作，为中世纪提供了自然宇宙的总的世界图景与想象。但是《蒂迈欧》的开端"重述《理想国》（1～5卷）"，把《理想国》构建的理性城邦看作是宇宙秩序的图像，把宇宙秩序应用于政制设计与城邦治理，把精心安排的数学模型用于勾勒城邦政制。这就涉及柏拉图的《理想国》与《蒂迈欧》的关系。这两部对话的思想与意图在何种意义上是一个整体？《蒂迈欧》的开篇为什么要重述《理想国》的核心内容，为什么没有重复"哲人王"？对克里蒂亚转述的古典雅典与大西岛文明冲突的历史叙事在整个《蒂迈欧》中占何种位置？它与《理想国》又存在何种逻辑与思想关连？

第一节 《理想国》与《蒂迈欧》的逻辑关联

泰勒认为："《蒂迈欧》清楚明白地宣告在某种程度上它本身是《理想国》的续篇。"[1]苏格拉底在对话的开篇回忆他前一天谈话的内容恰与《理想国》的内容相符合。《理想国》把我们带回到尼西亚斯和平时期，即公元前422—421年，这样的年代符合《蒂迈欧》本身的各种暗示。雅典人为了达到组建同盟对抗叙拉古势力的目的，派遣使者游说西西里。为了西地中海实现安定，我们可以肯定蒂迈欧来到雅典并非特意与苏格拉底谈论宇宙的创造。有意义的是苏格拉底津津有味地听讲的宇宙演进的时代，不过是阿里斯

---

① 泰勒:《柏拉图——生平及其著作》，山东人民出版社1990年版，第601—602页。

托芬的剧本《云》对他的嘲弄。泰勒过分地从考古学的视角看待《蒂迈欧》,他的猜测虽然看似有一定的道理,不过他遗忘了柏拉图对话的基本特征:无论《理想国》还是《蒂迈欧》都不是哲学论文,而是对话,柏拉图的对话就是戏剧。但是对话与戏剧不同的是:对话是介于论文与戏剧之间的一种,因为柏拉图的诸多对话常常充斥着诸多的论证与方法的讨论。

施特劳斯认为,"《理想国》的写作要比《蒂迈欧》早些,柏拉图写作《理想国》的时候并没有《蒂迈欧》的思想。因为柏拉图写作《理想国》的时间是在公元前380年左右,而写作《蒂迈欧》则在公元前360年左右。《蒂迈欧》是《理想国》的必然结局"①。施特劳斯告诉我们,柏拉图是因为《理想国》有着巨大的思想困惑才导致柏拉图写作《蒂迈欧》的,那么《蒂迈欧》是要解决《理想国》中的问题,但是这个问题是什么呢?施特劳斯没有讲,他也只是猜测。施特劳斯晚年依然关心《蒂迈欧》与《理想国》的关系,不过施特劳斯看到了《蒂迈欧》的开端对《理想国》的重述是在政治神学背景下展开的。这涉及柏拉图"理念"与"神"的亲缘,最好的政治秩序与最好的宇宙秩序之间的相似性。这就是为什么关于宇宙讨论的《蒂迈欧》要被植入政治神学的场景中。

一、《理想国》:"最佳政制"的困境

施莱尔马赫说:"《蒂迈欧》是解开《理想国》中内在关系中依然幽暗不明内容的钥匙。"②这就需要我们重新回到《理想国》,《理想国》在理论上未解决"善"的困境必然导致《蒂迈欧》,而"善"的问题是苏格拉底无法解决的。所以,在《蒂迈欧》中,苏格拉底的位置让给了西西里毕达哥拉斯学派的数学家蒂迈欧。《蒂迈欧》开篇"重述《理想国》"部分没有提及"哲人王",表明了柏拉图尚未解决"哲学是何物"的问题。毕达哥拉斯是第一个自称为"哲人"的数学家,把毕生的精力花在了几何算术和音乐研究上,即便是医学也没有忽视。毕达哥拉斯的两位弟子——菲洛劳斯与

① Leo Strauss.Plato's Republic,University of Chicago Press,1957,p18.
② William Dobson.Schleiermacher's Introductions to the Dialogues of Plato,Cambridge University Press,p409.中译本参见施莱尔马赫:《论柏拉图对话》,华夏出版社2011年版,第315页。

阿尔肯塔斯均是与柏拉图同时代的数学家、音乐理论家与天文学家。柏拉图的《菲多》是苏格拉底与菲洛劳斯的弟子关于灵魂不朽的对话；其《理想国》是用数学模式构建的理想城邦，明显是针对数学王子阿尔肯塔斯的。《蒂迈欧》又是苏格拉底倾听毕达哥拉斯学派的蒂迈欧讲述宇宙演化的叙事。①《理想国》与《蒂迈欧》都关涉毕达哥拉斯的数学。有明显的证据表明，柏拉图在苏格拉底死后游学西西里，他渴望寻找有建树的思想家，阿尔肯塔斯当然是最佳人选。他渴望以阿尔肯塔斯取代苏格拉底作为哲学上的引导者。柏拉图对数学有兴趣，苛求在数学的帮助下解决哲学问题。柏拉图接受了阿尔肯塔斯的数学直观，但是在数学对于政治生活的价值问题上与阿尔肯塔斯有严重的争吵。阿尔肯塔斯向柏拉图学习辩证法，但阿尔肯塔斯不会成为柏拉图主义者，柏拉图也不会成为毕达哥拉斯分子。他们是在哲学与科学领域有竞争性的朋友。"柏拉图关注科学在推动灵魂的眼睛摆脱感觉走向理智，从变动的世界走向存在的世界中的价值。柏拉图并不会把纯粹科学作为最高研究，而是作为最高研究——辩证法的准备，阿尔肯塔斯的天文学处理的恰恰是可见的天体与星辰的运动。阿尔肯塔斯的天文学是柏拉图《理想国》第7卷批评的对象。"②我们看到柏拉图关心的是现象世界背后的终极原因，这是阿尔肯塔斯无法提供指南的，也是两人分歧的焦点。如果说阿尔肯塔斯的数学构建决定了柏拉图《理想国》的写作，那么他们的分歧使柏拉图在《蒂迈欧》中转向了菲洛劳斯的以数学比例为支撑的天文学与宇宙论。

《理想国》是要筹划一个理性城邦的模本以便创造整体城邦的幸福，苏

　　① 关于柏拉图与毕达哥拉斯早期学派的弟子菲洛劳斯与阿尔肯塔斯关系的记载参见第欧根尼·拉尔修：《明哲言行录：下》，吉林人民出版社2002年版，第542-544页；阿尔肯塔斯曾经在柏拉图在西西里推行政治改革计划遭遇困顿的时候救过柏拉图，柏拉图与阿尔肯塔斯的关系见柏拉图书信七，记载了柏拉图在前往西西里狄奥尼索斯的宫廷时购买过菲洛劳斯叙述毕达哥拉斯学说的论文集《论自然》。同时，也可参考近代希腊哲学学者卡尔·霍夫曼的著作《塔利托姆的阿尔肯塔斯》(Archytas of Tarentum，剑桥出版社，2005年版)与《克里苣的菲洛劳斯》(Philolaus of Croton，Cambridge University Press，1993年版)。

　　② Carl A. Huffman.Archytas of Tarentum：Pythagorean，Philosopher and Mathematician King，Cambridge University Press，pp40-41，57-58.霍夫曼对阿尔肯塔斯与柏拉图的关系的叙述与考证集中在这本著作中，尤其是对柏拉图书信七的考证以及阿尔肯塔斯对柏拉图"数学哲学"的转向与《理想国》第7卷写作方式的影响。阿尔肯塔斯作为西西里的有影响的政治家、数学家与音乐理论家，就像是接近了柏拉图"哲人王"的前身，但在柏拉图看来他还不够是一个称职的哲学家。

格拉底最终发现很困难，这种困难在《理想国》讨论"诗歌与哲学之争"中暗示出来。苏格拉底讲述"模仿者"的三种类型：本质的模仿者（工匠），存在于自然之中；实物的模仿者（画家），存在于现象之中；想象的模仿者（诗人），存在于激情之中。但是苏格拉底除了在模仿的精确性上做出划分之外，无法解释为什么工匠的模仿是对真实存在的模仿。在苏格拉底的生活方式与毕达哥拉斯的生活方式之间，柏拉图倾向于毕达哥拉斯，因为在毕达哥拉斯学派的人看来，"数学是理性最佳的助手"①。因此，对真实事物的模仿必须借助理性的阶梯与理性的思考。首先，就是要看清宇宙的本性，苏格拉底最终转向了神话性的劝谕——灵魂不朽的"厄尔神话"：宇宙天体运行规则的数学比例和谐运动。苏格拉底对诗歌的指责就具有反讽的风格，他从反面暗示了哲人也是模仿者，苛求模仿真实的模仿者。神话的诗歌叙事与数学逻辑的叙事就在"厄尔神话"中交织在一起。"《理想国》的末世神话唤起了一种理性与情感共存的信仰，它奇怪地悬于真实与虚构之间。"②"厄尔神话"对灵魂不朽、宇宙旋转与命运轮回的叙述，使几何学的必然性与情感的必然性混合在一起，这恰恰是格劳孔所批评的苏格拉底在追求善的"向上之路"中面临的困境。这些困境在《蒂迈欧》中体现为"理性对必然的劝说"与"理性对必然的认知"之间的纠缠。

《理想国》展示了理想城邦在实现上的困难。当阿德曼托斯质疑苏格拉底铸造的城邦是否能够使护卫者幸福时，苏格拉底说："我们的目的是铸造理想城邦的模型，它能够使整个城邦幸福，而不是某一个阶层幸福。"不过这个模型极难形成，苏格拉底在为理性城邦设计的屏障中受到来自"情欲必然性"引发的三波浪潮的冲击：（1）男女平等，这在生物学意义上符合自然的诉求，性别的身体差异就被遮蔽了，因为在苏格拉底看来"身体是尚未成熟的面带微笑的智慧之果"；男人与女人的关系在《蒂迈欧》的叙述中受制于太阳与月亮之间的阴阳交错。（2）妇女儿童共有，这是解决城邦

---

① 柏拉图：《理想国》，华夏出版社2011年版，第368页。

② G. R. F. Ferrari.The Cambridge Companion to Plato's Republic,Cambridge University Press,2007,p471. 对"厄尔神话"的语义学解读。

与家庭冲突、保证城邦整体统一的手段，对家庭的抽离使人依附于城邦，走向理智的成熟，因为"家庭的束缚是人走向成熟的第一道篱笆，人走向成熟的第一步是与家庭保持一定的距离"①。家庭并不是自然的结果，而是与自然的妥协，宣示了身体自由的限度。家庭也是滋长私有观念的土壤而隔离城邦的整体性，这种措施是否能够实现，是否是善依然是个疑问。（3）最大的浪潮来自"哲人的统治"。这样掌握了善之知识的哲人的统治资格也变成了笑料，最终哲人成为掌握数学、音乐与天文学知识的辩证法家。苏格拉底用语言勾勒的理性城邦就完全是数学模型的图像。哲人统治的实现程度完全依赖机缘巧合与命运的安排。在苏格拉底看来，天体的运动给人类认识真实世界提供了可能，天体的领域是理智与秩序和谐的典范，而城邦事务只不过是它的影子，城邦对立体几何的忽视是城邦混乱的根源。天体是造物主依据数学比例与数学结构所做的完美设计与安排。理性城邦的模型在天上，而非在城邦。这样城邦政制的构建就必须模仿天体的和谐秩序才会完美完善，接近造物主创造之善的模式。理性的城邦尽管作为模本在相似性上接近于造物主创造之模式，但它毕竟是一种退化的结果，这也意味着柏拉图《理想国》叙述的理性城邦是没有生命的图画，也就没有在技术上实现的可能性。《理想国》必然走向《蒂迈欧》才能使静止的城邦运动起来，从而检验这个数学模型设计的城邦的整体统一性是否坚不可摧。

二、《蒂迈欧》"重述《理想国》"的意义

《蒂迈欧》的开端是对《理想国》的"重述"，在重述了社会分工、男女平等、妇女儿童共有与婚姻分配后，再也没有提及"哲人统治"的话题。"哲人统治"在《理想国》中是最难以应付的问题，必然会招致波浪般的嘲讽与奚落，因为它涉及"模型"刻画城邦的难题。《理想国》是言辞雕刻的理性城邦的模型，这个模型的来源是远离与感觉世界、理智世界相关的"善"和智慧所追求的终极目标的。人类的语言也许无法叙述这个超验

---

① 柏拉图:《柏拉图的〈会饮〉》，华夏出版社 2003 年版，第 237 页。

世界的图景，柏拉图借助隐喻——太阳、线段，通过视觉的映像窥视善的模糊图像。不过柏拉图提到了"善与数学"的亲缘关系，几何学的方法是我们摆脱感觉世界、接近理智世界、思考善的最近的阶梯。我们从苏格拉底规划的潜在哲人走向善的学习课程（算术、平面几何、立体几何、天文学、音乐和谐与辩证法）可以看出：数学涉及灵魂转向天体的真实运动，从而借助理性抓住美好的事物本身，进入到可知世界的终点——善，然后才能依据善的模本治理好城邦。数学就成为从"现象世界"走向"理念世界"的最直接最崇高最便捷的推手。"柏拉图思考善与数学的关系的两个最重要的文本：一个是柏拉图的《理想国》，另一个是柏拉图未成文的书写——在学园内部关于善的演讲。人们渴望获得一般人所谓的善的东西——财富、健康的身体或力量，总之他们追求快乐的东西，但是当我们转向数学——数、几何与天文学时，柏拉图说善是'一'。人们认为这是矛盾的，结果遭到嘲笑，甚至充满责备。"①听柏拉图"善的演讲"的观众都是慕名而来失望而去，他们不明白为什么柏拉图的"善"不是伦理意义上的'善"，伦理学在柏拉图的视野中从来不是核心位置，而且柏拉图对话是否隐含"道德哲学"的讨论始终是个疑问。这个由亚里士多德《尼各马可伦理学》转述的讨论首先是在伦理意义上讨论的，已经偏离了柏拉图的教诲。争论的焦点就是：善是何种意义上的数学与伦理。显然柏拉图是在数学意义上讲的，对柏拉图"善"的解释必须联系《理想国》的"太阳比喻"的数学基础才能窥视到善的秘密。善是在三种范围内被界定的：数学比例对称的知识的概念（理智），可见天体秩序中的善的映像（意见）与音乐和谐比例中善的印记（想象）。这种"善"的难题在《蒂迈欧》中体现为造物主创造之模式、造物主创造之宇宙灵魂与宇宙身体的数学比例、天体运动的和声和秩序。数学比例是造物主创造宇宙之善的模本的有用的拐杖，是通往善的桥梁与天道。善在《蒂迈欧》中就是造物主创造宇宙秩序与和谐的

---

① Douglas Cairns.Pursuing the Good：Ethics and Metaphysics in Plato's Republic，Edinburgh University Press，2007，p251.同时参见 D. C. Schindler.Plato's Critique of Impure Reason，The Catholic University America Press，2008，p85.对"善"的双重属性的讨论，在理智世界里，善是数学意义上的，在可见世界里，善是视觉的对象。这种讨论依据柏拉图《理想国》的"太阳比喻"，太阳是善的儿子，最向善，与善最相似，那么善就可以从可知世界与可见世界两方面加以解读。

"一"。我们看到《理想国》中"善的困境"在《蒂迈欧》中得以解决。这就是《蒂迈欧》的开端为什么忽略对"哲人王"的讨论，是由柏拉图严谨的写作方式决定的。

柏拉图的《蒂迈欧》研究的权威注疏者普罗克洛斯提醒我们：理解柏拉图的《蒂迈欧》要重视其《巴门尼德》。因为在柏拉图看来，"作为哲学整体，存在被分离为理智的研究与内在事物的研究。可以说，宇宙也是双重性的：理智的宇宙与感觉的宇宙。《巴门尼德》处理的是理智领域，而《蒂迈欧》处理的是感觉领域。'一'就是神圣的秩序，这个秩序包含了所有宇宙进程中的事物。前者并未遗忘万物，而后者也不会遗漏理智。因为理智是感觉中的映像，而感觉是理智之模式的显现，就如杨布里柯所讲的，柏拉图研究的整体必须包含两部对话：《蒂迈欧》与《巴门尼德》。《蒂迈欧》对与第一造物主相连的内在事物负责，而《巴门尼德》对与'一'连接的实际的演进进程有关。前者告诉我们，如何分享造物主提供的生产进程，后者告诉我们存在的万物如何分有统一存在的整体。《蒂迈欧》通过想象提供了对事物内在本质的研究，《巴门尼德》则是选择优先于目的论的非物质理念的路径"[①]。这就是为什么在柏拉图的《理想国》对理想城邦的讨论中参加的人数那么多，有富商克法洛斯及其儿子伯勒马霍斯、格劳孔与其哥哥阿德曼托斯、尼西亚斯的儿子尼科拉托斯与修辞学家忒拉绪马霍斯等，而参加讨论的只有三人：西西里的数学家蒂迈欧、雅典的贵族克里蒂亚与叙拉古的赫墨克拉底，还有第四个人因故缺席。就像《菲多》中柏拉图因病缺席一样。而在这仅有的三人之中，赫墨克拉底基本上处于沉默状态，克里蒂亚只是转述了其祖父从梭伦那里听闻的古典雅典与大西岛的文明冲突，只有蒂迈欧是叙事的主角，连苏格拉底也只是一个忠实的听众而已。柏拉图在《蒂迈欧》开端设置的谜团涉及古典政制的秘密：政制的安排究竟依据的是什么？政治混乱的终极根源是什么？为什么在理性城邦的讨论中他是积极的参与者，而在宇宙天体的讨论中却缺席呢？普罗克洛斯认为："讲授的内容越是庄严与高深，听众就越少。在昨天的城邦政制的讨论中，听众至少有六人，而今天的私人讨论中，据苏格拉底转述是四

---

① Proclus.Commentary on Plato's Timaeus，Volume I，Cambridge University Press，2007，pp107—108.

人，但这一天第四个人还缺席了。因为讨论已经进入到新的宗教神秘与热忱之中，听众的减少是与主题的纯洁性与理智的本性的增加是一致的"①。缺席的第四个人的天赋不适合物理学与天文学。因为理解了高级事物的人必定能够理解低级事物，而仅仅理解低级事物的人未必能够理解高级事物。就如柏拉图《理想国》中的"洞穴比喻"所讲，那些长期生活在洞穴中被太阳的阴影所束缚的头脑，一旦走出洞穴是很难适应太阳之光的直射的，退缩恰恰展示了灵魂的差异与理智的缺失。他们不明白在理智的等级上，更高级的事物是更低级的事物存在的终极原因。《理想国》从个人灵魂的秩序上升到城邦政制的秩序，在《蒂迈欧》中则是进一步上升到宇宙的和谐秩序。理想城邦的秩序之原型与模本只有在天体运动的和谐秩序中才会真正存在。人是宇宙的一部分，不理解宇宙的整体就很难理解由分子式的个人组成的城邦存在的依据与意义。城邦是宇宙的图像的印记，这个印记因为灵魂脱离更高存在的模式而堕落失序，迷失方向。对城邦政制无休止的争论并非来自盲目的信仰，而是源自对理智的怯懦，所以不能够深入真理的深处。人类认知上的每一次进步都是勇气与理智协助的成果。《蒂迈欧》对宇宙的讨论是孤独的，没有欢悦，没有争论，只有叙述，甚至连笑声都没有，而智慧是与笑声联系在一起的，尼采称之为"欢悦的智慧"。《蒂迈欧》中的苏格拉底后来也沉默了，他好像在理智上也存在欠缺。

　　萨缪尔·西奥尼克尼在谈到柏拉图的《巴门尼德》关于"模仿"与"分有"的关系时说："理念世界与物理世界拥有共同的结构。柏拉图实际上并没有构建物理世界，他只是拯救了现象世界，他表明了存在一种置换巴门尼德结构的办法。就是物理世界不可能拥有真实的存在，而是受到某种制约，它展现了这种来自形而上学结构的制约。"②《蒂迈欧》"重述《理想国》"的最后，苏格拉底还不忘攻击诗人与智者，因为他们都是现象世界的模仿者。但是《理想国》的整个篇章都告诉我们，作为哲人的苏格拉底也是模仿者，他是真实世界的模仿者吗？《理想国》的核心就是讨论模仿，我们这个世界是一个复制品，没有真实的存在，真实存在的模式不在

① Proclus.Commentary on Plato's Timaeus, Volume I, Cambridge University Press, 2007, p115.

② Samuel Seolnicoy.Plato's Parmenides, Cambridge University Press, 2002, p35.

城邦而在造物主那里，天体的运动只是造物主创造宇宙的动态图像，我们可以通过天体运动窥视创造之模式的秘密。我们的城邦是宇宙整体的一部分，脱离整体轨道运行的城邦必然腐化。我们人类也是宇宙创造的一个分子，脱离宇宙灵魂指引的个人灵魂必然堕落。柏拉图在《蒂迈欧》的开篇对《理想国》的"重述"表明了城邦在宇宙中的位置与等级。

柏拉图的《蒂迈欧》是讨论宇宙与自然的对话。"重述《理想国》"解释了城邦不过是宇宙整体之模型的形象。因此，解释宇宙奥秘的任务就无法通过形象的方式进行，必须进一步上升到作为创造模式之图像的宇宙天体，进一步窥视创造的终极原因。对话虽然拥有毕达哥拉斯数学的元素，但是整体特征是苏格拉底式的。柏拉图已经把毕达哥拉斯的科学精神与苏格拉底的竞技精神融合在了一起，把神话的劝谕与数学的论证交织在了一起。《理想国》中的数学成为激励理智走出经验范畴与欲望之域，经过辩证法的训练走向神圣理智与宇宙秩序，从而认识善与理念的最佳桥梁。《理想国》必然走向《蒂迈欧》。灵魂的命运与宇宙的创造融合在一起，使《蒂迈欧》颇像一首创世的英雄史诗。[①]

第二节　克里蒂亚对古典城邦的历史记忆

苏格拉底描述的《理想国》是一幅静止的没有生命的永恒而美丽的图画。苏格拉底希望看到运动中的城邦，渴望在人间找到支持这幅城邦之画的原型或真实的样本。由叙拉古的赫墨克拉底引入，由克里蒂亚转述的"古典雅典与大西岛的文明冲突"。赫墨克拉底的角色颇具喜剧性，他在《蒂迈欧》中唯一的出场就是接住苏格拉底的话题，然后把话题让与克里蒂亚，除此之外就是傻乎乎地待在谈话现场保持沉默。克里蒂亚对这个由梭伦游历埃及听闻的雅典口头传说的历史故事，是否能够支持苏格拉底对《理想国》的勾画抱有疑虑。这个故事的核心就是古典雅典与大西岛的文明

---

① 关于荷马史诗传统与新柏拉图主义关系的论述参见 Peter Brown, General. Homer the Theologian, University of California Press, 1989.

冲突，以及由于天体的无序运动导致的两个城邦毁灭的历史，这也暗示了人类行为在多大程度上受制于一个造物主之父的意志。这样，城邦政制与宇宙运动秩序的问题就重新浮现。

一、雅典与大西岛的文明冲突

雅典与大西岛文明冲突的历史故事的最初来源，是古希腊七贤中最智慧的梭伦在游学埃及时从埃及祭司那里听闻的，据说在埃及的史书上有详细的记载，梭伦在业余时间把这个故事写成了诗歌。这个关于雅典战胜大西岛最后均毁灭的故事，由于年代久远与创造者的消失而未能流传下来，因此成了一段公案。克里蒂亚再次为梭伦纠葛于政治斗争而放弃诗歌创造感到遗憾，否则梭伦的自由精神一定会使他成为比荷马与赫西俄德更优秀的诗人。苏格拉底相信梭伦诗歌叙述的真实性。因为梭伦的诗歌是与哲学的理智与智慧衔接在一起的，并非流俗之作与激情的幻想。其实在《理想国》中的苏格拉底也并不是一味地反对诗歌，只是反对虚构的脱离真实的想象的诗歌，至于劝谕性的叙事诗则是柏拉图的理性城邦所欢迎的诗歌类型。普罗克洛斯曾经把诗歌分为三种类型：（1）歌颂灵魂中最完美的创造之原因的"一"的颂歌；（2）歌颂灵魂转向理智与智慧的劝谕诗歌；（3）歌颂低级灵魂之快乐与悲伤，脱离理智束缚的膨胀欲望的诗歌。在这种意义上，普罗克洛斯认为，"《蒂迈欧》与《巴门尼德》就是科学的颂歌。因为缪斯的首领是阿波罗，他使宇宙结合在一起，他就是宇宙和谐的原因。人类歌颂众神就是模仿阿波罗献给父亲宙斯尊贵的礼物。因为宙斯不仅是阿波罗之父，也是造物主与宇宙之父。苏格拉底接受克里蒂亚的提议，叙述雅典与大西岛的文明冲突，因为在理智的造物主与流变的物质之间的不和谐印证的是冲突的战争想象"①。在《蒂迈欧》随后对宇宙创造的叙述中我们看到，宇宙本身就存在着同的运动与异的运动，存在着分离的力量与

---

① R. M. Van Den Berg.Proclus' Hymns, Library of Congress, 2001, pp22—23. 在这部研究柏拉图对话文学特征的著作中，作者指出普罗克洛斯公开为荷马辩护，指出苏格拉底反对荷马的虚构性与表面性，柏拉图的真实意图是以苏格拉底取代荷马作为希腊城邦最好的教育者与导师。同时指出，人类科学的诞生其实就是理智的想象，数学就是理智的重构。这个原则是毕达哥拉斯发现的，在柏拉图的《美诺》中进行过实验，在《理想国》中进行过探索，在《蒂迈欧》与《巴门尼德》中进行了应用。

无序的运动。我们将这种冲突从城邦的视野中向上，上升到宇宙天体的运动，就可以看到这些冲突的共同意义。城邦之间的冲突只不过是宇宙不和谐运动的映像与倒影。

在希腊人看来，科学的太阳最早在埃及升起。无数的希腊哲人如泰勒斯与毕达哥拉斯均到过埃及游学，学习埃及的数学与天文学。处于尼罗河三角洲冲积平原的埃及，拥有独特的地理位置、悠久的历史、温润的气候，这使得埃及适合发展几何学、观测天象、保存珍贵的历史记忆。这些历史记忆不仅包含埃及还包含其他地方尤其是希腊。作为政治哲人的梭伦在捍卫民主政体失败后航行到埃及，受到埃及知识界的热情欢迎，在交流中他很快发现了自己在知识上的欠缺，他不明白"埃及存在相似与不可见的世界秩序，是可见事物的发源地。作为尼罗河分离而形成的赛提可省（Saitic）地区崛起的德尔塔（Delta）就从一条直线左右分离流向大海。因此，海港就是三角形的图像。这就是柏拉图的代言人蒂迈欧把赛提可省作为'头'（点），沿着这个点分离尼罗河而形成肥沃的土地的隐喻。它作为单一的生命体在整体上源自神圣的生命。在可见的事物里，天体的三角形模式直接推动了万物力量的产生与延续。三角形也是宇宙元素构成的第一原则"[1]。这种相似性的想象也符合《蒂迈欧》对宇宙身体组成元素之几何构成的叙述。被认为最智慧的梭伦在埃及祭司的眼里突然失去了光环，他不可能理解最好的政制，因为最好的政制秩序与宇宙秩序有着共同的模式，他也不会明白最好的政制一定是贵族制，而非民主制。而埃及祭司为梭伦描述的古典雅典的政制就是贵族制，这种贵族制是柏拉图《理想国》中最佳政制的原型。这种贵族制曾经抵抗过喜欢侵略的大西岛，捍卫了整个希腊世界的自由。克里蒂亚对梭伦的颂扬在苏格拉底看来就成了反讽，梭伦不知道他所竭力捍卫的"自由精神"是无法在他所极力维护的民主制

---

[1] Proclus.Commentary on Plato's Timaeus I, Cambridge University Press, 2006, p190. 普罗克洛斯结合蒂迈欧对宇宙身体原初构成元素：土、火、水、气的三角形结构组成的分析来猜测，柏拉图叙述埃及的地理位置的隐喻也引起争论，有人认为埃及象征大地的图形，有人认为埃及是理智存在的符号。这些都不符合本论坛蒂迈欧对宇宙身体组成的解释。普罗克洛斯非常注意分析柏拉图文本的叙述结构，认为柏拉图虽然反对书写，但对对话的精心构思是严谨的，这就形成了当今西方学界对柏拉图对话的意图与情节文体结构的语义学分析，尤其是施莱尔马赫开创的浪漫主义解释学到列奥·施特劳斯的政治哲学学派的解读方法。

中实现的。梭伦的所谓"政治智慧"在埃及祭司的神圣智慧看来是很幼稚的。不过与《理想国》中苏格拉底试图说服忒拉绪马霍斯不同，在《蒂迈欧》中苏格拉底是沉默的，他只是肯定了这个故事的真实性。因为克里蒂亚叙述的古典雅典就是苏格拉底在《理想国》中提出的最佳政制。这个故事就为《理想国》提供了支持，证明《理想国》的最佳政制并非虚构，而是有着真实的历史根源的，这种最佳政制至今还存在于埃及赛提可省地区。那些在《理想国》中嘲讽苏格拉底设计的最佳政制的人，在埃及祭司眼中就是缺少历史常识与世界视野的了。

荷马史诗描述的众神善恶交织，除了不朽之外，与人无异。柏拉图的《理想国》竭力攻击荷马对神的诉说，塑造不朽众神的永恒形象，为诗人的写作立下了两条神学立法：神是善的原因与美好的起源，与恶无涉；神是不变的"一"，永恒处于自己单一的原型中。作为黄金种族的后代必须在灵魂的最高等级上模仿众神的模型，没有私有财产与个人生活，过集体生活，护卫大地母亲与城邦的居民。埃及祭司把自己的保护神尼斯（Neith）看作是雅典的智慧与战争女神雅典娜，这样埃及与雅典就在神圣起源上有着相同的根基与亲属连接。柏拉图显然把埃及祭司阶层看作是"黄金种族"的后代，而柏拉图的《理想国》精心构建的"哲人阶层"也属于这个行列。他们都是神圣秩序的捍卫者与大地的保护者，代表神圣秩序管理世俗的秩序。而雅典由于遗忘了自身的神圣起源而脱离神圣的轨道陷入政制构建的迷茫中，埃及是雅典的样本，因为宇宙中已经发生并将继续发生的事情之真相记载在埃及祭司的古老文献中。只有掌握了科学知识的埃及祭司才明白古老事物的起源与宇宙演变的真实运动。"女神的统治可以追溯到最终的事物。希腊人只能追溯到宙斯，而埃及却记载了女神的神殿铭刻的短诗：'我是现在，将来，过去。没有人能够移动我覆盖在大地上的斗篷。我撒播在太阳上的种子所结的果实是变动的。'因此，女神就关涉创造的进程、可见的与不可见的宇宙。女神还依据理念在天体中决定了分配的份额与天体之下的变动。因此，她拥有柏拉图所讲的善的理性，被称为战争与智慧的热爱者，也是地球之上这些份额的神圣的发现者。"[1]埃及祭司就这

---

[1] Proclus.Commentary on Plato's Timaeus I,Cambridge University Press,2006,p192.

样提供给他们与雅典人在神圣秩序上同根同源的神学解释。这暗示了前希腊人与现在的埃及有着同样的政制与生活方式，虽然不同的地方由于气候与地理的差异而与天体运动的关系存在亲疏远近的区别。

二、文明冲突与天体运动

《蒂迈欧》开篇中的梭伦在埃及祭司面前讲述希腊的历史，有一个埃及老祭司粗暴地打断了他的讲话说："哦，梭伦啊梭伦，你们希腊人总是小孩子，在希腊是没有人能够长大的。你们的心灵都是年轻的，没有任何古老传统的理念，没有天文学的年代学知识。我告诉你，过去、现在、将来会有许多人由于火灾与洪水而遭受毁灭的历史。你们那里流传的故事：太阳神赫利俄斯（Helios）的儿子法厄同（Phaethon）驾着父亲的战车，没有按照父亲指定的路线行走，从而把大地烧得精光，因此受到指责，这个故事是虚构的，但是它隐含的真实却是那些环绕地球运行的天体偏离了轨道，地球被大火所焚烧。这是很久以前的事情了。"拥有数学与天文学知识的埃及祭司就这样戳穿了希腊神话解释的荒谬性。在埃及祭司看来，宇宙是个整体，天体的运动必然会影响甚至决定地球人的生活。各种灾难的发生就是天体不和谐运动的必然结局。柏拉图的《蒂迈欧》述说了天体运动给人类传递的信息——恐惧与灾难。因为天体中的众神点缀着天空，各自负责自己的统治区域，支配与管理着区域内的生命体。宇宙意味着整体，地球之外宇宙下界的部分必须与整体保持协调才能够确保自身的安全与福祉；如果拒绝服从造物主安排的宇宙秩序，企图脱离天体众神的领导，对人这个小宇宙来说，灾难与毁灭就是必然的命运。因此，低级事物必须接受高级事物规划的秩序，从而逃避众神的"愤怒"——火灾与水灾。希腊由于特殊的地理位置（地处沿海的低洼之处容易遭受宇宙自然变动的影响），使其容易遭受天体不和谐运动与天体异的运动离心力的伤害，文明的毁灭与重建交替频繁。埃及由于地理环境的优越性和对数学与天文学的持续研究，使得他们清楚了宇宙运动的轨迹与秩序，从而避免了这些灾难的伤害，保存了悠久的历史记载与遵循古老传统的政制安排。埃及秩序的安排遵守严格的等级制，埃及拥有科学知识的祭司阶层就如柏拉图的《理想国》中的"哲人王"捍卫着城邦政制。在《理想国》对哲人的教育课程中，建立在数学基础之上的天文学被安置在最高的位置，是掌握辩证法的科学准备，而我们在视觉上对天体运动的理智观察，在听觉上对宇宙和谐运动的数学比例的研究，就成为筹建理想城邦与最佳政制的参照。希腊人由于文明的毁灭而遗忘了古老的开端，他们甚至不清楚自己的起源，对古典时期的希腊充满无知。他们只知道当下的事情，因为那些保存他们古老记忆的记载都荡然无存了，他们无法与古典时代的雅典建立起历史的勾连，他们都是长不大的孩子，没有历史负担，勇于创新，也容易出错。埃及祭司们保存了多样性的文明记述，为人类多域的视野追寻多面的智慧提供了古老的参照。我们只有从这些多样化的叙述中才能够窥视单一宇宙秩序是如何覆盖这些政制差异的城邦建构的，以及这些建立在意见纷争之上的多样的城邦政制，是如何脱离理智的秩序之引导而陷入战争与文明冲突的漩涡中的。柏拉图的《理想国》铸造的城邦是几何图纸性质的静止的城邦，苏格拉底在《蒂迈欧》的开端希望看到运动中的城邦，是如何在战争中被检验是意见的产物还是理智的建构的？克里蒂亚叙述的梭伦从古老的埃及带回的古典雅典的城邦记忆，提供了对《理想国》最佳政制的支持？修昔底德的《伯罗奔尼撒战争史》展示的就是运动的城邦，《蒂迈欧》开篇中的苏格拉底渴望看到他在《理想国》中设计的最佳政制是否能够经受住战争的考验。他为什么选择了梭伦而不是修昔底德？"大西岛战争只是伯罗奔尼撒战争的映像，或者更确切地说是西西里战争的映像。雅典不正义地攻击西西里已经遭受了可耻的失败，而雅典捍卫希腊诸城邦的希波战争获得了辉煌的成功。雅典人获得的大西岛战争的胜利源自最佳政制，这只能由埃及祭司讲述才会有说服力。柏拉图不希望克里蒂亚描绘雅典的辉煌，他也不希望一个雅典人赞赏希腊。"①列奥·施特劳斯对这一问题的分析显示了柏拉图写作《蒂迈欧》时的考虑：避免自我吹嘘。而且在柏拉图看

① Leo Strauss.The City and Man,The University of Chicago Press,1964,p141.施特劳斯在这本书中的叙述顺序从亚里士多德的《政治学》开始，到柏拉图的《理想国》，最后是分析修昔底德的《伯罗奔尼撒战争史》。这种叙述也是在模仿柏拉图《蒂迈欧》的叙述结构，有着追溯原始模式的意图：我们的祖先比我们聪明，学问的第一步是遵循并回归古典传统，这也是列奥·施特劳斯回归古典政治哲学的初衷。

来，伯罗奔尼撒战争时期的希腊是衰败的城邦政制的典型，而希波战争时期的希腊则是最佳政制的样板。埃及祭司对梭伦的嘲讽也是对大众民主制的批评。在柏拉图的《理想国》中描绘的民主制已经是意见纷争的角斗场，是自由毁灭的前奏，而不是智慧的统治。智慧的统治需要维护理智上的等级秩序。这也验证了尼采对大众民主化潮流的批评，大众民主化是滋养暴政的温床。

古典雅典与大西岛的文明冲突就是希波战争形象的再现。两个古老文明的毁灭却是由于洪水，大西岛永沉海底代表的是膨胀的欲望的毁灭；古老雅典文化丧失，回归野蛮；只有在旧的废墟上重建文明，代表了理性灵魂的回归。两个文明由于宇宙天体运动而毁灭代表的是城邦政制与宇宙秩序之间的亲缘关联。柏拉图的《蒂迈欧》对宇宙天体的叙述围绕的核心，是"理性与必然"及"理性说服必然的可能性"。城邦之间的冲突与战争是《理想国》极力要克服的"情欲的必然"，因为城邦政制是理性模式的影子；城邦文明的毁灭则是"几何学理性的必然"，而造物主之善、美与秩序则是最高等级的创造之模式；宇宙秩序决定着城邦政制之秩序，宇宙秩序的和谐与美是我们走向善的生活的向导，人类只有在灵魂深处模仿宇宙秩序才能得到造物主创造的宇宙众神的真实关怀。这样《蒂迈欧》中克里蒂亚对"大西岛的乌托邦叙事"的转述，就在运动的城邦（现象世界的城邦）、《理想国》中静止的城邦（理念世界之映像的城邦）与《蒂迈欧》叙述的宇宙和谐秩序之间建立起了三位一体的关系。而在现象世界与理念世界之间处于核心地位的是宇宙的理性灵魂，而非人类的理性灵魂。柏拉图的《苏格拉底审判》中的苏格拉底缺少对自然宇宙的兴趣，他在城邦的意见分歧中寻找理性的努力最终扰乱了城邦既有的政制秩序，而在建立理想城邦的理性之模型上毫无建树，从而遭受了城邦法律的惩罚。柏拉图的《菲多》展现的是苏格拉底临终前对"理性之居所究竟在哪里"的疑惑，他叙述了早年追随阿那克萨戈拉学习自然哲学的困惑，开始转向毕达哥拉斯的数学。在《高尔吉亚》中"苏格拉底告诉卡里克勒：尽管你很聪明，但是你不明白几何学的平等在宇宙中的力量，你不能够依据最高的理性安排万物之整体、天体、地球、神与人，你认识不到几何学的平等对众神与人的价值"①。这已经在思考政制与数学的关系。柏拉图的《菲莱布》讨论了"善与快乐对人的意义"与"支配宇宙秩序的终极原因"，讨论了"宇宙究竟是被盲目的混乱的力量支配还是被理智支配的问题"，但是最终点明了"在混合的生活中善的三种形式：美、比例与真理"②。把真实的快乐指向了对宇宙灵魂和谐秩序的模仿，这就把政制秩序与宇宙灵魂的秩序连接起来了。《理想国》则进一步依据几何学的模型铸造理想的城邦。因此，《蒂迈欧》是柏拉图代替苏格拉底对前苏格拉底自然哲学的回应，也是对苏格拉底之死的总结：那些忽视宇宙秩序与人类秩序之间关联的哲人必遭天谴，必将在城邦政制的设计与城邦的治理上迷失方向。

从埃及神庙的记载看，生活在九千年前的古典雅典文明要比埃及早一千年，埃及是雅典古老文明的延续，承袭了古典雅典的政制，尊重宇宙秩序，重视众神赠予人类的技艺与知识。战争与智慧女神雅典娜钟情于雅典这块土地，赋予它好的政制与好的土地。大西岛战争的叙事与文明毁灭的叙事也暗示了最古老的政制乃是与宇宙秩序最一致的秩序，那么《理想国》所精心雕刻的理想城邦就奠基在最悠久的历史传统之上。克里蒂亚转述的梭伦从埃及带回的古典记忆，就扎根于自然与宇宙秩序最和谐的统一之中，古典政制作为永恒宇宙运动的映像就是永恒真理的历史回音。既然根植于永恒的造物主创造的宇宙秩序之永恒模式，那么作为模本的理想城邦就不是幻觉与虚构的，它的美、善与宇宙秩序的和谐一致就是永恒必然性的体现。克里蒂亚在《蒂迈欧》的开篇对古典城邦记忆的追述所提供的历史原型，就可以支持柏拉图《理想国》的城邦建构，所以苏格拉底说："这不是虚构，而是事实。"伯纳德特谈到《蒂迈欧》开篇苏格拉底对《理想国》的重述、克里蒂亚对大西岛战争的转述及蒂迈欧叙述的宇宙论之间的关联，"苏格拉底在《理想国》中展示了言辞中最好的城邦，蒂迈欧展示了言辞中最好的宇宙。克里蒂亚使苏格拉底的城邦处于运动之中，赋予其确切的时间与地点，而赫墨克拉底也要使蒂迈欧的宇宙处于运动之中，从而使一个真正的宇宙取代那个相似性的宇宙叙事。蒂迈欧'理性对必然的

---

① Stauffer Devin.The Unity of Plato's Gorgias,Cambridge University Press,2006,p137.

② R. Hackforth.Plato's Examination of Pleasure,Cambridge University Press,1945,p132.

劝说'之谜建立在数学物理之上。柏拉图主张苏格拉底的数学教育是走出洞穴的唯一之路，而所有数学教育都可以在洞穴中完成。苏格拉底的城邦之模型在天上，它是热爱战争与智慧的女神所创造的，雅典娜无非就是苏格拉底的哲人王"[1]。

柏拉图的《蒂迈欧》中克里蒂亚对"古典雅典与大西岛之间的文明冲突"，及最终由于宇宙旋转运动而产生的洪水淹没的历史记忆是粗略的。柏拉图继《蒂迈欧》之后的《克里蒂亚篇》中，详细叙述了古典雅典由于遭遇多次洪水而文明消亡，继而重建和腐化之前的大西岛的城邦规划的数学构造。但是这两者叙述的城邦中都没有哲学家统治，因为在这些古典城邦之中，人拥有最高程度的神性，古典雅典与女神雅典娜，古典大西岛与海神波塞冬都始终处于亲缘关系之中，都处于一个相似于古典埃及祭司阶层的王政时代，由众神按照既定的区域直接统治。在这样的古典城邦之中，政制技艺与智慧也许是多余的，而政制的出现好像柏拉图《政治家》中所讲的是"宇宙发生反转之后，人类脱离众神指引"状态下的产物，而这种与众神脱离的根源在于技艺的增长、私欲的膨胀与人性的腐化。作为一个不完美社会的统治，智慧之人的出现尚且艰难，即便出现也要与众多拥有不同技艺的多数人合作。那么作为一种不完美但又必需的替代性的治理手段就是法律。所以，《克里蒂亚篇》重点叙述了腐化之前的大西岛在海神波塞冬设定的法律下有秩序的统治，这种统治秩序是与众神的秩序相一致的。在柏拉图看来，"智慧与权力的结合是自然法则"，但是这种发展最终的走向是法律取代了众神，成为一种与宇宙之和谐秩序相似的秩序形式。这样柏拉图《理想国》中的"哲人王"经过《蒂迈欧》的洗礼进展到《法篇》中的"未来的立法者"，从而建立起了与宇宙秩序最相似的最佳政制。

---

[1] Seth Benaroete.The Argument of the Action,The University of Chicago Press,2000,pp376-377.

第三章 柏拉图《蒂迈欧》的科学叙事:造物主的工作

在苏格拉底重述了《理想国》的城邦建构和克里蒂亚叙述了雅典人战胜大西岛侵略的故事后,《蒂迈欧》的中心转移到了具有天文学知识的毕达哥拉斯学派自然哲人蒂迈欧来讲述宇宙的本性,这包括宇宙的创生和人的创造。与其他自然哲人不同,蒂迈欧关注的主要领域是与自然科学有关的物理学,这也得到了苏格拉底的热切渴望。这些问题关涉宇宙的起源和宇宙产生的原则和前提。

柏拉图《蒂迈欧》的前言部分主要记录了两个问题:(1)《理想国》的城邦建构;(2)雅典在反对大西岛入侵的战斗中取胜的历史叙述。这两个方面都对人类审视宇宙做出了贡献。因为《理想国》的城邦建构只是在言辞中参照天体的秩序构建了城邦的政制秩序,从而达成了人与自然的想象的和谐。而对整个宇宙来讲,雅典与大西岛的战争叙事则象征了人类基本的对抗和冲突,也即无序的人类世界。所以普罗克洛斯认为:"前者作为一般的原因展现了人类作为小宇宙的本质——对秩序的渴望,粗略描述了想象中的第一创造,而后者作为物理的原因显示了人类作为行动的力量参与到宇宙的活动中。"[1]当代学者康福德无法认识到柏拉图在创作《蒂迈欧》时所做的深层思考——天道与人道的亲缘关系,因此他看不到《蒂迈欧》的三重叙事结构之间的关系。他说:"柏拉图的目的表明了他的主要兴趣在伦理与政治,而不在物理学。"[2]而泰勒则站在康德的哲学视角上认为:"蒂迈欧作为晚期毕达哥拉斯学派的自然哲人,其宇宙论相对于《理想国》的政治理论则是第二位的,因此蒂迈欧的宇宙论叙事不能作为精确的科学,

---

[1] Proclus.Commentary on Plato's Timaeus Ⅱ,Cambridge University Press,2008,p41.

[2] Francis M. Cornford.Plato's Cosmology:the Timaeus of Plato,Hackett Publishing Company Inc.1997,p20.

确切地说，它不是科学，而是神话。它是毫无根据的科幻，而不可能通达真理。"①这两位当代柏拉图学者的现代意识，使他们无法准确认知柏拉图《蒂迈欧》三重叙事内在的血缘关联。他们都把柏拉图看作是毕达哥拉斯式的自然哲人，没有认识到柏拉图式、荷马式的哲人，柏拉图看待宇宙与社会、人与自然的方式完全不同于在启蒙运动中徘徊的德国古典哲学家。这一点尼采是看到了，他说："柏拉图的思维方式是贵族的，其魅力恰恰在于感官与证据相对抗，他用冷酷的概念之网控制感官。"②不过柏拉图深受荷马史诗与希腊喜剧传统的影响，使得他的理性概念通常借用希腊神话达到劝说的目的。我们现代人在柏拉图那里看到的东西恰恰是一场柏拉图对话的演讲和反驳所引起的不断的欢笑声，是对话通过理性思维辩论创造出来的不断的欢笑声。不过写作《蒂迈欧》时的柏拉图已经老了，促使他进行创作的已经不再是智慧，而是疲倦。这种暮年的疲倦使他变得成熟与安静，他的语言也变得温和与甜美，由于缺乏天文学观测数据的支持，他不再苛求证明，像他在《菲多》《理想国》《巴门尼德》中所做的。

第一节　宇宙起源与创世的理性原则

尼采讲到"起源与意义"时说："知识的探索者总是相信寻找事物的起源可以发现未来行动的判断准则；他们总是假定人类的拯救必须以对事物起源的洞见为前提。"③而人类文明的源头是神话，神话包含人类思维最丰富的想象与可利用的原始资源，尽管开端总是粗糙的、空洞的，却包含人类思维认知的起点，《蒂迈欧》开篇叙述"宇宙起源"："苏格拉底啊，人要是有一点头脑的话，开始做每一件事，不管大小，都首先求助神。"在柏拉图看来，和谐与秩序来自理念，而理念来自建构。《理想国》的城邦建构是一种与物理世界分离的理念建构，显示的是一种在宇宙论层次上的原初的

---

① A. E. Tatlor.Proclus: a Commentary on Plato's Timaeus, Oxford University Press, 1928, p59.

② 尼采：《善恶的彼岸》，中国团结出版社2001年版，第14页。

③ 尼采：《曙光》，漓江出版社2000年版，第33页。

建构，虽然这种建构与天体相连，而大西岛的战争叙事也与人类种族相关，这种双重的进化和双重的循环又必然与宇宙的创造者密切相关。普罗克洛斯认为："城邦建构更多与天体相连，而战争则指向创世，前者属于朱庇特，后者属于波塞冬。人类通过想象从部分来窥视知识的整体。"①柏拉图的代言人蒂迈欧要向众神求助，也把宇宙起源的问题引向古典希腊的源头——荷马与赫西俄德。荷马展现的是一个奥林波斯众神支配的世界，人称为神的玩偶。连狡猾的奥德修斯也不得不屈服于海神波塞冬，也需要智慧女神雅典娜的庇护。对众神的祈祷显示了人类行动的冲动，却无法找到通往无限的路径。而广袤的宇宙恰恰是人类知识难以企及的无限领域。波菲利因此把柏拉图称为神学家，其依据就是柏拉图《法篇》神学，这种神学的论述已经在《理想国》对荷马与赫西俄德的攻击中得到体现。柏拉图说："在你我看来，'神是万物的尺度'这句话包含的真理远胜过认识万物的尺度，被这样的神所热爱的人必须尽自己的能力成为神一样的人。"②这个柏拉图式的符咒或柏拉图编制的高贵的谎言，就这样种植在人类的灵魂中，可以医治人类知识的局限和由此产生的邪恶。柏拉图把这个功劳归功于筹建了奥林波斯众神秩序的宙斯，这恰恰与赫西俄德相一致。与东方的其他民族不同，"古典希腊的神学既不是祭司也不是圣人创建的，而是诗人所创建的。他们并不是宣扬一种宗教学说，而是讲述众神的神话，也掺杂了古老英雄的高贵品行的故事。荷马史诗叙述了那些与神亲近的半神的行动。赫西俄德的《神谱》追溯宇宙的起源到宙斯统治秩序的确立，而其《工作与时日》则描绘了黑铁时代人类的生活。赫西俄德的诗歌拥抱宇宙进化的开端与终结"③。这些史诗展现了神圣秩序与人类秩序的亲缘，荷马无意创建众神的谱系，可以说赫西俄德的《神谱》是尝试理解和建构宇宙演化的第一人。

---

① Proclus.Commentary on Plato's Timaeus Ⅱ, Cambridge University Press, 2008, p42.

② 柏拉图:《法篇》，上海人民出版社2001年版，第271页。

③ Jenny Strauss Clay.Hesiod's Cosmos, Cambridge University Press, 1996, p1.

一、宇宙创生的前提与原则

与柏拉图其他对话不同,《蒂迈欧》是唯一关于宇宙论——物理学的对话。"虽然宇宙创生的过程不像赫西俄德的神圣种族,柏拉图在宇宙论上追随赫西俄德与《神谱》的主题建立了决定性的联系。的确通过神圣家族的想象,以怪异的方式在柏拉图宇宙诞生的故事中扮演了决定性的角色。""赫西俄德的《神谱》在希腊创世神话中拥有很高的地位,虽然柏拉图的《蒂迈欧》偏离了《神谱》。因为一种目的论的世界观要求《蒂迈欧》矫正前人对于神的本性、被创造的宇宙和人神关系的基本错误。"①但是毫无疑问,柏拉图利用了赫西俄德《神谱》的结构与意念。《蒂迈欧》的前言部分叙述了克里蒂亚从祖父那里听到的关于梭伦出游埃及、听埃及祭司讲述的古老的雅典战胜大西岛入侵的故事。祭司作为古典知识的守护神告诉梭伦:"你们希腊人总是小孩子!"这就意味着希腊缺少一种悠久历史古老信仰的积淀。祭司告诉雅典人梭伦,远在 9 000 年前第一批雅典人就从土地和赫拉克勒斯获得了自身的存在,虽然这种神圣的种子来自女神雅典娜。这种神人之间的联系不仅设定了关于宇宙诞生的新叙事,也表明了作为权威的柏拉图构建的创世神话在希腊的创世谱系中的位置。蒂迈欧祈求诸神支持他关于宇宙起源的叙述,就如赫西俄德在《神谱》中祈求缪斯的帮助一样。柏拉图与赫西俄德一样苛求讲述这个时代的真理,因此,宇宙的起源、神的起源与人的起源,在赫西俄德《神谱》的三元叙事结构中表达了人类的自我理解和自我意识。随后的毕达哥拉斯学派发展了三元学说,把数字 3 看作万物之数:开端、中间与终结。柏拉图的代言人蒂迈欧显然在赫西俄德神话叙述的基础上对数字 3 做了想象的运用,柏拉图的代言人蒂迈欧的言说既是科学的也是神话的,它有着双重的叙事结构。蒂迈欧的宇宙创世叙事也有着两个不同的等级:(1)造物主之父的创造——永恒的善与美;(2)诸神的创造——有开端和终结。不过与赫西俄德不同,柏拉图的代言人蒂迈欧没有宇宙终结的概念,他显然不愿过多恐吓我们这些灵魂

① G. R. Boys-Stones, J. H. Haubold. Plato and Hesiod, Cambridge University Press, 2005, ppp219-220, 237.

脆弱的远离诸神的凡人。这与黑格尔的历史终结论不同。

《蒂迈欧》讲述了一个全新的故事——人类最初的繁衍与宇宙的诞生密切相关，这最初的生成包括最初众神、混沌和大地的后代，他们代表了世界最初的样貌。赫西俄德的《神谱》简述了宇宙起源的神话，关键问题在人与神的分离。柏拉图的代言人蒂迈欧则极力拉近人与神的距离，为人类重回神的怀抱提供坦途。"在这个意义上，自然哲学常常被看作一种神学，因为实体自然进入存在，就好像它们来自众神，也拥有一种神圣的存在。"[1]但是自然哲学又不同于神学，作为自然哲学创始人的泰勒斯已经开始不再借助于虚构的寓言和想象审视自然，虽然他的思想也常常进行跳跃，因为证明的力量实在有限，无法通达自然的全貌。尼采认为，通往开端的道路毫无例外会通向野蛮，如果要研究希腊人，就应当始终坚持这一点，在任何时代不受约束的求知欲本身和对知识的敌视一样，都会导致野蛮。[2]因此跨越这个开端，运用神话的力量和想象的翅膀实现这一跨越，就会抵达一个安全地带。在科学发展的早期阶段，在一个神话思维和想象的时代，在充满不确定的海洋上，神话就像一块薄薄的木板载着人类前行。《蒂迈欧》中的苏格拉底已经不是《巴门尼德》中的形象了——渴望通过思想直接通往一个感觉之外的世界。哲学所追求的真理不应该居住在苍白抽象的普遍性和用语言构建的空壳之中。如果说前苏格拉底自然哲学可以划分为两个阶段：（1）阿那克西曼德的物理学时代；（2）巴门尼德的存在论时代。那么，阿那克西曼德为物理世界的变动性所困惑，巴门尼德也无法证明一个脱离经验世界的领域真实的存在于永恒的世界中。在解释万物的生成问题上，他们都陷入了迷雾，陷入了隐秘的教义中去，柏拉图的《蒂迈欧》并没有陷入神话，他只是利用了神话，遵循了希腊的古老传统，希望借此找到解开宇宙奥秘的钥匙。

如果说康德的工作是"通过表明知识的局限性再次为信仰铺平道路"，那么，柏拉图《蒂迈欧》的工作则是通过展示信仰的局限性再次为知识的再创造开辟道路。"哲学苛求探寻万物的原则，这意味着首先探寻万物的开

---

① Proclus.Commentary on Plato's Timaeus Ⅱ,Cambridge University Press,2008,p54.

② 尼采:《希腊悲剧时代的哲学》,生活·读书·新知三联书店1999年版,第8页。

端或原初的事物。在这一点上，哲学与神话并无本质的区别。但是爱智慧的哲学家与爱神话的神学家不同，亚里士多德把第一个哲学家称为'发现自然的人'，并将那些谈论神的人区分开来。自然一旦被发现，区别于神话的哲学就诞生了。第一个哲学家就是第一个发现自然的人。整个哲学史就是记录了人类不断试图理解那一至关重要的发现的历史。如果把自然理解为'现象之全体'，自然的要旨就无从把握。因为自然的发现恰恰是把现象之全体分成了属于自然的和属于习俗的，自然仅仅是一个区分的名词。因此，正确的方式就必然意味着关于祖先的和关于原初事物的追忆。"①因此，自然就涵盖了宇宙之整体。如果说柏拉图吸收了赫西俄德《神谱》的神话结构，那么，柏拉图关注的落脚点却是《工作与时日》和人类种族堕落后的生活。《蒂迈欧》的宇宙论，只是为人类灵魂提供行动的坐标。对宇宙起源与演化的争论，柏拉图并没有排斥其他自然哲人的意见，而只是从直观的视角出发对物理世界进行分离。

哲学对原初事物的追寻，首先假定通过思想推理来认识永恒不变的事物的存在和通过感觉来认识永恒变动的事物的存在。这些假设来自一个基本的前提：凡事皆有原因。这样柏拉图的代言人蒂迈欧就直接否定了赫西俄德的宇宙秩序是来自混沌的神话意见。既然宇宙只是变动世界的整全，宇宙的起源必然有一个产生的原因。真实的存在拥有永恒的存在，非真实的存在拥有暂时的存在。"无论这个原则是否被构建，即无论宇宙是永恒的还是产生的，都对这个自然哲学做出了巨大的贡献。在这些争论当中，我们可以检验它的本质属性和它的来自基本原则的力量源泉。"②对这个问题，赫西俄德的神话学解释就是混沌中分离出天地，天地结合产生众神，众神的争斗确立了统治秩序，而人神的后代，是神的玩偶，也要服从神创立的秩序，这是一种以人类社会的政治图景想象和构建出来的结果。但《蒂迈欧》却要求我们对宇宙起源的叙述要与诸神的理智相一致，并祈求我们的话被诸神所接受。在这一前提之下，我会竭尽全力讲述我的想法。这样，"整个对宇宙的审视就转换为与人类的理智相一致了，并处在了科学知

---

① Leo Strauss.Natural Right and History,The University of Chicago Press,1952,pp69-71.

② Proclus. Commentary on Plato's Timaeus Ⅱ,Cambridge University Press,2008,p56.

识的普照之下。因为这种理智作为整全、完美和唯一的前存在潜伏在神圣的理智之中，而其部分的和缺少神圣单一性的理智与人类的理智相关联"①。这恰恰是以人类有限的智慧窥视宇宙整全和第一原理的努力，也是人类渴望理解遵循创生万物的逻各斯与命运的哲学表达。亚里士多德在谈到柏拉图的研究方法时说："我们也不要忽略，在从始点出发的论据同走向始点的论据之间存在着区别。这个问题是柏拉图正确的提出的。他经常发问：正确的推理应当从始点出发，还是走向它？……我们当然应当从已知的东西出发。但已知的东西是在两种意义上已知的：一是对我们而言，二是就其自身而言。"②哲学其实依赖理性的构建，这种构建从一开始到结束都存在巨大的缺陷和不足。柏拉图所有的对话，都着眼于从已有的知识尤其是数学知识出发进行理性的构建和演绎，只有这样我们才能够摆脱物质对人类理性的束缚；而早期的自然哲人除了阿那克西曼德之外，大都把万物的起源局限在物质元素的领域进行构建，从而陷入理论困境。对于宇宙演化和起源的讨论，除了巴门尼德专注于存在的"一"之外，都没有找到探寻宇宙创生的出发点。阿那克萨戈拉虽然引用了"理性"作为宇宙创世的契机，但他很快又用别的物质元素解释万物的演变。柏拉图在《菲多》中记述了苏格拉底对阿那克萨戈拉自然哲学的不满，认为他未能把理性的原则贯彻始终。《菲多》这篇记述临终的苏格拉底与毕达哥拉斯学派弟子菲洛劳斯的门徒的对话，通过对"灵魂不朽"的论证展示的恰恰是论证的困境。哲人在追求智慧的路途中也许永远无法逾越神话的边界。《菲多》表明了即便有数学逻辑的支持，哲学从根本上也不可能提高到理性思维的水平而不得不释放神话的想象，但哲人柏拉图不会就此止步。《理想国》进一步在探寻善的道路上导向了数学天文学，并把其规定为哲人最后的必修课，这种思路延续到《巴门尼德》对数理演绎的重新审视。柏拉图的《蒂迈欧》对宇宙起源与演化讨论的出发点也是如此。

---

① Proclus. Commentary on Plato's Timaeus Ⅱ, Cambridge University Press, 2008, p58.

② 亚里士多德:《尼各马可伦理学》，商务印书馆2009年版，第10页。

二、自然哲学的基本原则

1.两个重要"种"：存在与变动的划分

埃利亚派的哲人克赛诺芬妮首先攻击荷马与赫西俄德对神的看法，认为作为宇宙的神是全体、精神、智慧和永恒性。其弟子巴门尼德进一步从方法论上把整全的宇宙定性为"一"或"存在"，把理性作为真理的标准，排斥感觉。"巴门尼德是第一个追逐方法论和哲学研究路径的，并使真理依赖于它，他称之为通往真理之路，这种基本的理性直观优先于感觉接受性，这条通往真理路径的推理程序被严格重构。埃利亚派哲人常常从一个自明的前提出发进行推论，结论的准确性就由原初直观的确定性所保证。那么通往真理的第一步就是进行区分，这种区分有两种方法：一个是'存在'或'一'；另一个是'非存在'或'非一'，这样就没有了偶然性（Contigency）存在的空间。"①柏拉图的代言人蒂迈欧在祈求诸神的协助后接着就是对存在的领域进行划分，他似乎承认了非存在也是存在的一个延伸。非存在也并非是与存在相对立的东西，而只是与存在相异，非存在也是真实存在的事物中的一种存在。柏拉图《智者篇》中的"通种论"在存在与非存在、同与异、动与静之间建立联系，这显然是针对巴门尼德的存在论，已经超出了巴门尼德的禁令。柏拉图在最难懂的对话《巴门尼德》中对苏格拉底的理念论进行批评，在对极端相反者是否可以结合的问题上明显是针对巴门尼德。陈康先生在《〈巴门尼德〉注疏》中讲："极端相反者的互相结合乃是不容忽视的现象，解释它如何可能，乃是用希腊哲学的术语讲拯救现象。苏格拉底欲用一种理念论完成这一工作。"这样有了前面的工作，柏拉图的《蒂迈欧》在存在与非存在的连接上就不存在问题了，因此，"造物主—范式—模本"的三位一体，或普罗提诺的"一—理—灵魂"三个原初的本体就概括出来了，并在它们之间建立了严格的在宇宙创造问题上的等级秩序。普罗提诺讲："柏拉图著作中的《巴门尼德》说得比较准确，第一个是本源的'一'，第二个是'一即多'，第三个是'一和

---

① Samuel Scolnicov.Plato's Parmenides,University of California Press,2003,p4.

多'。"①在普罗提诺看来，"一"就像太阳流溢出的"光"，而"光"普照万物。作为一个出生在埃及曾经接受基督徒阿莫尼俄斯（Ammonius）教诲，并研究印度和波斯哲学及自称柏拉图弟子的普罗提诺，经受过中期柏拉图主义的洗礼与亚里士多德、斯多阿学派和怀疑主义的熏陶后，我们很难保证他对柏拉图《蒂迈欧》中宇宙创世原则的解释符合柏拉图的原意或能传达出柏拉图的真实意图。

　　所有上面这些认识都受亚里士多德形而上学的影响，偏离了柏拉图在《蒂迈欧》中对宇宙图景的解释原则——分离学说。"存在分离为永恒的部分和进入到存在的部分，存在与变动的分离各有其正确的位置。作为直观知识对象，与永恒和不变的稳定性相连的存在处在超验的神的位置，而与次要序列相连的变动则来自无穷的创造过程，通过多样性获得其物理存在。"②普罗克洛斯正确地认识到柏拉图在《蒂迈欧》中的"分离学说"的核心，是在形而上的领域与形而下的物理领域进行划分，并建立了等级性的勾连，确立形而上对形而下的支配地位。造物主之父处在最高等级，作为其创世工具的模式处在中间位置，作为造物主创造的结果——模仿神圣世界的物理世界处在最下端。因此，造物主之父所居住的世界是无法认识的，即便通过想象获得的认识也只是遐想；而模式恰恰是数学逻辑意义上的创世工具，可以通过推理获得演绎；作为模本的宇宙——物理世界是造物主之父利用几何学的原理构造的产物，它具有与数学结构惊人的相似性，我们的认识也只是相似；所谓的宇宙演绎图景也是相似的解释，无法在每一个细节上获得精确的一致。我们明白了柏拉图《蒂迈欧》的宇宙创世原则是几何学意义上的，宇宙的灵魂是几何学，宇宙的身体是各种元素按照数学的几何比例组装的统一体。柏拉图的代言人蒂迈欧称之为包含一切生命的生命体。"作为研究宇宙起点的几何学假设，蒂迈欧宇宙叙事的目的是发现宇宙的本性、宇宙运动的模式和宇宙运动的原因。如果宇宙是产生的，它进入到存在必有原因推动，因此就有造物主的因素，如果有一个造物主，造物主需要用创造的模式来构建宇宙，这样这种与叙事关联的主

---

① 普罗提诺：《九章集》，中国社会科学出版社2009年版，第552页。

② Proclus.Commentary on Plato's Timaeus Ⅱ，Cambridge University Press，2008，p62.

题就被引进，自然的审视就进入神学的顶点。"①在蒂迈欧的视野里，造物主之父依然是一个几何学家。他把数学理性的原则深入到宇宙的身体和灵魂中，为人类探究宇宙的奥秘提供了一条通往真理的道路。我们要知道柏拉图并未构建一种神学，虽然其《蒂迈欧》在研究宇宙原则的几何学起点上披上了奥林波斯神学的外衣，这种形而上学的想象借助理性直觉引导科学不断突破自己在认知上的局限。

2.存在与变动的分析与争论

《蒂迈欧》中叙述：什么是"永恒没有变化的存在"？什么是"永恒变化没有真实的存在"？（What is that which always is and has no becoming，and what is that which came into being but never is being?）由理性直观掌握和认知的就是永恒真实不变与自身同一的，而与非理性的接受性相连的就是常变易失并非真实存在的。柏拉图的代言人蒂迈欧对存在（Being）与变动（Becoming）的划分引发了两种争论，争论的焦点是这种划分究竟是想象还是模本？

第一，我们依据什么判断"这个"是存在，"那个"是变动？在讨论"这个"所指称的对象之前，我们首要的问题是确定"这个"是存在还是不存在。也就是说"这个是否是"（Whether it is）的问题优先于"这个是什么"（What it is）的问题。也许蒂迈欧认为他在和苏格拉底讨论与"存在"密切关联的"灵魂不朽"的时候已经达成了默契（《蒂迈欧》"重述《理想国》"部分）。问题是："这个存在"是什么意义上的？柏拉图在《理想国》中曾经区分过知识、意见、无知三个等级的灵魂认知能力，那么，作为科学知识对象的"这个存在"是整全意义上的，作为意见对象的"这个存在"是某一种意义上的，作为无知或想象的对象的"这个存在"无论在何种意义上都是不存在的。真实的原因是《蒂迈欧》已经把"永在"作为基本的出发点，就像几何学家已经假设了"点"的存在并且已经给出了定义。实际上，对自然或宇宙的研究作为从一个基本点出发的科学，在做出证明之前需要掌握这个基本原则。2世纪晚期的柏拉图主义者西维纳斯认

---

① Proclus.Commentary on Plato's Timaeus Ⅱ，Cambridge University Press，2008，p65.

为：“如果有众神，那么永恒存在并不存在，因为众神追随必然性的真正存在。事实上，与神相连的存在恰恰是变动的，并不真实存在。”①这种观点就把“永恒存在”放置在“想象”的领域中，不过他没有认识到这种想象是在数学推理意义上规定了“永恒存在”相对于变动的优先地位。宇宙的出现是造物主静观永恒存在用模式创造的结果，这与柏拉图在《理想国》和《法篇》中对神的属性的定义相连。

第二，“永恒存在”所指的对象是纯粹的理智宇宙，造物主还是宇宙的模式？如果理智的王国是纯粹的，那么它的理智的根源在哪里？如果它是模式，那么造物主如何不是永在？造物主与模式是否是不同的实体？《蒂迈欧》明确指出：模式的原因被安置在永在的领域内，但是模式需要进入变动的领域才能完成创造宇宙的工作。柏拉图称之为“灵魂”，但是造物主的存在优先于灵魂，属于神圣的理智。那么，理智的宇宙在整全上是永在？杨布里柯反对这个观点，因为“一个明显的证据出现在柏拉图的《巴门尼德》中，关于‘存在的一’同样也在《智者篇》中论述过。柏拉图明确指出，模式是永恒存在的，是整全的。他称之为‘完全的整个生命体，而其他的生命体只是独自的和单一的部分。但是原初的存在优先于整全，那么模式和存在不是同一的”。“因此，这个自然是隐蔽的、不可视的、不可分离的，柏拉图在《菲多》中谈到灵魂是理智的，所有的存在都优先于灵魂的存在。《理想国》称之为‘分离’，《蒂迈欧》则称之为存在的第一个‘三位一体’。”②这种解释实际上涉及存在与理念的关系，实际上永恒分有存在，“一”的存在进入永恒的领域，当然“一”的存在优先于永恒。生命体本身是所有思想的客体中最美的生命。生命体其一属于永恒的原因，其二属于永恒的存在，其三是被分有的永恒。因此，柏拉图存在的等级就划分为四个层次：理念、灵魂、感觉、非存在的物质领域。这个宇宙的永恒变动性并不是宇宙灵魂的属性，而是属于宇宙身体的特性。这也表明宇宙是产生的，因此必有产生的原因和模本。这也使得“时间”成为必要构建以便计量永恒运动的宇宙。

---

① Proclus.Commentary on Plato's Timaeus Ⅱ,Cambridge University Press,2008,p67.

② Proclus.Commentary on Plato's Timaeus Ⅱ,Cambridge University Press,2008,p70.

第三，永恒不变的对象由理性直观掌握，变动易失的对象由感知觉来认识。柏拉图的这种定义首先受到亚里士多德的批评。"首先，他没有建立种的概念作为定义的规则。其次，他没有清晰地定义客体本身的属性，他只是依据我们现有的知识对它们进行了划分。"①在亚里士多德看来，本质如果没有边界，就等于没有定义，那么存在的理念就是伪说。亚里士多德对柏拉图的批评主要集中在《形而上学》对理念论的攻击中。如果真的存在一种柏拉图为书写而书写的对话，那么，亚里士多德是不理解的。我们常常发现柏拉图把"善"与"一"联系在一起，最著名的是柏拉图在学园内部关于"善"的演说，柏拉图把"善"与数学的"一"联系起来思考，结果有人嘲笑、有人责备，但更多的是不解。《蒂迈欧》说：创造者是完善的，是完美的。当代学者克里斯芬·盖尔列举了两种意见：（1）数理念与伦理理念的关联，它们是分离的？还是具有平等的地位？（2）数理念被整合到伦理上，实际上它们变为更大范围内的伦理争论。前者的主要危险是数理念不能在哲学层面上讨论价值问题，善作为"一"与秩序进入价值争论时，失去了数学属性。这些讨论无一不是亚里士多德的问题。柏拉图是否有一种伦理学一直就是疑问。在柏拉图看来，数是一切美好事物的源泉，而"美好像是善的父亲"。柏拉图曾经批评希腊人"不重视数学，尤其忽视几何学"②。

3.存在及其原因

在叙述了宇宙创生的几何学方法之后，柏拉图说："任何变化的事物必然有原因，没有原因就没有生成。"这意味着在造物主之父的创造活动与宇宙之间必须有中介，有一个与变动的物理世界相关联的永恒的模式。那么，从一种变动状态进入另一种变动状态没有原因是不可能的，但是没有原因的变动进入存在没有某种原因的中介也必然是不可能的，因此每一个进入变动领域的事物在进入存在之前必然有一个中间的力量。如果中间的力量是软弱无力的，那么，变动是不可能的，它也不可能保持其自身。柏拉图在《菲莱布》中把这种中间力量称为生产性的力量，《会饮篇》中把这

① Proclus.Commentary on Plato's Timaeus Ⅱ,Cambridge University Press,2008,p85.

② Carl A. Huffman.Archytas of Tarentum,Cambridge University Press,2005,p367.

种催生变动原因的力量称为生殖的欲望。这就是造物主之父创造的欲望，这种欲望是一种几何学的图纸。这也如《蒂迈欧》开篇苏格拉底说的："我在理想国中描绘的东西只是某种高贵的生物，或者一种有生命却一动不动的动物，从而有一种欲望，要是它们能运动起来发挥它们的力量该多好。"苏格拉底希望看到一个与运动的城邦相匹配的运动的宇宙。这个任务是造物主之父利用几何学的模式进行构建的结果。几何学是最美的学科，造物主之父用美的模式创造的世界也必然是美的。在《政治家》中苏格拉底与数学家塞奥多罗对政治家的讨论，把数学比例与政治技艺连接起来，同时讨论了宇宙运动的一般描述，告诉我们宇宙论的必然结果就是政治学，因为希腊的神比人类更关心人事与政治，他们在对神与人的思索中构建了自己的观念史与政治信仰。《政治家》关于宇宙旋转的神话对人类最重要，也最完整，因为在柏拉图看来，人是宇宙的一部分，其生产与毁灭和宇宙的运动息息相关。宇宙的旋转改变了人类的生存轨迹，在旋转前，人受到神的眷顾，人与神有着血缘关系，人从土中出生，生命周期结束后又回归土中；反转后，人从子宫中出生，人与人有了血缘，有了生死与情感，失去了神眷顾的人类只有在这样的政治空间中才会产生人类心智的逻各斯。这种逻各斯与其说封闭了人的自然，不如说撕裂了自然，人作为个体独立了，自然成为人认真对待的对象，主客体分离出现了。发展理性成为必然。人类理解自身的局限性就需要重新回归对宇宙的思考。因为有性生殖是人类反转时代的结果，有生之物必然消失回归土地。《政治家》诉说了宇宙运动与人类生存的意义与价值，人类可以理解自身的毁灭，但无法理解自身的宇宙起源。所以柏拉图在《政治家》中说："宇宙这艘航船的舵手，放开它的舵柄而隐退到它的灯塔上去了，然后命运和这个世界的内在渴望再次控制了这个世界，世界发生旋转，所以在最伟大的神统治的各自区域中实行统治的诸神马上觉察到了所发生的事情，放弃了对各自区域的管辖。由于旧的宇宙运动规则停止而新的运转规则产生，把终点变成了开端。宇宙由此在需求逆转中发生了剧烈的颤抖，引发地震毁灭了生灵。经过长时间的恢复，它的骚动与混乱又平息了下来，重新获得了安宁和秩序，得以有效控制和管理这个世界的一切事物，并在可能的范围内记住了来自神的毁灭，神是世界的创造者和父亲。"因此，柏拉图在《政治家》中所铸造的数学模型理论是对宇宙理论的解释和构建的蓝图。柏拉图的《菲莱布》对宇宙事物的三重划分是对人类理性与宇宙理性的重构。苏格拉底说："我的理性不是善。"苏格拉底告诉我们，善是理智的原因，但是理智不是善的原因。善并不是创造的模本，因为每一种创造的模本必然与变动的世界相关联。

4. 宇宙创造的模式

《蒂迈欧》中叙述，当造物主注视着永恒不变的存在，并用这种模式创造事物的形式和力量的时候，以这种方式创造的万物必定是美的。而当造物主注视着变动的存在，用一般的模式创造万物的时候，万物将不会是美的。因此，谈到整个天体或宇宙，无论用何种名称就这样称呼吧！这就意味着当聚焦到宇宙创造的模式时，有一种宇宙的造物主因素存在。这种基本的宣称意味着：如果有一种进入存在的对象，必有一个创造者；如果有一个宇宙的创造者，必有一个创造的模式；如果进入存在的事物是美的，它必然与永恒存在的模式相连。但是如果它不是美的，这必然与进入存在的模式有关。因此，就有两个创造的模式：（1）永恒的宇宙创造模式；（2）变动的宇宙创造模式。与理智的模式相连的进入存在的是美的，与一般的模式相连的进入存在的是不美的。那么，宇宙的存在状态与宇宙的创造模式息息相关。宇宙的创造者创造的对象，如果作为理智的产物要么是理智的模本，要么与模式有相似性。如果有相似性，就必然会使它的模仿物是美的；如果与模式没有相似性，那么它的创造物就是不美的。这样理智的造物主将会使它的工作更美。因此，美或不美就从模式进入了想象，相似性或不相似性就成为来自造物主的创造类型。这种想象既是模本的想象，也是造物主的最终工作或创造的产品。

普罗克洛斯分析了三种创造的模式："（1）作为永恒想象的永恒模式。用永恒想象的永恒模式，完全的永恒就以一定方式复制模式，理智就是灵魂的模式。（2）作为一般想象的永恒模式。用一般想象的永恒模式，这种想象是在无限的时间中以一定的方式存在的永恒想象。（3）作为一般想象的一般模式。用一般想象的一般模式，这种现象完全脱离了永恒的实体，它在本质上不可能使永恒的事物进入存在。作为造物主创造的产品，（1）与（2）因为是稳定的自然的模本，从而分有了来自模式的美与秩序，（3）作为宇宙创造的产品，因为进入存在的模式是变动的和运动的，所以不美。它们也并不完全丑陋，它们只是美的反面。作为艺术品的美和来自永恒模本的感觉接受性复制品相比即便不美，也并不一定丑陋。"①这与柏拉图《理想国》中关于工匠—画家—诗人的区分有着重要的相似性，工匠模仿永恒的存在，画家分有永恒存在的想象，诗人则有来自心灵深处的灵感。造物主就像一个艺术家用几何学的画笔勾勒宇宙的美丽图景，充满对美的渴望和创造美的世界的欲望。当灵魂注视理智将催生真理与知识，当灵魂注视变动将催生想象和对激情的欲望。既然宇宙是美的，其创造的模式也是理智的，总是不变保持着同一。正是来自造物主创造工具的模式就陷入沉思，注视着永恒的理念，使宇宙秩序化。它是美的提供者，处在存在的事物中的最高等级，在模式的激励下产生美的事物。造物主是理念的原因，模式是美、善和同一的原因。最后出场的是美与善的事物——宇宙。而变动的事物由于接受和分有了来自理智的理念的碎片，在造物主的创造行动开始之时就已经进入存在的境遇。即便它是美的，与来自纯粹理智领域的造物主和模式的产物相比也是不美的。来自理智领域的获得理念，来自造物主的获得秩序。因此，造物主是秩序的原因，而来自模式的则仅仅分有秩序。所有在理智领域内分有模式的事物在等级上与生命体本身都是特殊的个体。

与几何学方式相对应，一个名字——宇宙或天体就注定是一个有问题的客体。在宇宙的名称上，柏拉图避开了争论。因为在古典希腊，有人把月亮以下的区域称为宇宙；有人把天体以下的部分称为宇宙；又有人把变动领域的最高区域称为宇宙。而实际上在柏拉图看来，宇宙这个词更适应造物主的创造工作，即便有可能把它称为天体。亚里士多德对"第一推动力"的解释其实已经偏离了柏拉图《蒂迈欧》的意图。如果像亚里士多德所讲，宇宙热爱理智，那么当宇宙进入运动并与理智相连的时候，它获得

---

① Proclus.Commentary on Plato's Timaeus Ⅱ,Cambridge University Press,2008,p113.

的欲望来自何处？亚里士多德不会理解柏拉图对话中的数学隐喻，所以他的《物理学》与柏拉图的《蒂迈欧》有着巨大的差别。康福德认为，柏拉图事实上不可能解决宇宙的神秘性问题。如果他这样做的话，他就不会写下让人误解的对话。康福德对"模本"与"复本"的解释依然是依据《理想国》对三种床的解读：床的理念、人造的床、画家的床。这种文本解释文本的思路，忽视了柏拉图《蒂迈欧》的数学背景，必然会偏离主题。泰勒的解释则依赖《法篇》，"柏拉图相信灵魂的永恒性与世界治理的关系。永恒的造物主注视着永恒的存在，用永恒的模式创造的世界是美的，而用变动的模式创造的世界是不美的。这种想象解释了蒂迈欧所讲的通过作为艺术家的神所做的宇宙创造工作也体现在《法篇》中。柏拉图相信科学理性之神的存在，正是这种善的神使世界秩序化"[①]。这种忽视柏拉图写作的毕达哥拉斯数学背景，认为我们现代人能够比柏拉图更好地理解柏拉图的康德主义的现代信仰值得怀疑。

三、基于第一原则的证明

在规定了研究范围后，《蒂迈欧》中提出了宇宙的开端问题："宇宙是永恒存在的，没有产生的原因呢，还是被创造的有一个开端？"柏拉图的思想与毕达哥拉斯的思想是一致的。毕达哥拉斯把数作为万物的开端和终结，把"一"放置在万物的最开端的位置上。"'一'产生'二'，从完满的'一'与不完满的'二'中产生出各种数目，从数中产生点，从点中产生线，从线中产生平面，从平面中产生立体，从立体中产生感觉及其一切事物和各种元素。这四种元素即水、火、土、气，以几何的数学比例组合与转化，于是创造出有生命的、精神的、球型的世界。"[②]柏拉图把它转化为宇宙的起源问题。他没有问宇宙是否属于永恒的存在或变动的存在，因为对他来说，宇宙的问题属于永恒的存在与变动的存在之间的存在物。因此，这个问题就转化为宇宙是永恒存在没有产生的原因呢，还是有一个开端？在宇宙产生之前，是混沌的无序世界，宇宙是被一个原因带入到这个

---

① Taylor A. E.A Commentary on Plato's Timaeus, Clarendon Press, 1962, p64.

② 苗力田：《古希腊哲学》，中国人民大学出版社1996年版，第34页。

世界的。在宇宙进入存在之时必然伴随时间的出现。因为宇宙被创造之前，数是没有存在的必要的，所以时间是宇宙运动的数。自然的存在物要通过变动的过程来体现，而变动的存在进入到永恒存在要通过时间来度量。对柏拉图来说，宇宙是有形的物质，可以触摸和感觉，是灵魂可以拥有的直观知识的对象。既然宇宙的存在涉及变动，那么它的永恒的本性就与通过时间来度量的运动过程之间产生关联。因此，宇宙有双重性：作为时间的整体，它拥有永恒性；作为时间的节点，它拥有部分性；作为整体与部分的结合物，它拥有双重性。既然时间的整体与永恒的定义不一致，那么永恒与时间也是不同一的。

1.宇宙在实体秩序中的位置

作为永恒存在的宇宙的本质就转化问题的两个方面，如果宇宙是从造物主中分离出来的，由造物主赋予秩序，那么宇宙的本性将会丧失；如果宇宙的永恒本性与永恒存在保持一致，那么它将和赋予它本质属性的造物主分离，从而陷入混乱和无序。柏拉图的目的只是想告诉我们，"宇宙是永恒存在的还是变动的"这个问题必须进入到下一个问题：宇宙是属于一个受时间的钟摆拨动的整体存在。这个拨动宇宙运转的手就是造物主，而这个钟摆是按照数学的模式建造起来的。这就是为什么柏拉图的代言人蒂迈欧说：造物主是善的，因为他属于永恒的存在，造物主创造宇宙的几何学模式也是永恒的存在。永恒的存在拥有无限的能量，而变动的存在拥有有限的能量。有限与无限的关系最初由阿那克西曼德提出，他说："无限是万物的起源，这种本体是无限的，从这个本体产生出宇宙及其所包含的世界。"[1]万物在时间的秩序中由于有限能量的不均衡从而产生分裂的万物，万物又复归无限。作为阿那克西曼德的继承人的毕达哥拉斯学派的弟子菲洛劳斯，用无限与有限的对立关系解释宇宙的产生与变迁。柏拉图在《菲莱布》中也这样解释宇宙理性的产生与毁灭。这也是柏拉图所讲的："善在美的领域中会找到自己的位置，而尺度和比例产生了美和卓越，美、比例和真理三位一体保护着善。"因此，我们要找到善和美必须把自己的头颅转

---

[1] 苗力田：《古希腊哲学》，中国人民大学出版社1996年版，第7页。

向天体和宇宙，弄清它的位置，我们就朝真理迈进了一大步。因此，作为知识的对象，一方面涉及既无产生又无衰老的永恒存在，它的真实程度是纯粹的；另一方面又涉及有生有灭的事物，它的真实程度是混杂的。我们要在这种混杂的事物中找到善和美必须依赖数学的协助和理智的支持。灵魂本身属于知识和技艺，灵魂本身纯粹的快乐是无痛苦的，而混杂的灵魂有些依附于知识，有些依附于感觉。这就是为什么有些人终生研究我们置身于其中的宇宙、研究宇宙的产生与运作、研究宇宙中的事件、研究这些永恒的事物与我们生活的关联。因此，进入存在的事物可以被时间所度量，可以感觉和接受；而作为永恒存在的事物属于理智领域，自我存在。作为宇宙，一方面与永恒存在相关联，另一方面与时间相关联。永恒存在表示永恒，而进入永恒存在的变动的存在必须与它的引领者保持一致，与度量它的时间保持一致，从而获得秩序。这种从混沌到秩序的断裂之处就是宇宙的开端。不过要找到这个断裂点是困难的，即使找到了要想表达出来也难。这恰恰是我们人类在讨论宇宙和自身起源问题时所引发的诸多争论的无聊之处。

宇宙的起源和开端与进入存在的时间有关，而时间也是物理学研究的重点。这个时间在整体上是无限的，在部分上是有限的。时间与天体一起进入实体，而非部分。我们要明白我们只是人类，不是神，我们无法达到神的清明与自足。宇宙之开端不是一个具体事物形成的起点，而是万物作为整体或其存在嵌入其自身的开始；因为宇宙本身也是有躯体的，它进入存在开始形成，不是作为时间之部分，而是作为时间之整体。

2.宇宙进入存在及其开端

柏拉图的代言人蒂迈欧说："宇宙是被创造的有形体，可见可触可感知。而可感触的东西必然处在被创造的变动之存在过程中，而这种过程必然有一个原动力。"宇宙的造物主作为灵魂的创造主体并不脱离永恒，他模仿理智，在神圣之实体的激励下，注视着万物之整全。对于并不脱离永恒的宇宙在进入存在之时必有一个开端这个基本前提，新柏拉图主义者阿提库斯（Atticus）提出质疑："进入不和谐与无序的存在之中的造物主及其模式是不变的，但是宇宙却在一个时间点开始运动，作为感觉之整体的宇宙在时间点开始运动，这是无效的，因为这样进入存在的造物主和模式必然脱离整体的理智和灵魂。"①阿提库斯看出来《蒂迈欧》在讲述理智与感觉之中介的缺乏，这个中介是不存在的，从理智进入感觉是跨越的，这其实也是近代理性主义者笛卡尔和莱布尼茨共有的麻烦而被经验主义者所诟病。阿提库斯和近代理性主义者并不明白这正是希腊古代哲学的特质，"为了诱人的目标跨越经验的樊篱，它要跳过那些并不牢固的支撑，渴望和想象加快了哲学家前进的步伐。而计算理性则气喘吁吁笨拙地跟在后面，寻找更好的支持，以便自己也能够达到神圣的目标。就像两个漫游者站在一块荒凉的石头上，四周是一片奔腾向前的河流。一个人利用石头敏捷地纵身跃过，纵然他身后的石头也陡然陷落。另一个人则不知所措地站在那里建造地基，以便承受他那谨慎而沉重的步伐。这种跨越是陌生的非逻辑的力量——想象。一种天才的敏感会指向安全地带之所在。即便科学的大厦已经塌陷，总会有一些剩余物，而一些推动性的力量及未来繁荣的希望就存在于这些剩余物中"②。作为古典科学理性的综合体的《蒂迈欧》向后人提出了这些问题，科学需要一个支点来推动思维前行，就如几何学的"点"构建了几何学这个大厦，数学的"一"构建了数学这个大厦一样。科学的点从来没有牢固过，但它并不影响科学的进步。宇宙的开端就是宇宙运动最具有主导性的原则。

　　柏拉图在《理想国》中说："凡是进入存在的东西必然会毁灭。"因此，宇宙必然会毁灭。柏拉图真的摧毁了宇宙的永恒本性？在柏拉图看来，宇宙既是变动的，也是不可毁灭的。变动是因为它的身体组合元素会分解；不可毁灭是因为在它的身体中潜伏着与时间相一致的造物主的理智和模本的理智模型。理智进入存在必然会有原因。宇宙的开端也有原因的推动。而进入变动之存在的事物必然不完整。完整的事物必然拥有来自理念的力量。在柏拉图看来，"处在整体变动中的宇宙之开端的东西必然是善的。因为多样性的聚集必然依赖单一的原则赋予的秩序。这个秩序聚集在

① Proclus.Commentary on Plato's Timaeus Ⅱ,Cambridge University Press,2008,p136.
② 尼采：《希腊悲剧时代的哲学》，商务印书馆1994年版，第21页。

'一'的周围。宇宙灵魂在这个原因的指导下工作，自然在它的指导下工作。因此，整体的永恒自然拥有来自'一'的存在，在等级上优先于永恒。在此之后变动才可能发生"①。

3.造物主本性及其创造的模本

《蒂迈欧》中叙述，要想发现创造者和宇宙之父是一场冒险，即便发现了要诉说给所有人也是不可能的。另一个问题就涉及造物主的创造者是用哪一种模式创造宇宙的？是永恒不变的模式还是变动的模式？如果宇宙是美的，造物主是善的，那么很明显他注视着永恒不变的模式。如果不是这样，他就是用变动的模式。柏拉图说明了宇宙形成是有一个神圣的理性之原因的，就是造物主之父，宇宙就是他创造的产品。造物主有能力使万物依数学比例存在并拥有永恒的存在之秩序。

在这里，"宇宙之父和创造者是不同的。父亲是存在之万物的原因，创造者是宇宙和秩序之原因。前者是存在和同一的提供者，后者是力量和多元本质的提供者。前者拥有把万物结合在一起的力量，后者仅仅是进程和参与的力量。前者是难以言说的神圣的供应者，后者是无限制的逻辑结构的分享者"②。这就像房屋的设计者与建设者是不同的一样。设计者是按照几何学的原理设计图纸，而建设者则按照图纸和模本所潜在的理性创造出具体的事物，而具体的事物则分有神圣的理性。因此，造物主之父是生命体的来源，创造者是种子的接收者和培育者。这也是为什么柏拉图在解释接收器时也运用父亲、母亲的结合创造了后代的比喻的原因。柏拉图说，要找到宇宙的造物主和创造者是困难的，即便找到了要想诉说出来让其他人明白也是不可能的。这种说法充满毕达哥拉斯学派的神秘主义味道。"他们保守着对神圣事物的秘密，不和任何人谈论。在他们看来，大众的目光没有足够的力量注视真理。即使一个人发现了真理，他也不会告诉别人，因为这种发现对于灵魂不适合进行论述。但是借助神圣之光进行秘密传授必须依靠灵魂的自觉。因此，发现者需要保持沉默。因此，依据本性不能掌握本质属性的人，自然也不可能定义科学知识的位置。如果这种保守秘

---

① Proclus.Commentary on Plato's Timaeus Ⅱ, Cambridge University Press, 2008, p153.

② Proclus.Commentary on Plato's Timaeus Ⅱ, Cambridge University Press, 2008, pp154-155.

密的灵魂泄密了，那么言说之流将会带来足够的光普射在这种被发现的本质的自然上。因此，表达这种统一和单一的自然是不可能的。"①这种发现包含两种：造物主之父和创造者。一种可以通过数学知识的方法追溯原初存在，另一种可以通过聚焦来自第二种存在的事物发觉，就是宇宙的运动，这是物理学的研究范围。我们发现通过第二种方法比第一种方法要有效得多，因为物理学的进步要远远超过数学，虽然物理学离不开数学。整个自然的本性潜合在可见的宇宙和可见的物理能量之中而优先于永恒的物理结构。而可见的宇宙却充斥着理性和非理性的事物，从而把神圣的造物主与人类的自然连接起来。

柏拉图说得不错，对造物主之父和创造者的争论在柏拉图时代已经开始。新柏拉图主义开创者纽曼纽斯提出三个神的划分：第一个神是造物主之父，第二个神是创造者，第三个神是产品。②宇宙就是第三个神，那么造物主就有双重身份，既是设计者也是建设者。这与柏拉图的叙述有差异，因为在柏拉图看来，真正创造宇宙的是造物者，而造物主之父处在第二的位置。造物者只是使用了造物主之父的理念和模式。造物主之父只是善的来源，这就涉及理念与善的关系。另外，柏拉图《蒂迈欧》中的造物者不仅创造了永恒的生命体——宇宙，还依照自己的模本创造了永恒的形象——有序运动的天体。可见，造物者创造的只是一个混沌的世界，在赋予宇宙秩序的同时创造了可以用时间度量的天体。因此，柏拉图的造物者创造的产品有两个：混沌的宇宙和有序运动的天体。追随纽曼纽斯的哈普罗科罗申神也认为有三个神，不过他爱用赫西俄德的创世神话来解读《蒂迈欧》。他说，第一个神是天神乌兰诺斯和克洛诺斯，第二个神是宙斯，第三个神是宇宙和天空。哈普罗科罗申神的弟子阿提科斯，把"善"本身与"善—理智"分开，认为善是存在的原因，在创造的顺序上，模本优先于造物主，第一原则是多元的。在神话与理性的纠葛中不能自拔。在神话的结构与理性的结构之间无法建立密切的勾连。普罗提诺也认为，造物主之父是双重的：一方面在理智领域，另一方面在宇宙的指导原则中。宇宙理智

---

① Proclus.Commentary on Plato's Timaeus Ⅱ, Cambridge University Press, 2008, pp157-158.

② Kenneth Sylvan.Numenius of Apamea, Comparative Literature Press, 2000, pp115-125.

也是造物主的理智，完整的理智存在于"一"与宇宙理智之间。作为整全的理智王国是"一"与"多"的统一，"一"的理智拥抱多样化的理智客体。他认为，"'一'即万物，但不是万物之'一'。'一'是万物的原因，万物还有另一种超然的存在，'一'不是存在，而是存在的生产者，是最初的生产行为。因为'一'是自足的，它的充盈流溢出来而产生它之外的东西，万物从而生成，这种万物因为凝思'一'而成为理智；理智在模仿'一'，以同样的方式产生多种能力，这种产生的活动就是灵魂"①。这样普罗提诺就在解释"一"与"多"的关系中告诉我们，作为造物主之父与造物者，是"一"与理智的统一体参与了宇宙的创造活动，从而解释了灵魂的产生必然包含多样性的宇宙生物，那么宇宙和天体都是多样性的，它们的区别在于，宇宙是无序的多样物，而天体是有序的多样物。那么，万物创生的终极根源就在于造物主之父的欲望，理智只是万物成型的结构性因素，而多样性的物质存在是混合着理智的。就像生命体的展开，尽管每一部分都与前一部分不同，但正是它们的不同构成了绵延不断的生命体本身。阿麦琉斯（Amelius）提出造物主的三位一体：谁是"一"，谁有"一"，谁看到了"一"。波菲利把灵魂当作假设的造物主，一面是理智，另一面是生命体自身。杨布里柯认为，造物主就是宇宙理性，宇宙来自造物主的理性工作。因此，真正的本质存在和变动的事物原则就是宇宙理性。所以这些我们拥有的原因就是自然实体的前存在，也就是造物主之父。

西米亚斯提出，虽然只有一个造物主之父，把其安置在永恒不变的奥林波斯众神的顶峰统治两个世界：天体存在之前的混沌之存在、拥抱时间之开端和终结的有序运动的天体，但是造物主创造宇宙的模式却是多样性的。造物主创造宇宙身体的模式是立体的圆，创造宇宙灵魂的是存在与同、异结合的几何学比例模式，创造时间的是永恒存在的模式，创造天体的模式是数的图像，创造人类的模式是造物主吩咐众神要依据的创造原则即几何比例图形。普罗克洛斯谈到造物主之父配置宇宙的四个原因："宇宙普遍运动的原因；宇宙之部分普遍运动的原因；宇宙之部分作为整体运动的原因；宇宙之部分作为部分的部分运动的原因。因此，造物主之父的创

---

① 普罗提诺：《九章集》，中国社会科学出版社2009年版，第563页。

造工作有四重性。造物主之父把整体的提供者束缚在自己的周围，掌控着部分，把自己的力量分成两半，'一'作为创世的分离工作，'二'优先于'三'；'一'使整体的部分秩序化，另外使作为部分的部分秩序化；在三位一体的意义上，造物主之父使整体的多样性依偎在自己的周围，依赖并区分自己。因此，造物主之父作为万物源泉的'一'就优先于多样性的创造之模式。它们互相追随，单一理智的模式、单一理智的造物主与单一感觉解释性的宇宙都是唯一的。"①这种三位一体的形而上学的解读模式引发了两种争论：如果这种理解是合适的，那么，造物主就是镶嵌在有限理智中的存在。他只是力量的提供者和源泉，他和原初的理智之神相分离，模式就像小的造物主一样分享了创造工作，这显然不符合《蒂迈欧》的叙述。因为《蒂迈欧》在对宇宙和天体的创造的叙述中，造物主之父只是创造的原初的"一"，处在不动的位置，所有的创造工作均是创造者按照造物主之父的设计进行的；而人类的创造则是处在第三阶梯，是由创造者创造的众神按照造物主之父的几何学图纸，模仿创造者进行创造的。如果造物主之父也参与了宇宙的创造，这显然与柏拉图《蒂迈欧》的叙述不一致。如果造物主只是处在理智之神的优先位置，他就保持了自己的存在模式。造物主之父与创造者其实处在两个端点。正因为如此，柏拉图才在《蒂迈欧》中称：造物主之父（Father）和创造者（Maker），并非父亲和母亲独立的工作，而是双方合作的结果。因此，"一"就是双重神圣性的"二"，继承了宇宙中创造的力量。柏拉图的代言人蒂迈欧混合了阿那克萨戈拉"种子说"的痕迹，而灵魂潜伏在种子中。灵魂安排了秩序，种子创造了身体。灵魂推动身体运动从而产生理智，同时又把毕达哥拉斯和奥菲斯宗教的"灵魂不朽"学说交织在一起。因此，造物主之父和创造者只是理智的原因，是混沌的宇宙和形成中的宇宙的原因。造物主之父是神和"一"的统一。"母亲"的位置在创造宇宙的过程中仅仅是一个接收器或提供了一个创造的空间。柏拉图说："打个比喻说，接收器就像母亲，生成物的来源是父亲，合二为一的是儿子。"就像柏拉图在《克拉底鲁》中所讲，造物主就是所有事物的原因和供应者。也如在《法篇》中所讲，造物主在引入了理智

----

① Proclus. Commentary on Plato's Timaeus Ⅱ, Cambridge University Press, 2008, p165.

和灵魂的存在后，宣誓了命运的法则。神处于最高等级，所有的神圣创造的生物处于最低等级。在《政治家》中，柏拉图把宙斯称为造物主和万物之父，而目前的秩序就是宙斯时期创造的，宇宙根据命运的法则运动。在《普罗泰戈拉》中，宙斯不仅创造了整个宇宙的秩序，也在自己的灵魂中播种了本质的逻辑。宙斯进行了整个创造的工作，用不可改变的权力把万物凝聚在一起。

在叙述了宇宙的组成（时间还未出现，因为时间没有自己的存在形式）和造物主的创造之后，接下来的问题就是造物主用何种模式创造了宇宙？他是用永恒的模式还是普通的模式？众所周知，第一艘航船的制造者在设计船的模型时一定是出于想象。柏拉图明白，每一种按照一定方式创造的产品的出现有一定的目的，而产品要有一定的标准。如果不是这样，它一定会误入歧途，因为它不知道自己能否到达终点。因此，柏拉图安置了造物主的创造模式。这个模式是与宇宙进入存在相一致的。这个模式是什么，决定了宇宙的存在处在何种等级水准之上。如果创造的意图不存在，那么造物主的创造模式将是多余的，宇宙和谐的秩序将无法得到解释。因此，宇宙进入存在的原因是和造物主一起的，他必须首先在创造之前拥有他的创造模式。模式的存在优先于宇宙的存在，事物的形式优先于事物的存在。

那么，造物主是用哪一种模式创造宇宙的？如果创造者对创造的秩序是无知的，他如何预先知晓宇宙的计划和宇宙所需要的秩序？如果造物主是理智的，他为什么不利用变动的模式创造宇宙，而一定要用永恒的模式创造宇宙呢？我们首先要明白：所谓的模式究竟是什么？模式究竟属于何种类型的存在？"杨布里柯认为，宇宙的创造模式作为本质的存在是可以被与理智相连的思想掌握的，'一'超越了模式。波菲利认为，造物主是未被分有的灵魂，模式就是理智。西奥多罗认为，造物主的三位一体分为：原初的、中间的和终极的。本质的造物主注视着生命体本身，既没有多样性的模式之原因，也没有与模式一致的特殊的创造活动。普罗提诺认为，造物主本身潜合在宇宙的创造模式之中。郎基诺斯（Langinus）认为，造物主在'一'之后，或者在'一'与造物主之间还有其他理智的存在物。如果造物主在'一'之后，那么荒谬的是这个理智神的多样性将紧随非多样性之后，这些数量将近似于'一'。如果在造物主与'一'之间还有众多的理智存在物，那么宇宙的模式是潜合在造物主你我之间，还是在造物主之前或之后？"①这些争论无疑是追随柏拉图《巴门尼德》形而上学的解释思路，以《巴门尼德》的视角解读《蒂迈欧》。他们不明白在柏拉图的视野里，造物主既是"一"也是"二"，宇宙是"三"。造物主是一个神，一个充满理智的灵魂中拥有创造模式的神。当他说到造物主与模式不同的时候，他是在讲，对生命体而言，模式是生命体本身要达到的范本。

在造物主注视永恒存在的模式创造宇宙的时候，宇宙就进入了创造。这就引出了一个麻烦问题：宇宙是永恒变动的感觉接受性的领域，模式是永恒理智的领域，这两个领域是如何勾连的？阿提斯和普鲁塔克认为，在天体进入存在之前，宇宙没有什么东西是一般的。在宇宙形成之前，一定有某种事物存在。这些事物既不是永恒存在也不是永恒变动，而是混沌的无序的运动状态，就是三种事物：存在、空间和变动。进入存在的不仅是宇宙，还有不和谐的领域和无序的运动。宇宙就这样作为物质与不和谐的领域，作为理智领域与前存在的超验实体共存在一起。普鲁塔克的解释遗留了一个问题：作为宇宙创造的模式与作为这种模式的模本——宇宙是如何达到相似性的？作为复合体的宇宙在前存在中的无序与不和谐是如何被一种外在的理智力量推动而进入到有序与和谐的宇宙天体运动中的？

《蒂迈欧》中叙述，如果宇宙是美的，而造物主是善的，那么很明显，他是注视着永恒不变的模式进行创作的；但是如果不允许这样说，那么他就是注视着永恒变动的模式进行创造的。很明显，每个人都明白，造物主使用了永恒不变的模式，因此这个宇宙是最美的，而造物主是最好的原因。宇宙既然是这样形成的，我们只能通过理性和智慧来认识这永恒不变的模式。如果宇宙是美的，那么宇宙的创造就是与永恒存在的模式相关联的；如果宇宙不是美的，那么宇宙的创造与永恒变动的模式就是不相关联的。很显然，宇宙是美的，那么宇宙的创造一定是依据永恒不变的模式创造的。这样柏拉图的代言人蒂迈欧求助于理智的直观，从而坚持了宇宙创

---

① Proclus.Commentary on Plato's Timaeus Ⅱ,Cambridge University Press,pp176—177.

造的两个基本主题：与永恒不变的模式相关的进入存在的事物是美的；与永恒变动的模式相关的进入存在的事物是不美的。那么，美的事物来自对造物主创造模式的模仿，但模仿的真实程度是不一样的。如果宇宙是最美的，那么造物主一定是模仿了最完美的模式和运用了最纯洁、最完美的建筑材料，这样他的产品才会最美，才会成为所有事物模仿的标本。那么，造物主之父也是作为最初和最高的永恒存在的最美的宇宙的模仿者。宇宙之最美才会通过与造物主创造的模式之最美的最高程度的相似性体现出来。如果造物主是善的原因，那么他一定是注视着永恒存在的模式。如果这个原因是所有原因中最善的，那么他一定注视着最永恒存在的最神圣的模式。这就意味着造物主创造宇宙的模式不是属于多样性的永恒存在，而是属于所有永恒存在的模式中最永恒的模式，所有原初存在的模式中最原初的存在，也即宇宙的最开端之处。最美的宇宙一定来自最神圣的创造之模式，最好的造物主一定是超验的完美体。因此，最美的事物进入存在一定是属于最神圣的，而最好的一定注视着最永恒的存在，最美的一定是由最好的最神圣的所塑造的。柏拉图在这里再一次运用了他在《理想国》中所宣称的"几何学的必然性"而非"情欲的必然性"。但是，造物主是如何表明他是最好的原因的呢？

4. 宇宙作为图像

宇宙是造物主依据最好的模式所创造还是造物主对某种事物的想象？依据柏拉图的观点，造物主因为是最好的，所以他注视着最美最神圣的模式，宇宙之美就是这样依据理智的模式产生的。宇宙也必须最真实地模仿造物主的最好的模式。如果宇宙作为造物主的逻辑想象，那么它必须在最大程度上相似于整个理智的领域。作为感觉接受性的宇宙是最美的想象，整体的理智是宇宙最好的原因，而最神圣的模式是理智的模式。永恒变动的宇宙就是造物主依据最好的模式创造的最美的产品，创造的模式就潜合在创造的原因中。

奥菲斯宗教的神学家认为："造物主的创造产生于幻觉中，在那里，它是存在和前存在。就如奥菲斯所讲，布罗米诺斯和宙斯都是预言家。按顺序，它可能拥有双重的创造。宇宙神话的第一代生产者就是麦提斯（Metis）和最高最美的厄诺斯（Eros）。而狄奥尼修斯本人坚持称其为费难斯（Phanes）和艾瑞克派奥斯（Erikepaios）。"①宇宙创造确实有着奥菲斯宗教的想象来源——混合的动力。我们对柏拉图所讲的，宇宙作为想象的产物保持着理智美的想象，它依赖于几何学图示的相似性。宇宙只有作为理智的想象才能与它的创造模式相似。这种相似性究竟能否用数学比例测量依然是疑问。时至今日，被远古神话滋养的人类在知识进步的路途中究竟能够走多远却一直没有答案，更不要说存在一种知识可以把人类带到终点的问题了。

柏拉图在《法篇》中说："良好的开端不仅是成功的一半，然而良好的开端绝不能够被赞扬为工作的圆满完成。"科学的叙述也因此必须从这个开端起航，以适应宇宙创造的基本原则。柏拉图的《法篇》把开端称为一个神，因为神掌握着人的生命的第一步，并在生命成长的各个阶段给予矫正，所有人都应该对这个开端保有敬畏之心。开端必须与自然的本性一致，这意味着，在宇宙的创造中，开端是终极的原因和起点；开端并不是真理，而是与真理相似性的叙事。问题是：人类对开端与起源的兴趣并不是人类获得真理性洞见的前提，对人的拯救并不会接近开端而靠近真理的原点。

四、自然科学的逻辑

《蒂迈欧》中讲道，我们必须把想象和模式加以区分，使我们的叙述与对象事物的真实性相似一致得到更好的解释。对于理性的对象，我们的解释也必须是不可驳斥的、不可征服的；对于与模式相关的想象的叙述，我们的解释也只能是相似的；因为作为想象的存在只能和变动的存在相关，而真理则要求精确性的叙述。因此，对于许多主题尤其是关于神和宇宙的产生上，我们不能够给予精确的叙述。如果我们提供的叙述和它的真实性不够一致，请不要惊讶！要知道，我作为叙说者，你作为听讲者，都只是

---

① Proclus.Commentary on Plato's Timaeus Ⅱ, Cambridge University Press, 2008, p192.

人类而已，因此我们接受这些相似的解释而不是苛求太多对我们是有益的。这些言辞显示了人类在认识事物本质上的麻烦：我们必须从经验直观出发才能进入到永恒不变的原则，经验只是滋润理性的营养品，我们的理性究竟是如何诞生的，我们的理性是否能够带着我们到达目的地还是有疑问的。我们没有一个标准衡量我们认识的真实性，只能提供相似性的解释。真理问题在《蒂迈欧》这一部分中提出来，不管柏拉图的代言人蒂迈欧的解释是否正确，这不重要，因为从逻辑上看，真理的标准问题本身就是一个悖论。如果我们拥有了真理的标准，那么我们的认识就永远不会迷失方向了；如果我们没有真理的标准，那么我们如何进行判断推理以达到真理的彼岸？尼采曾经问道："为什么柏拉图以来的所有欧洲哲学界的每一位建设者都劳而无功？为什么他们奉为永恒真理的建筑物都摇摇欲坠或者已经倒在了废墟之中？因为他们都忽视了这一建设的先决条件，没有对理性的地基进行彻底的考察。所谓的理智应该认识自己的价值、能力和限度。"①相比那些拥有浓厚道德渴望的哲学家而言，柏拉图是清醒的。这也是柏拉图为什么只写对话，而不写哲学论文的原因。因为只有对话才能对真理的探索保持最大限度的开放性。在柏拉图看来，所谓的真理只是哲学家塑造的偶像。或用尼采的话说，真理就是尚未被驳倒的谎言。柏拉图渴望有人驳斥它，而不是奉它为权威。实际上，人类作为整体在知识进步的道路上究竟能够走多远的问题，一直没有得到解决，更不用说人类的谨慎和理智能够把人带到何终点的问题了。

我们的世界存在两种真实的东西：存在与变动。我们的认识也存在两种：奠基在丰富经验基础之上的理智直观和奠基在感觉接受性基础之上的感性意见。我们的言辞也存在两种叙事：精确的叙事和相似的叙事。《蒂迈欧》审视着两种真实，使关于宇宙的科学叙事能够适合存在的真实实体，这种叙事的方式确实难以寻找，尤其是宇宙的本性对我们人类尚是未知的时候。我们苛求宇宙相似于我们的理智，首先是与模式的生产能力相一致。我们关于宇宙的叙述只能是构想式的，是建立在经验之土壤中的理智的想象。对宇宙本性的叙述也只能够是与实体本性相似的构建，与宇宙本

----

① 尼采：《曙光》，漓江出版社1990年版，第3页。

性之真实性一致的解释性的叙述。

1.模式与逻辑

当柏拉图的语言由模式的永恒存在转换为不可驳斥与不可征服的时，他可能表明了模式与实体的相似性——来自实体真实性的想象。这种叙述也适合于理智的实体，那么这种叙述应该适合理智实体的要求——确定性。但是，"既然叙述进入到多样性的领域并获得了混合性的自然，那么理智就低于客体的统一性和单一性。不可改变、不可征服与不可驳斥就保证了模式的结构之完整性。虽然这种叙述与模式有相似性，但是也存在不相似性，它也只能用稳定性这个词语了。既然科学的叙述是不可驳斥的，与我们的知识有关，那就没有什么东西优先于知识，但这种证明对于理智的客体又是错误的，就用了'在程度上和可能性上'。这种知识只能在灵魂的确信中是不可驳斥的，至于在理智中可能存在错误。那么，（1）感觉被想象确定为错误，因为感觉是通过经验达到的结论，是混合的、待确定的；（2）意见依据经验检验审查确定错误的对象，对感觉进行了粗糙的划分和剔除；（3）知识与意见存在相同的部分，只是它要求理智的解释；（4）理智确信鉴别知识中的错误，因为它分离了知识的客体，理智本身知道它的客体，它知道原因。因此，科学与科学的叙述作为理智的权威必须与认知的理念相一致"[1]。柏拉图叙述的语言发生了转换，因为当我们进入到具体知识的领域时，划分就是必要的，认知的对象是依据划分进行的。宇宙起源的叙述首先是存在与别的划分，随后就涉及这两个领域的认识对象的划分。这样依据模式创造的宇宙作为模式的模本就区分开来。柏拉图的两分法再一次应用到《蒂迈欧》中，这种以精确性与确定性为标准划分认识的程度以达到真理之路径的辩证法的上升之路，就是巴门尼德的"真理的言辞与思想""信心的力量"与"要用理智解决纠纷的论辩"。通过对感觉经验的层层剔除和检验，来制服那些虚幻的现象，把不可靠的凡人的意见阻挡在存在之外。柏拉图的两个世界：理念世界和现象世界。科学的叙述应该是与理智一样，源于感觉接受性领域的权威叙述。

---

① Proclus.Commentary on Plato's Timaeus Ⅱ,Cambridge University Press,2008,p199.

2.想象与逻辑

柏拉图利用语言的逻辑区分了认识的阶梯和等级，接着就是用语言的逻辑划分与模式关联的想象、与存在关联的想象。科学的叙述始于想象，因此对宇宙的叙述也只是与宇宙之本质相似的叙述。那么，什么样的叙述是与理智领域的想象相关并与理智的客体相一致的叙述呢？作为想象的产物和作为艺术的产物哪一种更吻合宇宙之本质呢？因为推理性的叙述毕竟与相似性的叙述不同。这种有确实依据的猜想实际上比感觉更加软弱无力。但是对存在进行想象的解释，相似性可能更适合。因为艺术家和艺术产品的出现都来源于理智的创造性的想象。但是"真实的想象是建立在理念的基础之上的，艺术的想象只能居于第二位，与真理隔着三层屏障。而与真理相似的想象的叙述却是依据自然的想象，就像床的理念催生了工匠的想象，工匠依据理智的想象创造了现实的床"①。柏拉图就这样划分了三种想象：理念的想象、真理的想象和自然的想象。理念也许是我们人类永远无法抵达的彼岸，真理只是我们追求的目标，对于自然我们也只是依据几何学的图式进行理智的构建和猜测罢了。柏拉图在《依庇诺米篇》中说："由于古人对诸神和生灵的产生做了糟糕的解释，因此我们的当务之急是延续前面的论证线索，把这种生成的过程想象得更好一些，来反对那些不信仰者。我认为，诸神是存在的，灵魂比肉体更加古老。因此，我们创世说的起点要比他们创世说的起点更加可信。除了最神圣的灵魂，没有任何事物是有形体的、是可以完全没有颜色的，而塑造或制作它们的就是灵魂的专门工作。物体是被塑造的，而灵魂是无形的，只能由思想把握、理解和认识。灵魂存在于记忆中，在奇数与偶数的交替计算中起作用。"柏拉图告诉我们创世说的开端：灵魂优先于肉体。那么，灵魂的认知和理解优先于肉体的感觉接受性；灵魂是无形体，但有着和谐的数学结构，它堕入肉体，也把这种结构带入肉体，塑造了有形体的事物，包含宇宙和天体。天体只是数学结构的灵魂和物质材料的有机结合的最美的宇宙之坐标。因此，要研究宇宙的前提是掌握几何学的全部几何构图、全部数的系统、全

---

① Proclus.Commentary on Plato's Timaeus Ⅱ, Cambridge University Press, 2008, p200.

部音乐和谐的结构、全部天体运行的单一的数学和谐的秩序。因此，想象和逻辑都是灵魂的功能。柏拉图在《理想国》中关于诗歌的论述是从对三种床的划分开始讨论模仿问题的，也是讨论想象问题的先河。（当然柏拉图批评的古代对神的创造的信仰主要是指以荷马为代表的神学家。）虽然柏拉图没有提出想象的对象究竟是依据什么来想象的，只是提出来存在一个永恒不变的理念，真实的客体之源泉。哲人模仿的是理念，工匠模仿的是理念的影像，画家模仿的是影像的影像。因此，哲人也是模仿者，只不过在模仿的真实程度上处在第一等级。那么，对宇宙产生和起源的叙述也是在对想象的划分中提出来的。这就是与人类的理智相一致的想象、与幻觉相一致的想象之间存在的巨大差别。只是我们很难在理智与想象之间找到具体的界限，这个界限就是灵魂的边界。

3. 知识的形式

科学的叙述要求知识的形式统揽知识的内容，而关于宇宙自然的知识涉及的是变动的自然世界，真理要求关涉确定性和清晰性。知识与可能性、真理与确信性的界限究竟在哪里？真理位居理智模式的领域，而确信则紧靠着变动的想象之谷。柏拉图用几何学的方式勾勒它们之间的关联，也制造了科学的叙述与知识之客体对应的知识之形式。这同样也是巴门尼德关心的真理之路与意见之路的分野。柏拉图的《理想国》谈到知识清晰程度的分界线理论，谈到了可知世界和可见世界的分野，他说："这个世界划分为两个部分，第一部分是灵魂把可见世界那些本身也有自己影像的实物作为影像，研究只能从假设出发，不是从假设上升到原理，而是从假设下降到结论；第二部分则相反，灵魂从假设上升到高于假设的原理，不像第一部分使用影像，而只使用理念，完全用理念进行推理。"柏拉图谈到数学研究属于第二部分，从假设上升到原理，利用推理寻找我们需要的结论。而作为第一部分的可见世界的研究，假设只是假设，作为研究的起点，以便从一个假设上升到另一个高于假设的东西。这就是辩证法本身的力量。《蒂迈欧》的研究思路依据柏拉图的代言人蒂迈欧的叙述，则是从"真理到意见"的过程，也即第二种研究思路。这种思路是几何学家研究学问的方法，就是把数学的研究方法运用到对宇宙天体的研究中。"《菲多》中的苏格拉底运用了许多方法检验感觉接受性，麻烦的是我们看到的与听到的都不具有几何学的精确性。我们人类的人生如何从一个来自经验的起点抵达确定性的开端呢？毕竟认知涉及知识的运用，以便掌握确定性的知识整体，然而物质领域的宇宙则是变动、永恒和处于流变之中的。而天体的领域，由于远离我们的视野，并不容易被探究和知晓，也不能被科学知识所掌握；对于宇宙的本性，我们也只是得到近似的、有问题的结论。因此，利用几何学的证明所具有的普遍精确性作为中介达到我们渴望的结论就是必要的。"①然而问题的麻烦之处在于：我们如何发现造物主？虽然蒂迈欧没有否认发现造物主的可能性，但是要想精确地叙述出来也是难题。因为，从真理到意见的过程，或者从几何学原理运用到宇宙的物理世界的过度是如何实现的？这只能是理论的建构。运用几何学探究宇宙本质的尝试，这就为物理世界的研究提供了研究的出发点和最好的启迪。

4.理性认知的局限

真理存在于存在的领域中，这是柏拉图追随神学家的路径。依据《理想国》，真理之光来自善的领域和理智的王国。依据《斐莱布》，真理来自灵魂的净化。依据《斐德若》，真理来自"真理的大平原"，颇有巴门尼德叙事诗的风格。依据《菲多》，真理只能来自天上，但是《蒂迈欧》展现的是宇宙来自自然的混合力量和造物主之父之神圣理智的光芒。问题是我们无法获得宇宙本质的精确性而只能靠近它。我们靠近它的起点不是来自感觉接受性而是几何学的普遍比例。这种科学的叙事并不与感觉接受性的客体相吻合。因为作为创造之模式的理智的造物主只是思想的对象。而宇宙之外造物主之父创造的产品只是模式的模本，是模仿造物主之父之模式的复制品。在柏拉图的视野里，科学有时是事物存在的原因，有时是与理性之原因吻合的稳定的本质，有时是存在之假设的第一原理，有时是没有假设的第一原理。这种混乱的叙述恰恰显示了科学在最初阶段所展现的迷茫，寻找科学探究起点的困难，也显示了人类认识宇宙本质上的局限。一

---

① Proclus.Commentary on Plato's Timaeus Ⅱ, Cambridge University Press, 2008, pp203-204.

方面真实本性的一致潜伏在现象之中；另一方面在于人类认识宇宙整体能力上的匮乏，仅靠先验的理性直觉是有问题的。

正像柏拉图《菲多》中所讲："我们处在宇宙的最底端。"《蒂迈欧》与《巴门尼德》一样在于拯救现象。哲人可能永远无法逾越神话的边界。《菲多》表明了即便有数学逻辑的支持，哲学从根本上不可能提高到理性真实的水平而不释放神话的幻想。《菲多》昭示了哲人不可能达到绝对知识的彼岸，神话就在灵魂最隐秘的地方为非哲人走向善的生活提供了引导。人应该终身关怀灵魂，过哲学的生活，终生追求智慧。《菲多》描绘的大地图景更像奥林波斯众神居住的处所。苏格拉底对人类处境的叙说延展到《理想国》的洞穴比喻，正是洞穴创造了哲人苏格拉底这个渴望灵魂解放的囚徒形象，而我们无疑也是洞穴中的成员，渴望超越自身局限和清除人性残缺带来的污秽，抵达完美和高贵的人生。苏格拉底诉说人类居住在大海一隅的洞穴里，只能通过大海观看天空的太阳和星辰，对神灵居住的天界的描绘也只能是想象性的，证明很困难。只是那里的事物更美丽，不会腐朽；而我们只是他们的摹本，分有了天界万物的美。死后的灵魂要想顺利到达那里，要首先接受审判，洁净的灵魂进入美丽的居所，污秽的灵魂要受罚和被监禁。这是苏格拉底的咒语，也是对自己的祝福。我们很难在哲学与神话之间划出清新的界限。神话的意图是劝说，论证也如此，曾经主张把荷马驱逐出城邦的苏格拉底更像是荷马式的诗人。诗歌与哲学的古老纷争昭示了：是神话而非逻辑赋予了事物意义。

第二节　宇宙起源与创世的数学原则

一、宇宙的逻辑建构

在《理想国》中，柏拉图谈到只有追求智慧的哲学家掌权才能根除政治的邪恶和失序，因为哲人不会在多样性的技术知识面前迷失方向。《理想国》中的"洞穴比喻"展示了哲人追求智慧的心路历程和必须接受的数学教育课程——算术（可以把灵魂引导到真理）——必须深入学习用纯粹理性把握数的本质，不是为了做买卖，而是为了战争以及将灵魂从可见世界转向真理。然后是几何学，因为几何学的对象是永恒的事物，这门科学的真正目的纯粹是为了知识，可以帮助人较容易地把握善的理念。柏拉图批评了城邦对立体几何的忽视，然后第三门学科——天文学——研究运动的立体图形。最终从阴影看到真实，依靠思想本身理解善的本质，从而掌握辩证法。这是哲人返回洞穴治理城邦的前提条件。柏拉图认为："善的理念是最大的知识问题，正义的知识只有从它演绎出来才是有益的，但是我们对善的理念知之甚少。"柏拉图再一次求助"太阳比喻"——太阳是善在可见世界的儿子。善的理念是知识和真理的原因。问题是：善的理念是伦理意义上的还是数学意义上的？伦理的善与数学有什么关联？我们应该从什么角度理解这种关联？从哲学上理解柏拉图思想的挑战是表明善是何种类型的理念。保留"善的数学属性"还是关注"善的价值"，这被亚里士多德在《尼各马可伦理学》中批识。虽然真理是美的，但善的理念比这两者更美，善是知识和真理的源泉。柏拉图善的理念被提起，一个重要证据就是柏拉图在学园内部关于"善"的著名演说："人们渴望获得一般人所谓的善的东西——财富、健康的身体或力量，总之他们追求快乐的东西。但是当我们转向数学——数、几何与天文学时，柏拉图说，善是'一'。人们认为这是矛盾的，结果遭到嘲笑，甚至充满责备。"①这显然指亚里士多德对柏拉图的误解。因为政治伦理之善恰恰充满变动性和相对性，缺乏稳定和谐的秩序，而在政治伦理这一可见世界领域内是没有真理和智慧可言的。在《理想国》中，善的理念就是数学意义上的"一"和秩序。而"一"在毕达哥拉斯看来既是奇数亦是偶数。"亚里士多德不能区分数的本体论和数学的一面。他对数学之数与理念之数的区分不是分析的，而是假设。"②柏拉图关注数学在哲学所追求的终极目标和世俗秩序的奠基中的功用，而不是做

---

① Douglas Caims.Pushing the Good:Ethics and Metaphysics in Plato's Republic,Edinburgh University Press,2007,p251-253.

② Svetla Slaveva,Griffin.Plotinus on Number,Oxford University Press,2000,pp59-60.

形而上学的划界，数学恰恰是探索未知世界的光源和桥梁。

1.造物主与善

《理想国》的结尾叙述了勇士厄洛斯下降到冥府而后复活的命运神话。这个神话讨论了我们对生命的责任，也可以说体现了《理想国》作为可以被视觉看到的微观宇宙的整体。就是以"苏格拉底之死"作为理解柏拉图对话的解读思路，隐约在回应荷马的《奥德赛》中奥德修斯"入冥府求问阿特瑞西阿斯的灵魂回归路"。但是《理想国》中苏格拉底对诸神的形象做了修改，重新解释了英雄的品行；而且厄洛斯神话还包含一个"宇宙的几何学图景"。辛奈柯认为："这是一个视角的颠倒，如果说太阳的比喻是从生成的视角来看存在，那么在这里是灵魂从存在的视角看生成。"[①]荷马诉说人类生存的必然性和命运，即使是神的后代也逃脱不了命运的惩罚，在这样的基础上就无法建立人类理性的尊严。我们如果听信了荷马就会放弃理智，因此攻击想象诗人荷马的"厄洛斯神话在达到高潮的整部《理想国》中，就是反驳荷马的一次里程碑式的努力"[②]。这种解释局限在诗歌与哲学之争的框架内，宇宙图景以几何学的模式出现就被省略了，这种忽略在《蒂迈欧》中得到了补充。这就是柏拉图的代言人蒂迈欧把造物主的创造活动与善的终极原因联系起来的原因。

《理想国》宣称10×10是人类自然的生命周期。毕达哥拉斯据说活了100岁。柏拉图写作《理想国》第10卷是因为10是所有数字中最整全的，它是100、1 000、10 000这些普遍数字的来源。柏拉图在《理想国》中诉说了"与宇宙最一致的特别的命运数字：毕达哥拉斯的宇宙和谐数。柏拉图称为立体数字，而这些数字的立体结构通过模仿上升到最高存在。立体假设的复杂化显然位于三个阶级命运之前"[③]。这样，命运三女神遵循宇宙纺锤几何学的运动轨迹引领个人灵魂的转世，这恰恰是正义的原理。为了解释灵魂的命运，柏拉图揭示了灵魂穿越千年与类似于天地的地形学联系起

① 张文涛：《戏剧诗人柏拉图》，华夏出版社2009年版，第535页。

② 张文涛：《戏剧诗人柏拉图》，华夏出版社2009年版，第552页。

③ Michael J. B. Allen.Nuptial Arithmetic, Marsilio Ficino's Commentary on the Fatal Number in Book Ⅷ of Plato's Republic, University of California Press, 1994, pp70–73.

来，揭示了宇宙正义的数学法则。在柏拉图对话中，不存在伦理的几何学结构或本体论结构，但存在灵魂的地形图。哲学与诗歌，或柏拉图与荷马，这两个隐匿的几何学家之间争吵的实质揭示了一个核心的思想：只有神话，而非逻辑演绎赋予万物以意义。如果说，在前苏格拉底时代，每一个渴望证明自己知识准确性的人必须诉诸荷马，那么柏拉图改变了这一方向，证明必须依赖科学尤其是数学和理性，而非激情。这是柏拉图继毕达哥拉斯之后重新挑起"诗歌与哲学之争"的原因。因此，《理想国》在批判诗人的背景下讨论理想城邦的建构，使其哲学的数学教育意义裸露出来。柏拉图在《理想国》的末尾表述了和谐宇宙的几何学构想图。柏拉图把音乐作为未来统治者的课程包括在数学与天文学中。开普勒曾经看到的宇宙理念来自古代传统，"本质上来自柏拉图的著作，尤其是他的对话《蒂迈欧》和天文学家亚历山大·瑞安的和谐理论。他相信宇宙是数学的并且可以用数学解释。自然世界表达了作为几何学家的造物主的本性。人作为神想象的创造物，有能力用数学语言理解"①。《理想国》中表述了死魂灵到达光柱所在地后看到的宇宙几何学图景："光柱是诸天体的枢纽，把整个旋转的8个碗形圆拱维系在一起。第8层速度最快；第5、6、7三层速度第二；第4层速度第三；第3层速度第四；第2层速度第五，整个纺锤体系是一个运动，在'必然'的膝上旋转。""8个天体运动速度的差异就构成8度音阶，当我们在相继的原始系列中插入和谐数与算术平均数时我们将得到。如果我们看第一个八度音阶，结果将出现：虽然柏拉图想到音谱A、G、F、E中的弦要胜于C、D、E、F，但柏拉图心中想着毕达哥拉斯，这体现在《理想国》的厄洛斯神话的场景中。但是在《蒂迈欧》中，和谐理论位于灵魂结构中，它并不与依赖于天体运动的相对速度的音节的听音相联系。"②赫西俄德的宇宙论第一次提供了人神分离的系统，表述神的正义与人的理性之间的分离，倾听正义，反对暴力。"《神谱》和《工作与时日》的巨大差异，为古典时代的诗歌传统提供了新的解释模式——理智的发现或个人的觉醒，虽然这种叙述是通过表述人类种族的演化进行的。""《工

---

① Robin Wilson.Music and Mathematics, Oxford University Press, 2003, ppp30-31, 84.

② F. M. Cornford.Plato's Comsology, Hackett Publishing Company Inc.1997, pp71-72.

作与时日》中美艳的厄洛斯居住在人类之间，刺激人类互相竞赛。"[1]如果说赫西俄德通过诗歌与神话诉说正义，柏拉图则把它变成了一个"正义"的哲学概念问题，并寻找天文学和数学的支持；柏拉图从赫西俄德那里概括出：人处在神与动物的中间状态，尊重正义将过一种神性的生活，违背正义将被神所抛弃，而正义的生活需要正义的城邦。这样在《理想国》的结尾，柏拉图的厄洛斯神话已经触及"必然性"与"自由意志"的主题。柏拉图的"必然性"显然是"几何学的必然性"而非"情欲的必然性"。

　　《理想国》把"善的理念"定义为"最大的知识问题"。但是我们对善的理念知道得太少，所以柏拉图选择了回避，转而谈论善的儿子——太阳或善的影子。并认为这种给予知识对象以真理，给予知识主体以认识能力的东西就是善的理念，它是知识和认识中的真理存在的原因。真理与知识都是美的，但善的理念比这两者更美。柏拉图把世界划分为可知世界与可见世界；善是可知世界的知识源泉，并从善中得到自身的确定性，赋予认识可知性；但善不是实在，而是在等级上和地位上都高于实在的东西。这个东西究竟是什么？显然善并不是模式，善只是万物之源和开端，模式只是造物主依据善的理念而创世的工具和图纸。亚里士多德与柏拉图具有完全不同的气质，柏拉图追求真善美，真的问题在柏拉图的视野中位居第三等级。而亚里士多德则把求真放在第一位置。这就是为什么他在《尼各马可伦理学》中批评柏拉图的善的理念的原因。不过亚里士多德看到了"作为自身而善的事物和作为手段而善的事物"。这样就把造物主之善与模式之善区分开来了。《理想国》对善的讨论暗示了《蒂迈欧》中造物主创造的次序。普罗克洛斯谈到造物主之善在善的等级中的位置："作为第一原因的造物主和其存在的本性，它就是一个神，虽然它不是善本身。作为部分，它代表了理智和理智的神圣秩序；作为其本身，它体现了造物主的特殊性格，因此宇宙的创造是脱离各种需要的自由创造。"[2]造物主渴望万物皆善，他的创造活动是永恒的。柏拉图对终极原因的叙述就与造物主之善相联系，第一因与其所铸造的模式之善而分离了。造物主推动万物进入存

---

① Jenny Strauss Clay.Hesiod's Cosmos, Cambridge University Press, 2003, pp5-7.

② Proclus.Commentary on Plato's Timaeus Ⅱ, Cambridge University Press, 2008, pp226-227.

在，而造物主创造之模式就推动普遍的创造活动，它本身又被善所推动。因为善优先于理智和理智的秩序。

造物主希望他所创造的万物尽可能像他一样的善，这是否可能？因为恶的存在是一个事实。柏拉图在《政治家》中说："宇宙从它的创造活动中获得所有美的事物，因为变动和消失的存在使得宇宙在运动的过程中也获得了一种偶然的存在物。"这恰恰是"恶"的根源。柏拉图的《理想国》对神的讨论是在对诗歌的抨击中展开的，柏拉图对神的看法——神是善的原因，不是一切事物的原因，与恶无关，神没有形象，永恒不变，不撒谎，不具人性，"恶"的问题要到其他地方寻找。这告诉我们，恶其实来自善的匮乏和获取善的能力的欠缺。也如柏拉图在《蒂迈欧》中所讲："造物主把创造的法则赋予灵魂，不用再为他们未来的恶担心时，就播种他们，然后造物主让年轻的诸神铸造可朽的身体，装备人类所需要的一切，让诸神做人类的统治者，并按最好的最智慧的方式领导他们，这样的结果是以后的种种罪恶都与神无关了。"因此恶的问题来自物质领域，而神或造物主只是创造了灵魂，并利用物质的元素按照几何学比例组合为一个生命的统一体。这是否意味着"恶"也是造物主的意图？或者造物主在善的外衣之下隐匿了"恶"？柏拉图在《法篇》中定义了报应的本质，因为恶存在于特殊的身体或灵魂中。神的意志是善的，没有恶，也就没有恶自由存在的空间。

2.造物主与秩序

《蒂迈欧》中叙述，神希望万物尽可能完美无缺。神看见可见事物时发现这些事物处在无序的运动状态以无序的方式存在，他引进了秩序，认为秩序要比无序好。这并不是普鲁塔克所言，意味着宇宙运动开始于一个时间点；宇宙一直是运动的，区别是无序的混沌状态的前物质存在和有序的宇宙运动状态。而秩序代表理智的出现，有序之前是无序，完美之前是缺陷，理智之前是非理智。像《法篇》中所讲，无序的运动来自无序的灵魂，理智的灵魂塑造了有秩序的宇宙。造物主之善代表了知识的逻辑，造物主创造之模式代表了几何学的图式。造物主之善意味着他不允许混乱和无序。造物主之创造过程就是造物主按照自己的正确方式组织宇宙。作为物质形态的宇宙永恒存在于变动的无序和不和谐状态中，这是宇宙的本性。造物主的创造只是把善和秩序赋予宇宙。如果宇宙按照自己的本性运动，而不是按照来自理智秩序的理性灵魂运动，它将永恒处在混乱之中。造物主作为创造者、秩序的引入者、工匠和设计者，为宇宙提供了有序运动的力量。这同时涉及另一个问题：物质是否由造物主所创造？或者物质是永恒存在（物质不灭）的？依据柏拉图的叙述，神只是装配了灵魂的身体元素，神只是引进了秩序。神只对宇宙的整体负责，而部分的物质领域的碰撞运动，神只对灵魂的部分负责。没有神和造物主，物质将永恒存在，而神是没有物质的，是单一的理智存在。因此，柏拉图《蒂迈欧》中的神只是理性和秩序的代名词，和以后的神学家的神性观念毫无关联。造物主并没有创造物质，造物主之父只是在物质领域播种了他的善和秩序。柏拉图的隐喻充满了生殖医学的味道，这种生殖医学的隐喻同样体现在《理想国》中。

《理想国》中谈到政体更迭的原因在于人类灵魂的不和谐。如何在合适的季节生育和培育和谐的人类种族使政制与天文学联系起来。在柏拉图的婚姻理论中，优生的因素服务于城邦的统一性。据色诺芬讲苏格拉底晚年投入全部精力研究遗传问题，试图解释为何优秀的父母不能生育出优秀的孩子。"这就是他对于饮食与色欲的感情状态，他相信自己的节制并不比那些努力满足这些欲望的人所得的享受少，而且少受了许多焦思劳形之苦。"[1]柏拉图试图从几何学的精确性出发看待生育问题——生育的季节、年龄，企图像管理政制一样管理婚姻。这种理论是欧几里得《几何原本》X卷的定义4：有理线段和正方可公度，无理线段和正方不可公度。神圣种族的周期由完美的数决定。但人类种族的周期首先随根与平方数增长；形成三级四项元素，使相似或相异，月圆月缺表明由有理到无理的过渡。其中4对3的比率与5结合就形成两个和谐数。一个平方数乘以100；另一个长方形的一个边来自5的有理线段乘以100；每一个边减去1或5的无理线段减去2乘以100；其他的边是3的立方乘以100。这些几何数乃是优生或劣生的决定性因素。那么"5的无理线段"就是"平方数5的一条边的对角线，即

---

① 色诺芬：《回忆苏格拉底》，商务印书馆2002年版，第26页。

50 的平方根"。"最靠近 5 的无理线段的有理线段即（50-1）的平方根。这个来自无理或有理线段的和谐数就是平方数。5 的有理线段乘以 100 的数即 100×（49-1）=4 800；同样 5 的有理线段减去 2 表达为：100 ×（50-2）=4 800；这个数字给予长方形的一个边和两个边就是 3 的立方即 100×27=2 700。这些矩形的边所乘得的面积即 4 800×2 700=12 960 000，就是 3 600 的平方，就是另一个和谐数。"①在毕达哥拉斯传统中，5 被毕达哥拉斯学派的入门者称为"婚姻数字"，在自觉三角形的数字中斜边 5 支配着 3 与 4 的两条直角边构成"联姻"，那么神性的完美数字必然来自未经混合的数字 5。《理想国》就昭示了不正义如何产生在一个不懂实行数字婚姻立法的城邦中，并与五种政制相继生成、紧密相连。这样"以毕达哥拉斯三角形为基础的数字婚姻的计算，与灵魂、城邦的五种秩序的政体相关联。柏拉图灵魂的三分法、毕达哥拉斯的认知四分体系和政治天性的五分秩序来解释直角三角形的 3、4、5 的三条边。数字 5 是人与神之谱系的数字，决定了赫西俄德的人类种族循环和柏拉图城邦与灵魂的形式循环"②。在苏格拉底看来，一个美的灵魂是有序的、正义的、和谐的。相反，一个恶的灵魂必然是灵魂的失序与混乱。如果说当代的僭政以"征服自然"为取向，那么柏拉图的古典时代的僭政是以"敬畏自然"为前提的，对欲望的抑制而非释放，恰恰是古典哲学的终极目的。这就是古典哲学目的论的自然观与目的论的人生观的一致性。柏拉图通过神话传达他对科学与政制独特的体验，这种体验是与苏格拉底之死联系在一起的。柏拉图并未对这些领域做出区分，而是对这些问题作了转换——由神话转向了逻辑、科学与辩证法。而在《蒂迈欧》神话的外衣下包裹着的宇宙起源与创造的科学叙事，几何学的研究方法运用在自然哲学的探寻中。

3. 灵魂与理性

《蒂迈欧》中叙述，在可见世界中有理性的存在整体上优于无理性的存在，而理性除了存在于灵魂中不可能存在于其他地方。这只是造物主编制宇宙的工作：把秩序赋予宇宙，把理智植入灵魂，把灵魂放入身体。造物

---

① Thomas.Greek Mathematics I, Harvard University Press, 1988, pp399–400.

② 马特：《柏拉图与神话之镜：从黄金时代到大西岛》，华东师范大学出版社 2008 年版，第 124 页。

主的创造活动是整体上的，造物主创造了整体的理智、整体的灵魂和整个多样化的身体，这就是柏拉图所谓的"宇宙是一个单一的生命体"的原因。我们人类的麻烦就在于我们的思想只有从经验出发，从部分出发来窥视作为整全的真理，科学与艺术就是这样通过思想的分离进入存在从而进行的创造活动。当造物主把秩序赋予作为整体的宇宙时，他是依靠理智进行创造的；当造物主把理智植入灵魂时，他把秩序引入可见世界，使混沌的世界分层化了；当造物主把灵魂放入身体时，他把物质秩序化了。在柏拉图看来，现象世界充满迷茫，而缺少理性的灵魂是无法找到正确的方向和正确的道路的，而理性需要经过奴隶般的训练才能得到。这种训练就是《理想国》中谈到的"哲人王"的数学教育与终极目标——善的理念。柏拉图谈到只有追求智慧的哲学家掌权才能根除政治的邪恶和失序，因为哲人不会在事物多样性的技术知识面前迷失方向。首先，柏拉图的"洞穴比喻"展示了哲人追求智慧的心路历程和必须所受的数学教育课程（可以把灵魂引导到真理中），必须深入学习用纯粹理性把握数的本质，不是为了做买卖，而是为了战争以及将灵魂从可见世界转向真理。其次，是几何学，因为几何学的对象是永恒的事物，这门科学的真正目的纯粹是为了知识，可以帮助人较容易地把握善的理念。柏拉图批评了城邦对立体几何的忽视。再次，是第三门学科——天文学，研究天体立体运动。最终从阴影看到真实，依靠思想本身理解善的本质，掌握辩证法。这是哲人返回洞穴治理城邦的前提条件。柏拉图再一次求助"太阳比喻"——太阳是善在可见世界的儿子。善的理念是知识和真理存在的原因。知识和真理是美的，但善的理念比这两者更美，善是知识和真理的源泉。那么问题是：善的理念是在伦理意义上的还是数学意义上的？伦理的善与数学有什么关联？我们应该从什么角度理解这种关联？从哲学层面上理解柏拉图思想主题的挑战是表明善是何种类型的理念。保留善的数学属性还是关注善的价值。这种危险被亚里士多德在《尼各马可伦理学》中批评柏拉图的善的理念时被提起。一个重要的证据就是柏拉图在学园内部关于"善"的著名演说：善是"一"。结果遭到嘲笑，甚至责备。这显然在指向亚里士多德对柏拉图的误解。因为政治伦理之善恰恰充满变动性和相对性，缺乏稳定和谐的秩序，而在政治伦理这一可见世界领域内是没有真理和智慧可言的。在《理想国》中，善的理念就是数学意义上的"一"和秩序，而"一"在毕达哥拉斯看来既是奇数亦是偶数。柏拉图关注数学在哲学中所追求的终极目标和在世俗秩序的奠基中的功用，而不是做形而上学的划界，而数学恰恰是探索未知世界的光源和桥梁。《蒂迈欧》的宇宙创造之叙事和对理智与灵魂的讨论只有从柏拉图的"善的理念"的视角才能得到更好的解释。

柏拉图对"整体上拥有理智的存在"和"没有理智的存在"的划分告诉我们：宇宙之所以是美的是因为它拥有理智，美的力量充斥着理智；灵魂开始与理智一并充满整个宇宙，造物主把灵魂植入生命推动不和谐与无序的宇宙由混沌进入秩序。一旦造物主依据美的模式使宇宙秩序化，宇宙就分有灵魂、灵魂的理智和理智之美，这个宇宙就变得最美。而没有理智的事物当然不会来自造物主，而是来自其他领域。不过生命体不只是一个模式，当然并非每个模式都是生命体，这样灵魂就位居理智和身体的中介位置。理智的存在是同一的、永恒不分裂的整体，而身体的存在是多元的、分离的，身体的组成部分需要一种方式把它们组合起来，这就是后面柏拉图所讲的宇宙身体的几何比例。"柏拉图按照统一原则把身体植入灵魂，把灵魂植入理智。他把身体植入灵魂，因为身体作为整体存在分有了灵魂，它不可能与身体的任何无生命的部分不一致，即便作为宇宙一部分的任何事物丧失了它自己的生命；他把灵魂植入理智，是因为灵魂在实体意义上拥有理智的理念，它不可能与理智本性的任何一部分不一致。"[1]这种造物主的设计与柏拉图《菲莱布》中的高贵的灵魂和高贵的理智展现在造物主的创造原因中。科学的思考培育出推动性的力量并使它们结合在一起，互相限制和互相驾驭，这其实是内心理性信仰的力量。古代的思想家声称理性统治一切，作为理性之家族的首领的造物主颇像一个追求真理的哲学家，为形而上学的信仰设计宇宙的图像。信仰阿那克萨戈拉自然哲学：万物都在混沌中，然后有心灵出现对万物加以安排。柏拉图的《菲多》谈到灵魂的功能问题及灵魂在进入人体而遗忘的知识，"学习就是回忆"，就是唤醒灵魂堕入肉体的理性。唤醒的前提是提问要正确，就是通过

---

① Proclus.Commentary on Plato's Timaeus Ⅱ, Cambridge University Press, 2008, p285.

相似性、相异性与相等的理性直觉唤起回忆。这是沟通感觉与理性桥梁的数学概念和天赋学说，又重新肯定了感性在知识场中的地位。这种数学证明方法在《美诺》中被运用，由此奠定了柏拉图辩证法的数学逻辑规则。苏格拉底的解决——我们有无意识的知识，但在意识水准上我们只能从推测开始。现实是构建性的，作为预先的意识，记忆中持续的再现使我们回忆的行动从提问开始，而终结于真实的信仰。而真实的信仰又来源于神圣的启示。回忆说的本质是寻找"发现"和"探索"的技艺。从荷马开始德行就被用于竞赛神圣的事物，《菲多》开始是苏格拉底与毕达哥拉斯的竞赛——灵魂是否预先存在关涉理性知识如何可能的问题。回忆说不能为"灵魂不朽"提供有力的支持，知识与信仰的界限很难清晰。这就是《菲多》中"先天知识通过感觉经验发现"的难题。毕达哥拉斯把灵魂不朽观念引入希腊，确定灵魂是永恒运动的自动实体。而赫拉克利特却用隐晦的语言第一次提出了智慧不是事物的具体知识，事物本身清晰的知识潜伏在真实预言的领域内。智慧才是真正的永恒，即使被告知，人也无法理解。我们必须竭尽全力去发现，如果我们能够找到智慧的诉说，无论人们是否倾听。赫拉克利特成为他的时代拥有事物本身智慧的宗教教师，就是理性灵魂本身，属于肉体创造之前的存在问题，创造的依据是造物主的思想或智慧。德尔菲主张"认识你自己"，赫拉克利特主张"我寻找我自己"。

4.造物主创造的目的

《蒂迈欧》中叙述，造物主在秩序和善的指引下，把理智植入灵魂，把灵魂植入身体，意图创造一个与宇宙之本性尽可能一致的最美最好的世界。这是造物主创世的意图。这样我们又回到了事物的出发点，宇宙因为灵魂变得秩序，灵魂由于理智进入宇宙身体存在，理智由于理智之美进入宇宙的灵魂之中，宇宙由于分有了"一"本身而分有了美。宇宙之美是由于它存在于理智王国之中。宇宙之好是因为分有善之理念，人善是万物之好的原因。这些所有的事物就像造物主，与造物主最具相似性。因此，宇宙作为生命体就具有理性和灵魂。造物主是最好的创造之原因，而善是所有神圣原因中最好的。宇宙作为造物主创造的最好最美的产品就分有了神性，这样宇宙就在自然与超验之间混合着事物的相似性和神圣的本质。柏拉图把他对宇宙的科学认识叙述成为与真理相似性的叙事是因为：一方面宇宙是与理智的本质相一致的相似性叙述；另一方面与真理提供的神圣原因相一致，这种叙述要求真理性的诉说。神圣的创造、造物主之父的神圣理智和我们人类有限的人生之间有着一道鸿沟。尼采讲道："真理就是尚未被驳倒的谬误。"柏拉图当然明白，希腊人无论思考什么都要求符合逻辑，但逻辑的东西其实是经过许多非逻辑的思路转化而来的。我们人类始终是坐在洞穴之中观看真理的。通过洞穴的阴影观看真理，这就是我们认识的局限。世界总的特点就是混沌，这并不是说没有必然性，而是说这个世界总是缺乏秩序、形式、划分、逻辑、智慧等一切称为美的东西。因为只有存在偶然性的世界，目的论的世界观和宇宙观才有意义。

在漫长的岁月里，人类的悟性除了错误没有其他，柏拉图的清醒就在于他认识到我们对宇宙的认知只是一种相似性的诉说，也许并不是真理，或者与真理相差很大的距离。这只是为真理的探寻者提供一条路径罢了。我们询问逻辑的东西是从何而来的？只能是从非逻辑而来，而非逻辑的领域是非常广阔的。尼采说："把相似性当作相同这一占绝对优势的倾向是非逻辑的，因为本来不存在的东西，因为这种倾向奠定了逻辑的基础，因此事物的长期变化必然被忽视，不为人所知，以便产生对于逻辑必不可少的物质概念，尽管没有什么东西与这一概念相吻合。"①在希腊时代，科学是很难获得尊贵地位的，即便最热心追求科学的人也把道德放在首位，把知识当作道德最佳的工具加以赞美。柏拉图的《蒂迈欧》第一次对科学发起了赞歌，作为生活中最美的饰物，柏拉图几何学的宇宙图景对科学进行了揭示，这种被揭示的饰物就是理性和灵魂的创造功能，以便使宇宙更加符合逻辑的思路。《斐德若》对书写言辞的限定的讨论表明：言辞无法以话语为自己辩护，更不足以传播真理，因为人类的存在不仅受命运的支配，而且其认识也以流变的对象为前提。《菲莱布》解释了理念知识的丰盈其实就是自我认识的匮乏。"对智者而言，能够认识一切当然更好；若不能如此，至少看起来不要认错了自己，则算是第二好的了。"柏拉图的《蒂迈欧》对

① 尼采：《快乐的科学》，漓江出版社2007年版，第165、114页。

宇宙开端的认识并未超出"意见"的范畴，因为开端的背后可能还有更加隐秘的开端。因此，相似性的叙述作为貌似的逻各斯已经无法把我们的意见说清楚，要像讨论知识那样阐述意见更是难上加难。这并非是认识受主体理解条件的限制，而是受我们讨论问题方式的限制。即便是辩证法也无法把握善的知识，通过辩驳检验善的知识的终点的讨论尚处在筹划之中。柏拉图的《蒂迈欧》的书写技艺对于渴望探寻真理的人来说至多不过是一种提醒。

二、宇宙与生命体本身

《蒂迈欧》中叙述，根据相似性的解释，我们认为宇宙作为生命体是拥有理智和灵魂的，但是造物主是依据哪一种生命体来创造宇宙的呢？因为与不完善者相似的生命体是无法达到完善的，与不完善者相似的生命体的宇宙不可能是美的。为使创造的宇宙成为最美的理智的生命体，它以单一的可见生命体构建宇宙，使它们在自然程度上最相似。柏拉图认为，宇宙作为生命体本身拥有理智和灵魂，建立在这样基础上的具有灵魂的万物就是生命体，但是并非所有的生命都具有灵魂，因为分有理智的灵魂的生命体与未分有理智的灵魂的生命体是有区别的。宇宙是来自理智之父的理智的生命体、原初的生命体；如果我们思考造物主的创造，宇宙作为生命体被创造的模式与神圣的灵魂相一致，它具有神圣的理智。宇宙既是生命体也是一个神。造物主的创造意志来自善，造物主创造的动力来自意志。

1. 模式与生命体

柏拉图在《斐德若》中讲道："灵魂是不朽的。因为凡是永恒运动的事物都是不朽的，那些要靠其他事物推动的事物终究会停止运动。这个自动者是其他被推动者的源泉和第一原则；它的灭亡就像它的产生一样是不可能的；自动者是运动的第一原则，否则，整个宇宙、一切产生的事物都将崩溃。若一个物体的运动是源自自身，它就是有生命的或者说是有灵魂的。灵魂就是推动自己运动的东西。对于灵魂不朽的本质，只有神知道，我们凡人只能说个大概。"柏拉图随后以"灵魂的马车"叙说灵魂的本质、生命体本身和有生命的事物的区别。这样拥有理智的灵魂才能抵达天外的境界，接近真理的寓所。而困顿于现象世界的灵魂由于分有理智，所以无法看见真理，只能模糊地仰视貌似真理的意见。那么，宇宙作为生命体是分有理智灵魂的生命体，它的灵魂建立在永恒的运动之中，它的理智建立在秩序之中。如果宇宙永恒处在有序的运动中，那么万物就被善所支配，理智支配着这个宇宙。柏拉图就把作为生命体本身的宇宙与有生命的物质区分开了。宇宙作为生命体本身是拥有理智的灵魂的，有着造物主创造之模式的指引和控制，而分有理智的灵魂则混合着物质的元素，处在无序的运动之中。因此，只有在灵魂受到理智牵引的前提下，才会视角向上，追求智慧和真理；这样造物主创造的模式对于保证宇宙的永恒运动就是决定性的。

"通过神的协助，宇宙作为生命体被创造，它必须与理智的生命体相似。凡是理智的生命体存在的地方，就有创造的宇宙作为生命体的造物主。既然宇宙是最美的，它的创造就一定与永恒存在的模式相关。如果造物主用想象的模式创造了生命体，那么模式本身也必须是生命体——理智的生命体；如果模式不是一个生命体，那么这种生命体就是模式的复本。事实上，它确实是依据模式创造的复本——作为生命体的存在。它并不是感觉的或特殊的生命体，而是与理智相连的生命体，虽然它作为身体与模式一同进入存在。如果生命体与模式相似，生命体就来自模式，它从模式那里获得自己存在的形式。生命体作为模式的复本，不仅获得了存在的形式，也获得了自己的命名。如果宇宙是依据模式而获得自己的生命存在，那么它就天然拥有灵魂，因为它获得生机的原因存在于理智之中，同样它也天然赋有理智。"[1]柏拉图称之为"最主导性的原因"。作为生命活力的推动力的模式，配备了理智存在于生命中。既然突然拥有理智的事物就拥有灵魂，那么天然拥有灵魂的事物就是生命体。但是并不是生命体都拥有灵魂，只有理智的灵魂才拥有模式的复本，只有理智的灵魂才接近创造的第一原则。理智的生命体存在于理智的模式之后，无理智的生命体又存在于理智的生命体之后。这也是柏拉图在《斐德若》中讲的"灵魂的等

---

[1] Proclus.Commentary on Plato's Timaeus Ⅱ, Cambridge University Press, 2008, p298.

级"——神的灵魂和人的灵魂。作为神的灵魂天然拥有理智的模式，自我运动；作为人的灵魂分为"有朽的"和"不朽的"；理智是灵魂的舵手，连神的灵魂也要靠理智和知识滋养。而缺少理智和知识牵引的灵魂必然堕落。宇宙既然与理智的生命体相似，那么宇宙的存在就被造得最像理智的生命体；与相似性的形式一致，宇宙就被造物主利用模式的功能赋予生命。毕竟宇宙的存在是由于理智，而不是无序和不和谐的运动。理智的模式赋予宇宙以秩序，灵魂赋予宇宙以运动的动力。

2. 生命体与宇宙

但是宇宙中存在诸多的有理智的生命体，宇宙与哪一种有理智的生命体相似呢？《蒂迈欧》中讲道："神希望把宇宙造得尽可能和那个最完美最完善的生命体一样，使它成为唯一可见的生命体，并把一切有相同结构的生命体包含其中。"这样生命体的种类和等级就通过理智的秩序被安排。"我们可以假定生命体的不同等级就存在于第一类生命体的单一的样式里。这种安排与它们自己的数相一致，就像第一类生命体是四维的，其他的生命体由其他的数决定。多样化的数学比例构建的生命体就与'一'相连，每个神圣的多样性的根源就存在于'二'之中。造物主作为创造的主体，通过灵魂的运动给创造万物的众神补充能量并支配宇宙众神的创造过程与创造工序，这样造物主就成为众神与宇宙万物创造的双重来源。生命体本身成为所有具体的生命体的'二'；最普遍的宇宙模式和这个宇宙的唯一原因就存在于这个生命体中。""柏拉图把造物主创造的模式称为生命体，因为模式是生命体最好的主人。因为它支配所有的生物学系列和生命来源，因为它充满着原初的理智生命。'一'的存在与善的理性一起优先于生命，因为它完满的完善性，从而是永恒的，作为生命体，它对生命敞开门户。"①生命体和造物主总是存在于永恒的实体中，拥有永恒的存在和实体；"一"作为存在本身总是有存在的原因；模式是整体地存在于宇宙的理智的生命体中，因此柏拉图把生命体本身称为模式。对于无序的混沌世界，永恒存在的是模式，它来自混乱的形式。这种混乱的形式出现在无序中，要先于

---

① Proclus. Commentary on Plato's Timaeus Ⅱ, Cambridge University Press, 2008, p301.

宇宙天体的有序运动。生命体本身与理智其实就是一回事。尽管生命体本身是永恒的，但永恒优先于生命体，而不是优先于生命，存在本身优先于永恒。生命体本身就是第三个理智的三位一体，依据奥菲斯宗教的说法，它是工作者，是生命之火最好的守护者，是生命的发源地。但模式不是完善的生命体，因为有许多理智的生命，有些是普遍的，有些是特殊的；有些是单一的，有些是分离的；有些是有限的，有些是无限的。当我们问，哪些生命体是宇宙完善的生命体？哪些生命体是宇宙所依赖的？不完善的事物来自两种：与它自己的本性相比欠缺某些东西；与超越的东西相比欠缺某些东西。与神圣的实体远离的东西就是不完善的生命体。就如柏拉图在《理想国》中所讲，在它自己的秩序中是最好的。也如《会饮》中所讲，不完善的生命体只是分有了原初的美，是特殊的美，而宇宙的创造模式是完美的，不是特殊的生命体，而是生命体本身，或者说是生命体的来源和理念。如果造物主注视着某些超验的东西，他就不会创造第二等的事物，因为造物主拥有善的理念。他苛求宇宙的创造模式有完善的生命体的源泉。虽然每个特殊的生命体与完善的生命体相似，这个生命体却远离统一和不可分离的模式之本质。每个依据完善的模式创造的事物都是最美的，而依据特殊的模式创造的事物则不是最美的，它只是分有了美。宇宙因为模仿了最美的理智生命体，所以是最美的，而远离最美生命体的模仿则不是最美的。

3.造物主与生命体

《蒂迈欧》中叙述，造物主希望把宇宙造得尽可能像最完美最完善的生命体，使其成为唯一可见的生命体，并使一切有相同结构的生命体都包含其中。宇宙作为最完美的生命体就是造物主的产品，而最美的生命体之外还有次等美的生命体，还有丑陋的生命体，这就构成了生命体的系列。这个系列被生命体本身所引领，它们模仿生命体本身的结构，在相似性上具有同构性。理智的生命体就是被造物主所创造的模式的复制品系列；造物主位居生命体本身之上，利用模式把生命体连接起来并融入其中，构建了整个理智的秩序——普遍的与特殊的生命体秩序；前者是同一的方式，后者是分离的方式。作为宇宙之整体拥抱生命体本身，作为宇宙之部分拥抱生命体；作为宇宙创造之原因拥抱生命体本身，作为宇宙之结果拥抱生命体。造物主从创造之模式的意义上，在理智的模式意义上，包含所有的生命体；它们从自身整体上保持不可分离性，因为整体来自部分并构建整体。这样造物主创造之生命体就复制了创造之模式。造物主、模式与生命体本身就构成了三位一体的创造之源泉。这样造物主就创造了最美的生命体、最美的宇宙，而美在第一等级理智意义上就前存在于统一的模式中。宇宙就成为理智的生命体中最美的，宇宙就作为可见的生命体模仿理智的模式。宇宙作为理智的生命体的想象和理智的整全存在。一个可见的宇宙就像模式之光被创造而存在。普罗提诺说："'一'先于'二'，'二'源于'一'；'二'的规定性一方面出于'一'，另一方面出于自己，有着双重属性，这就是理智世界的数。就像太阳，太阳的光和万物的生成一样。理智是至善的影像，但理智并不是至善。一是产生万物的能力，万物就从这种能力中分离出来。"①柏拉图在《巴门尼德》中说，本源的"一"，"一"即多；"一"与多三位一体，就如善；造物主之创造模式：生命体本身；然后产生万物。

三、宇宙的唯一性

《蒂迈欧》中叙说，就如我们正确叙述的一样，宇宙是一个无限的数。如果宇宙是造物主用永恒存在的模式创造的，它就是唯一的。对于拥抱理智生命体的事物，不可能有第二个宇宙。因此，生命体如果像完善的生命体，它就不会创造无数个宇宙或两个宇宙。宇宙是单一的可见的生命体并且包含所有的生命体在内。既然宇宙是生命体本身的影像并且自然拥有理智和灵魂，造物主之创造的模式和生命体本身是唯一的，那么宇宙就是唯一的宇宙。既然宇宙分有了理智之上的模式和生命体本身，那么它就不可能只有一个复本，可能还有其他的副本；有些可能是依据自然产生，有些可能是艺术的产品，就如《理想国》中工匠创造的产品，有些是模仿产品

---

① 普罗提诺：《九章集》，中国社会科学出版社2009年版，第552—553页。

而产生的复制品，有些是诗人想象的产品。柏拉图并未做出更加详细的解释。宇宙是唯一的，它是理智的"一"，还是感觉的"一"？因为宇宙作为生命体本身和模式的产物，本身拥有无限丰富的多样性。宇宙创造之模式既是单一的也是理智整体的复制；对于多样性的分离物来说，它是原因，但是它又与差异共存。

对宇宙"一"与"多"的争论，有人认为有两种：单一的宇宙和多样性的宇宙。也有人认为有三种：单一的宇宙、有限多的宇宙和无限多的宇宙。与单一的宇宙相对应的是无限多的宇宙，就是原子论的观点。柏拉图的依据就是，既然模式是"一"，那么作为造物主依据模式创造的宇宙也是"一"。模式本身既是"一"也是"二"。既然造物主依靠他的存在创造了宇宙，那么他就作为整体创造了自身的复本。就像模仿了苏格拉底的人也模仿了他的生活方式一样。"波菲利认为，理智的本质进入宇宙，终结于分离，理智作为整体没有为物质存留余地，但人类的存在本身也正是宇宙提供了物质，人类的存在是来自一的多。宇宙就是所有单一物种的集合。杨布里柯认为，感觉世界作为整体包含在分有的模式里，包含不可分有的东西，在分离的模式里包含不可分离的东西，在多的模式里包含'二'和'一'。某些理念存在于同和静止中，其他的理念存在于运动中，前者是'一'和永恒存在的原因，后者是运动和多样性的原因。"①波菲利看到人类存在是灵魂与肉体的结合物，但他无法解释宇宙是在何种意义上讲的，是在理念意义上，还是感觉意义上？他也不能接受物质性东西出现的原因，究竟是造物主的创造还是物质本身就一直存在。其实在柏拉图的视野里，物质是永恒混乱和无序的，宇宙仅仅是在理念意义上讲的。杨布里柯把运动和静止作为划分宇宙是"一"还是多的依据，这样宇宙就分裂了，它的各个部分的结合就是疑问。

柏拉图的《菲莱布》利用毕达哥拉斯弟子菲洛劳斯"有限"与"无限"的观点解释宇宙的本质；有些与有限连接，有些与无限连接；那么无限的属性就是宇宙的属性，有限的属性就是物质的属性，有限与无限的结合聚合成了宇宙的灵魂和身体。西米亚斯认为："理智的本质就是同一和永

---

① Proclus.Commentary on Plato's Timaeus Ⅱ,Cambridge University Press,2008,pp329-330.

恒，但有些宇宙的实体更有能力获得与其自身本质的相似性，有些较少的能力、较少的物质，纯粹性就多，而完全没有物质性的东西，就最纯粹。模式就存在于'一'和永恒中。而差一点纯粹性的东西就存在于第二等级的相似性中，某种方式与原因相似，其他的方式则不。宇宙中出现的事物，有些独自来自第一创造，它是同一的一，产生出生产者的唯一性。有些产生于第一创造的代表，就产生出多，在不同的时间构建出第二等级的事物，通过运动创造它的存在。造物主创造了宇宙中单一的永恒的实体，年轻的众神创造了人类，他们拥有永恒的形式，分有了单一的理念，他们来自多样化的循环运动。"①西米亚斯的解释是根据《蒂迈欧》的创造顺序来说的，造物主利用模式创造了宇宙天体，而天体众神利用造物主模式创造了人类。

第三节　理性的工作：宇宙身体的创造

宇宙作为生命体拥有物质的属性，这种生命体又是造物主之父依据创造之模式构建的。来自理念的事物就和分配了更多物质属性的事物区分开来了。普罗克洛斯把造物主创造宇宙身体的行动分为："第一，他使宇宙成为可见可触的，与人的感觉接受性一致；第二，他使宇宙的身体元素通过比例黏合在一起；第三，他使宇宙成为包含部分的统一体；第四，他使宇宙成为有序的立体结构，以使宇宙和创造它的造物主的创造理念一致；第五，他宣布万物的运动都是依靠自己；第六，他提供宇宙以理智的方式运动；第七，他赋予宇宙神圣的生命；第八，他给予宇宙以时间中进化的力量；第九，他为众神建立了永恒的避难所，产生完满的周期；第十，他使宇宙成为最完善的生命，与四种形式最相似，也包括模式在内。"②这就是造物主创造宇宙身体的行动和顺序。

---

① Proclus.Commentary on Plato's Timaeus Ⅱ,Cambridge University Press,2008,p333.

② Proclus.Commentary on Plato's Timaeus Ⅲ,Cambridge University Press,2008,pp43-44.

一、可见宇宙的几何比例

宇宙是有广延的，可以被感觉接受，可见可触，它必须通过光才能可见，必须有硬度才能可触。但是火的可见性与土的硬度无法黏合在一起，需要相反的物质来结合。水是克火的，土是可以改变形状的；没有气，土就没有空隙，火也无法运动。其实水也可以改变土的形状。柏拉图对宇宙身体组合元素的叙述面临的问题就是：为什么以火来定义可见性，以土来来定义可触性？水也是可触的。而宇宙实际上无法感觉、听到或嗅到它的存在。我们只能是说这种叙述是比喻意义上的，是相对于宇宙本身而言的。就如柏拉图在《理想国》中所言："神圣的天体发射的神圣之光像雨水一样轻洒下来。"光只能是原初意义上的，神圣之光只能通过宇宙之整体被认识。宇宙之可触性也只是视觉意义上的，神圣之光是宇宙灵魂的视觉来源。因为可见的东西本身就是光，颜色本身是光的产品，视觉与可见性本身需要光把事物结合在一起。宇宙就是充满火的立体，这就是感觉接受性的源泉，也是毕达哥拉斯学派的宇宙中心火，或者说是"宇宙的眺望台"和"宙斯之塔"。既然火与土的存在优先于气与水，那么在它们之间就需要黏合物——中间元素，来结合火与土。亚里士多德认为，并非所有可见的事物都分有了火，柏拉图也并没有否认只有火才是唯一可见的。对于土，在所有感觉的事物中，它拥有确定的比例优先于其他物质，它也是立体结构的。人类最早的数学来自对土地的测量，数学的起源与土地息息相关。人类从土的立体结构中发现了数学，那么土就是其他物质元素之立体的原因，而与火相对应。火是永恒运动的，显示在视觉面前，永恒处在圆周运动中，土永恒静止地潜伏在黑暗中，永恒保持不动。火是可见的，土是可触的，可见性是火确定的比例，可触及性是土显著的比例。宇宙就这样作为混合着火与土的混合物按照数学比例结合在一起的。永恒保持炙热运动，同时保持自己的数学比例按照秩序运行。

宇宙既然是运动的，它就必然可以被感知，既然可以被感知，它就是可见可触的。宇宙既然包含着火与土两种元素，它就需要一种中间元素把它们结合起来。我们可以说，宇宙开始于火与土的有序结合。它的可见性通过火体现，它的可触性通过土来展示。但是物理意义上的立体与数学意义上的立体是有差别的。那么，宇宙作为潜合了理智的灵魂的生命体，包含有物质的部分和非物质的"一"，它所拥有的物质元素是按照哪一种意义比例结合在一起的呢？在任何意义上，土都是其他物质的前提，因为土的存在需要水和气的支持。水和气就作为宇宙的基本物质元素——火与土的黏合物存在。而黏合物本身就是神圣的统一想象的产物，黏合物作为理智的原因催生了二者结合的力量。与事物的"理念"相似，火的阳性与土的阴性结合构建了宇宙最原初的物质存在形态。作为黏合火与土的中间比例数就是黏合剂，比例不仅在事物中处于同一比率，而且也是其他事物黏合的基本原则。比例有来自自身的力量，要求与自身的逻辑一致。比例来自数量的均衡，数量与"一"处在同一序列，是所有关系的综合。柏拉图用算术、几何与和谐比率筹划灵魂的属性。普罗克洛斯谈到蒂迈欧对宇宙身体的数学结构时说："算术比例以连续方式存在，第一个系列与自身平等，第二个系列等于第一与第二的总和，第三个系列是第一、第二与第三的总和。当我们依据这个规则采用三个系列1、2、3时，将会产生算术中间数。几何中间数依据图形筹建，第一个系列等同于第一，第二个系列等同于第一与第二的结合，但是第三个系列等同于第一加上第二的2倍与第三个数的结合。依据这个规则，我们采用1、2、4，就产生了几何比率。和谐比率数居于第三的位置，三个系列是这样：第一个系列等同于第一和第二的2倍，第二个系列等同于第一的2倍和第二的2倍，第三个系列等同于第一加上第二的2倍与第三的3倍。依据这个规则，系列数3、4、6将产生和谐比率。因此，中间数拥有来自量的种属。"[1]许多人依据《蒂迈欧》认为，柏拉图依据的是几何数。但是柏拉图只是为了叙述的方便利用几何数做比喻。近代的康福德说："最完美的比例类型就是连续的几何比率。柏拉图的《蒂迈欧》本质上是毕达哥拉斯的。"[2]但问题是康福德注疏《蒂迈欧》宇宙身体创造的数学结构依据的是欧几里得《几何原本》中的理论。

---

[1] Proclus.Commentary on Plato's Timaeus Ⅲ, Cambridge University Press, 2008, p63.

[2] F. M. Cornford.Plato's Comsology, Hackett Publishing Company, 2003, p46.

而在柏拉图时代，立体几何还处在初步阶段，尚未达到欧几里得的水平。柏拉图确实承认了几何中间数的存在，这样1必须与2相关联，2与4相关联，只有如此，2:1才与4:2是相等的比率。3的部分来源于4，对于和谐数来说，4与6相连。只有如此，3:2才与6:4是相等的比率。柏拉图充分利用比例的本性创设了宇宙身体的第一原则，因为同是所有比例的原则。如果宇宙身体的创造是依据和谐比例数，那么柏拉图的《理想国》早就提出了宇宙和谐运动的理论，那是作为"哲人王"教育的必修课程来讲的。而《蒂迈欧》是要创造一个美的宇宙，而美的宇宙只能是几何比例的和谐。

贝克就认为："柏拉图的和谐数学或数学和谐告诉我们要理解善的价值。哲人对善的本性的诉求是很高的，不过这仍然处在数学假设的阶段，而没有假设的第一原则是不存在的。在《理想国》（X卷）中，没有论述比例或原则的和谐问题。只是召唤一个音乐性的有秩序的宇宙的出现，这就和毕达哥拉斯学派的'圆的和谐'很接近，它用神话的语言而非科学的言辞给予了详尽的数学分析。因此，《理想国》所缺乏的正是《蒂迈欧》倾尽全力提供的。"[1]贝克分析的依据就是《蒂迈欧》的开端对《理想国》的讨论。几何比例与和谐比例两种解读宇宙身体数学建构的方式，不过抓住了毕达哥拉斯传统的一个方面——几何学与音乐，这就引发了对于这个问题的第三种解读：物理学意义的解释和算术比例意义的解释。如果说毕达哥拉斯学派把数学性的存在界定在理智与感觉之间，那么数就成为安排事物秩序的原因。物理的数是如何安排宇宙身体的秩序的？物理的量是与物质本身结合在一起的，无法分离，它是如何把不可分离的数带入到单一宇宙身体的秩序中的呢？灵魂中的理性来自理智，物理的数其实就是数学的数在物质领域中的引用。这种物质意义上的黏合剂只能是单一的完美的造物主所进行的必然性的工作。这种解释的终极结果是走向神学。

二、宇宙作为整体与其球形结构

《蒂迈欧》叙述："如果宇宙的身体只是一个平面，没有厚度，那么只

---

① Andrew Barker.Harmonics in Classical Greece,Cambridge University Press,2007,p318.

要一个中间数就可以了，但实际上宇宙的身体是三维的立体结构的。而三位一体的宇宙身体需要两个而不是一个中间数。神就在火与土之间加入了水与气，使它们尽可能成比例的存在，因此，火对气，水对土。造物主把它们黏合起来，使之成为可见可触的宇宙。宇宙就依据这四种成分，按比例作为整体，自成一体的存在，除了造物主，没有人能够分解它，远离时空和疾病。造物主给予宇宙一个图形，使它作为生命体不仅包含自身也包含所有的生命体，使它做圆周运动。造物主认为这种完善性是与造物主的创造模式最相似的。"

宇宙是单一的，但构成宇宙身体的元素却有四种。宇宙身体处在运动中，运动的事物来自两种相反的力量。宇宙作为元素按照几何学比例组合的同一物，它既是整体也不是整体，既是聚集也是分离，既协调又抵触。"一"出于万物，万物又归于"一"。相反者的力量造成和谐。运动一定出于相反者，单一的元素不会与自己相反，只有一种元素，物质也不会改变，运动和改变不是同一而是相反。如果有相反者，就需要有中介的力量或者是黏合物把它们结合为单一物，没有某种第三者的存在，相反者是不会结合也不会分离的。但是任何物体都不是一个平面，而是立体。那么，一个中间数是不够的，必须有两个中间数存在。两个相似的平面需要一个中间平面才能构成立体，两个单独的立体需要第二个中间体的存在，依次类推，宇宙就这样由一个连续的几何比例构建了宇宙的身体结构。数就存在于几何学的必然性中。正如亚里士多德在《形而上学》中评价毕达哥拉斯学派时讲的，数的属性是灵魂和理性，和谐音阶的特点与比率也在数之中；事物的本性就是对数的模仿；在这个自然界中，数是第一位的；整个天体都是数的和谐，宇宙的秩序就存在于数与和谐之中。但也有人提出疑问，有四条线的数也可以构成两个比例数。不过柏拉图讲的是两个相似的平面，讲的是完美的数的连续比例，是理性之数的连续比例。比如，可以用两个相似的立体连接与一个比例的中间数，三个边 2、4、8，它的比例就是 2:1，平方数就是 4、16、64，其比例就是 4:1，这就构成一个连续的比例。如果说希腊时代数学的难题在于"化圆为方"，那么柏拉图的意图就是"由方构圆"，把宇宙身体按照几何学的连续比例组合成为一个整体的圆。

与前面几何学的解释不同，杨布里柯认为："我们要严格区分来自组合物的单一物与来自整体之部分的单一物。它区分了在物质中的力量和在理念中的显现在物质中的力量，前者是平面，其他的是立体。因为平面是数学化身体的边界，在理念中的物理身体的力量是图形。因此，有一个中间数的单一物是自足的，尽管在理性的原则下也有'异'的力量；在理念中，理性的原则和'一'的理念被理念的力量和'异'的原则连接起来；'二'或'偶数'既是万物组合为单一体的提供者也是分离万物力量的供应者。"①毕达哥拉斯派的人认为，偶数是无限的，是成双的，是可以无限平分下去的，但他们讲的无限可分的是体积和立体。杨布里柯的两分法，把宇宙的创造原则与宇宙的物质构成区分开来解释，承认柏拉图是用数的比例去构建天体，作为感性实体的天体不过是数的抽象的单元而已。不过柏拉图最终追随的是巴门尼德"从真理与意见的区分"的认知思路。

恩培多克勒提出来"四根说"及万物结合的原则——"友谊"与"争吵"，但是万物是如何结合又如何分离的？万物结合与分离的隐形结构是没有讲的。它的宇宙是一个混乱的循环世界。这种学说的麻烦就在于：既然火是热的，气是没有颜色的，水是潮湿的，土是黑暗的，这种无序的宇宙运动完全有可能毁灭自己的存在。这种元素的存在秩序是从哪里来的？它将拥有什么样的秩序？火作为最亮的向上的力量与土作为最阴暗的向下的力量，单纯依靠气与水能够把它们结合在一起吗？这种理论的困境促使阿那克萨戈拉提出"种子"说：宇宙中包含无限多的相似性的种子，种子的结合只是量的增加，种子的分离只是量的减少。但是"种子"说缺少质的规定性，这种规定性被柏拉图定义为几何学的比例，有着稳定的结构，也是阿那克萨戈拉提出的"纯粹理智"，没有理智不会有运动。所有的理智都有相似性，这种相似性被毕达哥拉斯与柏拉图规定为连续的比例构建的立体图形，而连续的立体图形又构建为一个球体，围绕着宇宙中心或依照理智的规范做圆周运动。只有这样才能与造物主的创造模式和理智最相似，创造最美、最有秩序、最和谐的宇宙。而与造物主创造之模式和理智的几何比例不相似的事物必然混乱和无序。柏拉图在解释宇宙身体运动的原则

① Proclus.Commentary on Plato's Timaeus Ⅲ, Cambridge University Press, 2008, pp83-84.

时遭到亚里士多德的质疑："假如像柏拉图《蒂迈欧》中叙述的，在宇宙生成之前，元素都处在无序的运动中，那么必然会遇到困难。这种运动必定或者是出于强制，或者是出于自然。如果是自然的，细心地考察就会明白，宇宙必然已经生成了，因为第一运动者的运动是合乎自然的，必然自己运动。"①亚里士多德忘记了柏拉图《蒂迈欧》叙述的秩序是造物主赋予的，拥有理智和灵魂。就是说宇宙由无序到有序是造物主的工作，宇宙本身就是运动的。如果一个事物的运动被另一个事物推动，推动者又是被别的推动者推动的，就会导致无限循环，最后只能推理到一个造物主创造的圆周式的循环运动中。亚里士多德其实回避了问题，因为宇宙的运动不是争论的焦点，争论的问题是宇宙从无序到有序是如何发生的？这个问题只有神知道。亚里士多德把宇宙运动的秩序说成是自然的结果，柏拉图认为任何物质作为立体结构都有几何比例在内，柏拉图把几何比例作为解决这一难题的最佳工具。比例模仿神圣的同一，是造物主的黏合剂。这种在数学事物中存在的比例恰恰是科学探索宇宙需要探究的主题。

　　但是，这四种元素是未混合的思想的客体，是原初的元素，是柏拉图构建宇宙身体的最纯粹的理智的材料。造物主利用这些原初的材料，按照几何比例的模式创造了天体和天体内的一切事物，它是万物最高的形式。当然还有与造物主创造之模式相似性不够高的缺乏几何比例的材料，它们居住在天体之下。宇宙之中还有不同等级的火、不同等级的水，它们都与自身的存在发生变化。神学家说，创造者用自己的手创造了宇宙，而柏拉图说，是造物主用理智的模式和原初的四种元素创造了宇宙中的天体。理智也是造物主创造宇宙中诸天体的第五种几何比例的元素。造物主创造的宇宙是有等级秩序的，就是灵魂的等级构建了宇宙的生命体本身和包含其自身在内的一切生命体。天体作为生命体的样板是不会分解的不朽的众神。柏拉图只是告诉我们，宇宙的身体是来自四种原初元素的结合，并没有说宇宙之下的身体也来自这四种元素。宇宙之和谐就是通过造物主之父的意志成为不可分解的统一体。黏合剂或几何比例就是造物主的力量。造

---

① 亚里士多德《论生成与毁灭》，参见《亚里士多德全集：第2卷》，中国人民大学出版社1999年版，第358页。

物主为万物带来了秩序、和谐与统一。就像奥菲斯宗教神谕所讲："在神思考了他的工作后，这种自我运动的父亲般的理智就播种了爱的种子随着火下沉进入到万物。按照秩序，万物在无限的时间中相亲相爱，被造物主之父编制的理智之光永远不会瓦解。由于爱，世界的元素保持同一。"①

　　柏拉图在解决造物主之秩序问题上，最终走向了神学。受基督教神学影响的思想家薇依谈到《蒂迈欧》中的神学叙述时说："《蒂迈欧》的中心思想——我们生活于其中的宇宙的本质就是爱。宇宙因为爱被创造，宇宙之美是神性之美的映像和无可争议的符号。《蒂迈欧》的第二层中心：这个世界不仅仅是爱的镜子，也是我们人类模仿的模式。人类原本就是神的映像。世界秩序是人类模仿和思考的对象，只有明白这一点，我们才能理解科学超自然的目的。科学的对象是世界秩序，包括从数学到社会学的分支。科学只是从必然的视角审视世界秩序，严格排除各种适用范围或者目的性的思考。科学越是严密、精确，带有论证性和绝对的科学性，世界秩序的神意本质就越明显。我们所谓的神意只是我们的杜撰，真正属于神意的是世界秩序，这一神意的超验体验就是《蒂迈欧》的根本教诲。"②宇宙身体作为宇宙灵魂的实体，是由一种神圣的存在与原初的四种元素的结合物，这种结合物是以造物主的几何比例的创造模式为中介的，从而形成了三位一体的永恒的完美形象，并处在永恒的圆周运动之中。宇宙天体的运动是有序的，没有时间的差别；我们通过天体的运动感受到宇宙的永恒。宇宙是必然和理性的结合物，理智借助言辞说服必然，把被造物引向完善，以这种方式必然被理性的说服所征服，宇宙就是这样被造出来的。宇宙身体是宇宙灵魂的模仿物，是宇宙灵魂的映像。宇宙超自然的部分——宇宙灵魂必然是通过言辞的说服来征服宇宙的身体或宇宙的自然，而不是通过暴力；暴力的征服必然带来必然性的惩罚。宇宙身体作为宇宙灵魂的图像做圆周运动，摆脱了惩罚的束缚，可以自由地依照自己的轨迹运动。我们人类若能够注视宇宙的秩序并能够模仿这个秩序，训练自己灵魂中属灵的与属心智的部分，就会为造物主的种子创造生存的环境，自己的灵魂

---

① Proclus.Commentary on Plato's Timaeus Ⅲ, Cambridge University Press, 2008, p106.

② 薇依：《柏拉图对话中的神：薇依论古希腊文学》，华夏出版社2012年版，第255-268页。

也会展开圆周运动，这就是柏拉图所言的我们身体中的神圣存在。

《蒂迈欧》叙述："宇宙便是这四种元素构成的统一体。创造者让宇宙这个统一体把四种元素的所有都包含在内，没有留下任何空间或能力使它们外溢。造物主的意图是：作为生命体的统一体应该是尽可能地完善与统一的整体，组成它的部分也是完善的；它应该是唯一的生命体，在它之外像它一样的生命体是不存在的；它不会衰老也不会生病，造物主认识到一个生命体在受到外部力量——热或者冷的挤压，会摧毁这个被创造的生命体，带来疾病、衰老，最终使其瓦解消失。出于这些原因，造物主把它造成一个完善的永恒的统一的整体。"柏拉图告诉我们，宇宙身体的结果是四种原初元素按照几何比例构建的稳定的唯一的永恒的生命体。这个生命体不会瓦解消失，但是宇宙与天体不同，天体是造物主赋予宇宙运动秩序以后产生的宇宙的物体。这些天体是否拥有宇宙本身所具有的原初结构和原初元素是难说的。因为这些天体是否拥有纯洁的理智和灵魂是有疑问的，这就涉及天体的等级。普罗克洛斯说："柏拉图知道有不同等级的水、火和其他元素。这就是造物主给宇宙的第三个礼物。我们不该惊奇，如果他留下了天体中四种元素的最高等级，那么月亮以下的区域还有中间等级，地球以下还有最后的沉淀物。以相似的方式提供了三种等级的造物主的创造元素，指向宙斯、波塞冬和普鲁托。第一等级是宇宙中心火，第二等级是中间火，最后是炙热的无序运动的火。"[1]柏拉图的"火"是赫拉克利特的万物本源之火，"水"是泰勒斯的水，这就告诉我们，造物主在创造宇宙的身体的时候创造的是一个永恒的生命体，天体只是它的映像，时间是它的形象，而作为映像的天体不可能是纯粹的理智和灵魂。这就是为什么柏拉图把宇宙与天体分开讲的原因。宇宙作为理智世界的雕像，是从造物主之父那里得到的完美和完善的模式，作为模式的复制品有些是显现的，有些是从造物主之父那里获取的印记或符号。柏拉图就这样规定了宇宙的整体本性：完美、单一和永恒。如果宇宙是完美的，在它之内就会拥有所有部分，而且这些事物就会完全充斥着其自身；如果宇宙之外没有任何东西，它就是完美的。如果宇宙是单一的，在它之外就不会有多样性的东西；如

---

[1] Proclus.Commentary on Plato's Timaeus Ⅲ, Cambridge University Press, 2008, pp109-110.

果在它之外有多样性的东西存在，宇宙就不是单一的。如果在宇宙之外没有任何东西，它就是单一的。如果宇宙是永恒的，在它之外就没有同质性的元素组成的身体的存在；如果有其他元素存在，宇宙外部就会有异己身体的力量攻击宇宙身体，这种异己的力量最终将会给宇宙带来毁灭。那么宇宙身体的完美、单一与永恒，就一定来自造物主创造之模式的单一、完美与永恒，因为只有模式包含了宇宙生命体所有的形式，宇宙因此才是生命体本身的映像。宇宙完美有完美的原因，单一有单一的原因，永恒有永恒的原因。宇宙之外不存在任何东西，宇宙身体已经被造物主之父利用几何学比例或黏合剂紧紧地结合在一起永不分离也不瓦解。

柏拉图叙述的宇宙身体令人困惑，列奥·施特劳斯在《柏拉图的〈理想国〉》中讲道："《理想国》并不是关于正义的论文，它是一部艺术作品。就像古希腊一个著名的画家画了一串葡萄，因为画得太逼真，所以鸟把它叼走了。柏拉图就是这样一个画家，他欺骗了鸟。艺术意味着模仿自然，在第二层意义上也意味着欺骗、迷惑和幻觉。幻觉意味着抽象，来自三维空间的抽象。《理想国》抽调的是身体，身体在这里被提及但是最小化地提及。这就是共同体的意义，在这里我也提及立体几何。"[1]这一评注也适用于《蒂迈欧》对宇宙身体的叙述，就像我们今天地理课上老师用的地球仪、我们旅行用的地图。它是几何学比例按照模式创造出来的产品，它可能会有错误，所以《蒂迈欧》是科学叙事，相似的叙事。"在柏拉图哲学中，支持并引导其思想概念化的是对数本性的洞察，因而数学在柏拉图的哲学中是一种对理智的预备性的训练，更重要的是：数学是可以系统化的数、线、面、体，它们每一个都依赖前一个自然的秩序。在构筑这个宇宙身体时，柏拉图依靠的是数学。数学涉及一种实在，这种实在是在可感世界之外并超越它的，数学为本质上超感觉实在提供了研究的思路。"[2]所以，柏拉图在《蒂迈欧》的宇宙叙述开始，他说他的叙述建立在两种基础之上：（1）逻辑的——处理的是永恒持久的事情；（2）逻辑之外的——现象的存在，是建立在前提之上的推论，是处理感觉的物理的事物，这种事

---

① Leo Strauss.Plato's Republic, Section 15, University of Chicago Press, 1957, p226.

② 伽达默尔：《伽达默尔论柏拉图》，光明日报出版社1992年版，第218-219页。

物是在逻辑之后的。

蒂迈欧在叙述了宇宙身体的几何构建原则和原初元素组成之后，他赋予宇宙身体的图形——球体，这是宇宙身体的本质。这种与宇宙身体的本质相一致是造物主之父创造的出发点。亚里士多德说："宇宙的形状必然是球形，因为这最适合它的本性，而且在本性上也是最初的。我们先一般地讨论平面和立体的形状问题，以及什么是最初的或第一位的形状。一切平面图形都是由直线或者曲线构成，而直线要被许多线包围，曲形图线只有一条。既然每个种类在本性上，'一'要优先于多，单一要优先于复合，那么圆形就位居平面之首。如果说宇宙的身体是完善的，就表示在它之外找不到任何一个自身的部分。那么一条直线可以被无限增加，而一条圆形图线却不能。因此，围绕圆形的线应该是完全的线。如果不完全，围绕圆形的线也应该先于其他图形。所以，球体优先于其他立体，它是由一个面围绕而成的。而直线型的立体要由多个面组成。球体在立体中的位置就如球形在平面中的位置一样。球没有多个面，只有一个面，所以它是不能被分解的。很明显，球体是第一位的立体图形。若按数目划分，给予它的位置也是合理的。在数目上，圆形相当于'一'，三角形相当于'二'，因为它等于两个直角，因为如果三角形是'一'，球形就不再是图形。既然第一位的图形是第一物体的图形，第一物体又是处在圆周最外围的物体，那么进行圆周运动的物体就是球体。"[1]柏拉图的代言人蒂迈欧为什么赋予宇宙身体以球体，因为只有球体的运动才是最完满的，其自身既无开端也无终结，永恒处在连续的运动中，只要造物主之父的手拨动一下就会永不停顿，因此他是运动的原因。柏拉图在《菲多》中那个支持天体的"阿特拉斯"是诗人的虚构。宇宙的运动是单一的，它自身的本性必然以圆周运动的方式进行，因为如果有外力的强制，它就不是单一的，而是多样的运动，这种圆周运动之所以是最初的运动，是因为在本性上，完全的东西先于不完全的东西，圆周运动是完全的形状，直线运动则不是这样；混合运动必然是混合物中占优势的元素占主导的运动；混合运动中必然有轻和重之分，重必然引向中心，而轻必然离开中心，这样的运动就会分解为无数

---

① 亚里士多德：《亚里士多德全集：第2卷》，中国人民大学出版社1999年版，第320—321页。

的杂乱的无序的运动，就如原子论所主张的。圆周运动既不会生成也不会消灭，既不会增加也不会减少，它的本质不会外溢，也不会受到伤害或损伤。它的本性也最尊贵最神圣的。这就是柏拉图把宇宙身体规定为原初的四种元素组成的三位一体的物体，在规定了宇宙身体的整体本性——完善、单一与永恒之后，赋予宇宙身体的运动以球形的原因，这是几何学推论的必然结果。

普罗克洛斯在解释柏拉图关于宇宙身体的本性的观点时说："柏拉图谈到宇宙的形状，这种形状是与它创造的本质相一致的。这种所有形状中最相似的形状就是造物主给予宇宙的第四个礼物。这种宣示是三维的：第一，它来自'一'，这个'一'是与最神圣最完美的等级秩序相吻合的，同一的'一'要高于不是'一'的事物；'一'作为造物主和创造者存在于模式之中，是多样性的源泉；生命体本身存在于所有有生命的事物之中，球体存在于所有立体的图形之中。所以，球体的'一'包含了所有的图形。第二，它来自理智的美，球体的图形适合接受所有'一'和模式给予的东西。因为它是最完善的，它对所有完善的事物和包含在其中的事物都友好；它适合'一'给予，既然给予者是理智，它也回报自身，它给予宇宙的图形就像柏拉图的《法篇》中所言，理智拥有思想就像图式推动车床，它是连续的同一的总是处在同一位置围绕同一个点运转。它也适合创造的模式，因为理智的宇宙就是这一类事物，它汇集每一种事物到它自身，就像巴门尼德所言，像音量汇集在自身周围，平等来自中心，分享着旋律的孤独。第三，它来自理智的创造。球体类似于宇宙、造物主和生命体的存在。宇宙作为'一'有适合其唯一性的图形，这是宇宙的单一性，它对图形因此是同一的。球体与造物主之创造模式类似，是因为万物都包含在其自身之中。球体与模式类似，是因为这个图形原初就来自它。因此，球体是宇宙的先祖。它已经在宇宙本身黯淡的秩序中被第一次显示出来。"[①]

神赋予宇宙身体不可分解的整体，这种球体的几何结构构建的宇宙身体除了神没有人能够拆开它。因为在柏拉图看来，所有美的和谐的事物只有邪恶者才会想到去分解它。这同时暗示我们，所有复合的事物都是可以

---

① Proclus.Commentary on Plato's Timaeus Ⅲ, Cambridge University Press, 2008, pp125-127.

分解的。复合的事物并不是混合，复合的事物依然保持自身的独特属性；如果是混合，那就难以保证物质内部的有序性和稳定的结构。所以普罗克洛斯说："在时间中复合的，必然在时间中分解；那带有永恒纽带的，也可以说是必然永恒的分解。然而结合与分解的存在是不同的，对它们自身来说，差别是单纯的；从他人来看，差别是时间性和永恒性的。宇宙的身体是以几何、算术与和谐的比率为最美的纽带黏合而成，是通过相似性而结合的，它就包含了不可分的灵魂和理智。柏拉图把这些构成灵魂与理智的生产性的原理称为纽带，它们生下来就是不可分解的，这就是造物主之父的力量所创造的产品，体现了造物主之父的意志。"①那么，那些缺少几何学比例的畸形的材料组合的物质必然会瓦解。而造物主之父创造宇宙身体的时候，时间是永恒的。宇宙的球形结构保证了宇宙身体的整体统一和永恒的圆周运动，保证了它的神圣性和善的正义性。这样，造物主就创造了一个与自身的模式最相似的图像。造物主认为，与自我映像相似的完善者和与自我映像不相似者是不可比的。相似总比不相似好。因为相似性可以使事物同一，不相似使事物分离；"一"就处在"同"的位置运动，而其他的却与"异"的运动量相连；"同"是事物单一性的原因，而"异"则是事物多样性的原因，因此造物主就建立了一个与自身的模式最相似的图形——宇宙身体的球形结构，使宇宙身体像车轮一样做圆周运动，这样宇宙无论是静止还是运动总是处在同一个位置。蒂迈欧就在宇宙图形最原初的意义上，给予宇宙与造物主之创造模式最大的相似性，他不会放弃自己的位置，从而体现整体的美。

三、自足的宇宙及其与理智同一的运动

《蒂迈欧》中叙述："造物主把宇宙的表面造得绝对光滑，这样做他有许多考虑，宇宙没有眼睛和耳朵，因为在它之外没有可看可听之对象，在它之外也没有空气需要呼吸，它也不需要消化和排便的器官，食物对它来说是纯粹的浪费。因为造物主认为，自足比需要外在的东西补充好。而且

---

① 普洛克罗：《柏拉图的神学》，中国社会科学出版社2007年版，第439-441页。

造物主认为，在他的世界里用手来掌握或保卫任何事情都是无意义的，宇宙也不需要脚或其他的支撑物来支撑自己。造物主推动宇宙在同一的圆圈内同一的位置在自己的界限内做圆周运动。造物主让宇宙拥有的七种运动中与其理智和智慧最相通的一种在原处做同一运动，在自身之内连续自我旋转，而不做其他六种运动。因此，它不需要腿和脚。这就是永恒之神为时间之神所做的计划，造物主把宇宙造得平滑，从中心到边缘都处处平等，完全和完善的生命体包含它自身在内。"

柏拉图赋予宇宙身体表面绝对的光滑是与宇宙身体的形状相一致的。光滑是发光物体的符号——神圣的符号，造物主这样安排是为了使它与灵魂和理智从根源上结合起来。神学家曾经把宇宙的接受能力比喻为镜子或符号，充满了理智。柏拉图说，宇宙是没有眼睛和耳朵的，因此它也缺少视觉和听觉，而视觉和听觉是我们感觉接受性的最初来源。那么问题就是：宇宙是否拥有感觉接受性？如果没有，我们如何窥视宇宙的奥秘？如果有，宇宙显然缺少我们人类意义上的感觉器官，因为柏拉图显然抽掉了感觉——视觉、听觉、味觉和触觉。我们只能从神学家那里得到启发，理智是感觉接受的源泉。造物主之父拥有完全的理智，他把感觉带给了宇宙。希腊的诗人们也讲："太阳注视万物，倾听万物。""因此，造物主之父在其自身内并不是像我们人类那样，以特殊的或部分的方式看和听。他是在单一的生命和单一的主体之内发生行动，但是我们是依靠单一的生命和单一的感觉器官在看和听，并不是希腊圣人忽视了神圣的感觉接受性，也不是说希腊人理解了造物主创造的原理后，自己就能创造万物一样。他的绝对忠诚和不可毁灭的理智形成之后，依靠理智，他倾听、标识万物；在他之内，没有任何事物，没有声音，没有哭声，没有噪音，没有谣言。"[①]但是柏拉图明白地说，宇宙是一个生命体，而生命体的属性是由感觉规定的。他说一个植物是生命体，他确实给予了植物其他形式的感觉。从这些角度看，我们很难相信宇宙缺少感觉。因为感觉是无法掌握真理的。问题是：这种感觉是什么意义上的？它以何种方式存在于宇宙身体之中？宇宙既然是一个生命体，很明显，它的整个灵魂就是一种商谈理性和通过分有

---

① Proclus.Commentary on Plato's Timaeus Ⅲ,Cambridge University Press,2008,pp141-142.

造物主之父创造之模式而给予宇宙身体的意见。这种意见只能是理性的直觉。作为宇宙身体的感觉来源，造物主之父把理智带进了宇宙的身体，我们称为"宇宙的想象"。

普罗克洛斯谈到宇宙的身体是否拥有感觉时说："宇宙是可感觉的，但是它是何种意义上的可感觉性，需要审查。（1）它是何种类型的感觉性，我觉得它是第一的和最适合模仿理智的感觉性。因为每一种第一的事物都优先于它的后继者，因此这种感觉性包含了感觉的客体和它自身。它既不会从一个事物传送给另一个事物，因为这种传送是特殊的；它也不会超出自身的界限，因为超出宇宙身体界限的事物是不完善的。因此，这种感觉性就在其自身内部拥有整体的感觉客体，它最像意识。（2）在它之后是第二等级的感觉性。这种感觉性已经开始渴望超出宇宙身体的限度，但是完全是一种欲望的行动。它仍然保持着知识的完整性，仍然处在同一位置运动，无能力摆脱宇宙身体内部理智和灵魂的控制，它是人类感觉接受性的源泉。（3）第三等级的感觉性处在宇宙身体的边缘，混合着知识和劝说，它根源于、终结于知识。（4）第四等级的感觉性是以模糊的方式展现知识，它有最大的冲动，在宇宙身体的边缘接近物理事物的接口。而宇宙身体的感觉性就是第一等级的接受性。作为整体的宇宙身体，它自身既是可见可触的物体，也可以被感觉和意见所掌握。在它之内的知识是完整的，它的感觉性是不可分裂的。宇宙就是万物：感觉物、感觉源和感觉，就像造物主就是理智、思想的行动和思想的客体一样。这种感觉性当然不知道声音、颜色等感觉的事物。它的本质就像物质的和个体的事物终结之处。"①普罗克洛斯对宇宙身体感觉性的解释延续到黑格尔《精神现象学》对人类精神活动起源的解释——感觉确定性。"感觉确定性的这种具体内容使它立刻显得好像是最丰富的知识，甚至是一种无限丰富的知识。对于这种无限丰富的知识，无论我们追溯出它通过空间和时间而呈现给我们的广度，或者我们从这种丰富的材料中取出一个片段，通过深入剖析去钻研它的深度，都没有极限。此外感觉确定性又好像是最真实的知识；因为它对于对象还没有省略掉任何东西，而让对象整个地、完备地呈现在它面前。

---

① Proclus.Commentary on Plato's Timaeus Ⅲ,Cambridge University Press,2008,pp143-144.

但是，事实上，这种确定性所提供的也可以说是最抽象、最贫乏的真理。"①如果说柏拉图的《会饮》是讨论一个神——爱神开始的对话，那么《蒂迈欧》则是讨论众神的对话。这实际上都涉及我们知识的起源。哲学作为对整全知识的追求，这个整全包括了神、人和命运的组合，人与神都需要一个连接的纽带，这个纽带就是数学。因为神和人都不是自足的，宇宙身体的自足完全依赖造物主之父的意志。

宇宙身体是自足的，它不需要营养，因此它也没有饮食和排便的器官，也没有味觉和嗅觉，更不需要呼吸，因此没有东西进出。宇宙身体处在完全封闭的状态，自己作用于自己。造物主认为自足要比需求好。我们会问：这怎么可能？前面已经讲了，造物主创造的宇宙身体的感觉性不是特殊的感觉性，而是单一的感觉性，是所有感觉的原初来源。宇宙身体通过知晓所有的感觉和"一"的逻辑为感觉性提供源泉。柏拉图叙述宇宙身体的属性是通过否定的方法进行的。因为"一"的自足性只停留在否定的层面上，如何对它限定和增减都不属于它，如何讨论和命名都不属于它。一切知识、认识对象和知识的工具都在它之后。如果宇宙不需要东西补充，那么宇宙之外就没有任何身体存在；如果没有任何东西留给宇宙，那么宇宙之外就没有虚空。这与卢克莱修《物性论》中叙述的无限的没有中心没有边界的无序运动的宇宙完全相反。宇宙的自足性足以保证造物主之父创造的宇宙是完善完美的，自足就是善的一种元素。宇宙自己会照顾自己，这就是宇宙的自足性。普罗克洛斯讲："宇宙越是自足，它就与创造它的造物主拥有最大限度的相似性。它被创造的相似性程度最大，它就会与造物主的善最大限度地连接在一起。因此，宇宙是自足的，就像它是自己的感觉客体而不需要其他的感觉客体。但是它需要神，就像它自身总是充满神性。宇宙准备好作为神圣之善的接收器服务于造物主。因此，自足比需要更加神圣，自足统治着所有的神，相似性支配着所有存在的领域，这也是伟大的宙斯的教诲。"②宇宙也没有手保护自己、索取外物，没有脚支撑自己。手是用来触摸和搬拿物的，因此宇宙没有触觉；脚是用来按照直

---

① 黑格尔：《精神现象学》，商务印书馆1997年版，第63页。

② Proclus.Commentary on Plato's Timaeus Ⅲ, Cambridge University Press, 2008, p151.

线规则走路和支持身体的，因此宇宙没有支撑物。如果宇宙依据直线运动，那么在宇宙之外就会有虚空存在，因为那是没有边界的运动。那么，宇宙身体感觉和运动的根源在哪里？柏拉图通过否定宇宙有脚拿走了运动的根源，因为自足的运动是更加完美更加完善的一种运动。这种否定的方式就像他在否定味觉与嗅觉时一样。因为宇宙本身就是第一等级的感觉物，它包含所有感觉的事物在其自身之内。宇宙就结合了这样的感觉客体在一个单一的感觉中，这种结合方式与造物主的直觉结合在整体的理智中是相似的。依照这种感觉性的方式，宇宙吞噬自己，依照自己先天的知识充盈自己。但是它拥有与消化器官和呼吸器官相似性的力量和功能满足自己的需要。

柏拉图的造物主赋予宇宙的七种运动中，与理智和灵魂最一致的是"同"的自我运动，而与其他六种"异"的运动相区分，使宇宙处在同一位置做圆周运动——自足、完善和完美。柏拉图在《政治家》中谈到宇宙运动及其依赖的旋转方式。在一些时代，神是人的监护者，当旋转的周期对宇宙来说足够长并最终达到了终点时，神就放手了。整个宇宙就在运动方向上发生了逆转，朝向相反的方向旋转。这样宇宙就依靠自己运动，因为它是生命体，造物主已经赋予了它理智和灵魂，赋予了它思想的能力。这是宇宙自动的最初源泉。完全不动只适合于永恒神圣没有形体的事物，而宇宙是有形体的，因此宇宙的运动必须是单一的，在同一地点、同一时间做圆周运动才符合造物主的意图。在这种运动中，唯一可能的改变就是方向的逆转，就是神放手后发生的事。很多人认为，这是苏格拉底开的玩笑，但是苏格拉底却认为这是极有可能的事实。[①]柏拉图的《政治家》通篇都在讲"编织的技艺"，柏拉图"宇宙逆转神话"中最伟大的范例就是编织的技艺。因为编织是分离与结合的范例，是说展示可感事物相似性的非范例。虽然柏拉图讲述的宇宙旋转的神话意图，是说宇宙的秩序与人类的政治秩序相似，但编织恰恰显示了言语的叙述与事实的述说之间的相似性和一致性。柏拉图对宇宙身体运动方式的叙述和其他天体的运动的区分如何能够进行合适的分离是个问题。伯纳德特说："宇宙的命运和先天的欲望使

---

① 雅可布·克莱因：《柏拉图的三部曲》，华东师范大学出版社2009年版，第192页。

它模仿神的统治，虽然这是通过使宇宙运转的方向发生逆转进行的。这就意味着宇宙的毁灭开始与欲望和理智协调一致。"①伯纳德特的解释暗示了宇宙脱离神圣纽带的可能性，这种可能性只有宇宙身体的原初元素脱离宇宙的边界才会发生，但蒂迈欧不会允许这样。因为宇宙身体只是造物主创造之模式的像而已。这种解释受普罗提诺"流溢说"的影响，但这种理解却与柏拉图《智者篇》的解释是一致的。《智者篇》是从探讨巴门尼德的存在与非存在的关系开始的。巴门尼德对于宇宙起源的叙述困难重重，原因在于他在存在与非存在之间划下了一道鸿沟。柏拉图的《智者篇》就是要找到存在与非存在连接的桥梁，这个桥梁就是"动与静""同与异"。"非存在可以说是存在中最高类型的存在。动静：静与动彼此相异。异是相对的，若把它等同于存在，就有了'存在'的绝对性。异是相对的，在最绝对的意义上，有存在，有非存在；非存在是异的元素，贯穿一切。那么，存在是一个事物，非存在是包含所有事物的存在；非存在不是存在的对立面，而是与存在相异。这样的对立和否定是我们探讨的非存在，是存在的一种。虽有巴门尼德的反对，我们发现了非存在的特性——关系。"②这样柏拉图就把宇宙的自足看作是动与静的结合体，在同的轨道上做圆周运动，而其他的物体运动则是与这种运动相异的运动。没有自足性，靠造物主的意志推动才会运动，依靠造物主的几何学模式才会有秩序的运动。宇宙身体的运动是模仿了造物主之创造模式的运动，拥有理智和灵魂，而其他的六种运动则是模仿宇宙身体的运动，或上或下，或左或右，或前或后，这六种运动以相对的方式绕成一个圆圈围绕宇宙的中心旋转。这种运动是模仿中的模仿，在相似性上低了一级。模仿理智生活的圆周运动永恒围绕一个点，以同一比率、单一的秩序旋转，剩余的六种运动模仿灵魂。灵魂的圆周运动适合于理智的数。在希腊神话中，"一"是与阿波罗联系在一起的，而"七"是与雅典娜相关的，宇宙的运动依赖理智和智慧。

这样宇宙就在同一位置围绕同一个点，在自身的限度内做圆周运动。它携带着其余的六种运动一起充满宇宙，在宇宙的限度内遨游。因此，它

---

① Seth Benardete.The Being of Beautiful Ⅲ, The University of Chicago Press, 1984, p100.

② 柏拉图：《泰阿泰德·智术之师》，商务印书馆2002年版，第128—129页。

不需要脚也不需要腿。理智和灵魂是宇宙运动的模式，宇宙的圆周运动又是在自身的限度内按照同一的位置进行的。柏拉图在《法篇》中叙述："这种同一性是依据'一'的比例和单一秩序进行的。"这样，造物主就把灵魂安置在宇宙的中心并延展到全体，把整个身体包裹起来；灵魂优先于身体，灵魂比身体更为古老，只是为了叙述方便，让人感觉好像是先有身体后有灵魂似的。灵魂是身体的主人，灵魂统治身体；因为灵魂是与理智相连的，而身体是与物质元素相结合的，灵魂潜伏在身体元素的几何结构之中，使身体保持完整性。毕达哥拉斯学派的菲洛劳斯认为："所有的灵魂都被束缚在身体之中，世界之中的生命将按照秩序接受神的判决。如果它们不能保持自身的纯洁，渴望自由，它们将会面临更大的折磨。因此，每个人都要保持对神圣性的敬畏。"[①]这样灵魂进入身体将接受生活的检验，身体为灵魂提供了暂时栖身之处，灵魂的解放与神的意志是一致的。

第四节　理性的工作：世界灵魂的创造

柏拉图在《理想国》中讨论"灵魂不朽"时把诗人定性为"模仿者"。在模仿真实程度上，诗人模仿的是情感和欲望，画家模仿的是理智和想象，工匠的模仿最接近真实的"理念"。那么，真正的模仿只是靠纯粹的理智来把握，"我们应该像研究几何学那样研究天文学，提出问题解决问题，真像眼镜是为天文学而造的那样，耳朵是为宇宙的和谐之声而造的。这两个学科是毕达哥拉斯学派的人主张的"。在苏格拉底看来，哲学是依靠数学做拐杖，从现象世界通往理智世界的桥梁。没有这一灵魂转向，人不可能走出洞穴的阴影，而诗人看到的恰恰是阴影中的阴影。《理想国》中言辞的城邦虽然是利用几何学比例勾勒的，但是柏拉图暗示我们哲人也是模仿者。因此，他对这个内容的攻击就缺少对真实的神圣知识的理解。那么，一个基本的共同点就是我们这个世界是个仿制品，这个世界分有了神圣的世界。毕达哥拉斯学派数学家菲洛劳斯认为："灵魂被束缚在身体中就像被

---

① Carl A. Huffman.Philolaus of Croton,Cambridge University Press,1993,p403.

埋在坟墓中一样。"但他同时认为："灵魂将为身体的行为支付罚金，等待神的判决，每个人在心智上要保持神圣的渴望。"①在《菲多》中，苏格拉底求助于奥菲斯宗教教诲信仰——灵魂不朽，"人一半是天使，一半是魔鬼，因此其生命的乌拉尼亚属灵元素与提坦邪恶元素在其自身内部互相争斗。奥菲斯宗教的基本信仰就是身体是肉体的坟墓，这意味着人的生命存在有欲望和诉求，身体是通向更高的精神生活的障碍"②。人类就像被关押的囚犯，不能自行逃脱，也不能解放自己，神是我们的看护，我们是神的财产。毕达哥拉斯学派要用药物治疗身体，用音乐净化灵魂。《理想国》洞穴囚徒暗示了哲人肩负返回洞穴救赎的使命，实现灵魂的普遍转向。《菲多》与《理想国》的"洞穴比喻"和《蒂迈欧》遥相对应。

一、世界灵魂与世界身体的关系

《菲多》充斥着征服死亡的欲望和对终极幸福的渴求，对人类心灵芦苇般的柔软充满鄙夷。苏格拉底说的"哲学就是练习死亡"意味着凡人只是经历死亡，缺少对死亡的自我意识和对人生意义的清晰认知。沉思就已经是走向"身体死亡"，勇敢面对死亡的信心并不与谨慎相冲突。并不傲慢的苏格拉底为后来的哲学家提供了行动的教训，苏格拉底唯一缺少的德行就是谨慎。哲学就是训练死亡，是通过艰苦的磨炼排除肉体的干扰，净化灵魂，追求纯粹正义与绝对知识。这种游戏充满危险性。灵魂沉溺于身体，徘徊于坟墓之间产生的是非理性灵魂，而只有理性灵魂才能实现真正的分离。因此，灵魂与肉体分离必须彻底。这就暗示着"恶"不仅是身体的，也是灵魂的。大多数灵魂不能模仿永恒的神灵，从高处堕入尘世，辛苦劳作，变得虚弱，面临各种选择和冲动。在这种状况下，不仅行动受到阻隔，内在的能力也减弱，灵魂忙于照顾身体。这就是《斐德若》和《理想国》中显示的人类灵魂的命运。但死亡是一个经验事实，死后灵魂的命运属于信仰的范围。死亡实际上已经超出了人类理性的控制，属于必然性的存在之域。苏格拉底要解开死亡的面纱，开启一个道德理想王国，树立起

---

① Carl A. Huffman.Philolaus of Croton,Cambridge University Press,1993,p403.

② Benjamin Walker.Gnosticism:Its History and Influence,The Aguarilian Press,1983,p16.

理性对情感、灵魂对肉体的权威。理性禁欲主义就诞生在追求神圣启示和灵魂解放的土壤和意志中。这同时也是柏拉图《理想国》末卷"厄尔神话"对天体运动与灵魂不朽关系的最初阐述。灵魂在本质上优先于身体。"在《菲多》中，苏格拉底渴望建立理性的信仰基础，其前提是奥菲斯宗教信仰要先于理性论证。《菲多》把灵魂作为整体，侧重认知的共性诉求，因此才以一个大地神话作为结尾。"①《菲多》编织了高贵的谎言与灵魂不朽论证是哲学家兼牧羊人的基本战术。柏拉图的写作技艺已经把苏格拉底的反讽的危险性成功卸除，保证不会伤害羊群。与《申辩》的愤怒不同，《菲多》中的苏格拉底的"愤怒"是高贵的，高贵者不应该成为低贱者通过处死苏格拉底而向阿波罗献的祭品。但是《蒂迈欧》中的苏格拉底只是倾听者。《菲多》中的苏格拉底已经认识到，哲人在城邦中的尴尬位置在于哲人在劝说非哲人走向哲学道路上存在致命的缺陷——论证的匮乏和手段的欠缺。因此，数学论证和神话力量被引进作为为哲学生活辩护的进攻性工具。

在《菲多》中苏格拉底借用灵魂回忆说论证灵魂不朽。"学习就是回忆"，就是唤醒灵魂堕入肉体而遗忘的知识，唤醒的前提是提问要正确，就是通过相似性、相异性与相等的理性直觉唤起回忆。这是沟通感觉与理性桥梁的数学概念。这种天赋学说又重新肯定了感性在知识场中的地位。这种数学证明方法在《美诺》中被运用，由此奠定了柏拉图辩证法的数学逻辑规则。"苏格拉底的解决——我们有无意识的知识，但在意识水准上我们只能从推测开始。现实是构建性的，作为预先的意识，记忆中持续的再现使我们回忆的行动从提问开始，而终结于真实的信仰，而真实的信仰又来源于神圣的启示。"②回忆说的本质是寻找"发现"和"探索"的技艺。从荷马开始，德行就被用于竞赛神圣的事物，《菲多》开始是苏格拉底与毕达哥拉斯的竞赛，灵魂是否预先存在关涉理性知识如何可能的问题。回忆说不能为"灵魂不朽"提供有力的支持，知识与信仰的界限很难清晰。这就是《菲多》中"先天知识通过感觉经验发现"的难题。毕达哥拉斯把灵魂不朽观念引入希腊，确定了灵魂是永恒运动的自动实体。《菲多》的第三次

---

① Jan Opsomer.Proclus on the Existense of Evils,Cornell University Press,2003,p90.

② Dominic Scott.Plato's Meno,Cambridge University Press,2005,p115.

论证涉及理念的存在与属性。如果说前两次论证是苏格拉底用赫拉克利特的思想去审查毕达哥拉斯学派的思想，那么贝克对死后灵魂是否存在的疑惑引导苏格拉底继承赫拉克利特的思路去探讨灵魂的属性，并发展到"理念论"。灵魂必须是单一不变的永恒实体，否则就会分解。苏格拉底谈到永恒不朽的灵魂实体是"是者"领域，只能用理性去把握，身体是可见可感领域，是灵魂直观智慧的工具。但是灵魂是如何堕入肉体并与肉体结成伙伴关系的，就必然涉及身体的"恶"和对"恶"的惩罚，因此，灵魂追求智慧必须不断净化这些"恶"，那些终身追求哲学深信哲学可以提供解放和净化的人，以理性为依托，沉思神圣的实在，洗净身体污秽走向另一个世界。哲人关于地狱的符咒告诉我们，哲学不是知识，知识是追寻智慧的拐杖，是哲人度过险象丛生的人生走向神圣启示的筏，人类理性可能终身无法获得这些实在的知识。苏格拉底早年学习自然哲学面临的恰恰是"论证的匮乏和论证的困境"。信仰需要理解，而论证可以进一步强化信仰。贝克对"苏格拉底之死"的质疑让苏格拉底明白奥菲斯宗教信仰提供的是解释，不是论证，而论证恰恰是毕达哥拉斯学派的传统。苏格拉底回忆了自己早年研究自然哲学的经历，看到理性可能是研究万物流变的最好假设、前提和出发点，"我放弃了直观是者，求助思想的中介（数学），在思想中研究是者的真相，一个提供思想研究的人通过影子看事物，会比从生活看它更清楚，我开始用那种方法"提出了"分有说"和"理念论"。这就与毕达哥拉斯的"数模仿"产生了裂痕。赫拉克利特的"智慧"乃是决定万物变动的永恒的"逻各斯"和"必然性"。智慧的寻找需要从数学假设开始，毕达哥拉斯学派的数理念就成为通往纯粹知识和智慧的桥梁。"第三论证竭力为作为小宇宙的灵魂提供本体论的基础。苏格拉底最终把灵魂归属于制造了一个存在模型的存在王国，可见世界与可知世界的划分就有了基本的区分。"①这个论证的致命缺陷是：理念可能不止一个。这种困惑延续到《巴门尼德》的讨论。苏格拉底在《菲多》中开启的不成功的数学论证引发了《美诺》和《巴门尼德》，最终归结到《蒂迈欧》对世界灵魂不朽的数学解释。《菲多》昭示了世界灵魂与死亡意识息息相关，因为这涉及对生命的

---

① R. Hackforth.Plato：the Commentary on Phaedrus，Cambridge University Press，1952，p28.

起源、理性与必然的解释。

二、世界灵魂的组成与本质

柏拉图《理想国》第4卷在构建理性城邦的模本时也叙述了与理性城邦相似的人的灵魂的组成：欲望、激情和理性三部分。欲望追求自身的满足，渴望解除饥渴；激情拥有勇猛的意志和英雄气概；理性则拥有追逐真理，认识事物本质的求知欲。理性支配激情，激情调节欲望的灵魂是正义的和谐的灵魂，才会追求智慧和渴望善的生活。灵魂作为一个整体既是运动的又是静止的，作为灵魂的部分有些运动，有些静止，因此灵魂作为整体是部分的复合物。而邪恶的灵魂则相反。柏拉图用"旋转的陀螺"比喻灵魂的运动，"假如有人巧妙地声称，所有的陀螺都同时静止又运动，支持它们运动状态的支点在同一位置运动并围绕自己旋转而不推动其他物体围绕支点自我旋转。我们不能同意。因为这样的物体并非根据自己的本性能够停留在一个地方同时还能够不停地自我旋转，相反，它们身上具有一条直线和一个圆周，它们就是靠这条直线站着不动，它们根本不可能倾斜，同时又靠圆周进行旋转运动。当它们在旋转过程中沿着一条直线向左向右或向前向后时，此刻它们不可能站稳"。这就意味着陀螺的运动与灵魂的运动相似，但是灵魂的运动是在同一位置的圆周运动，它永恒围绕一个点——理性的点或激情的点或欲望的点旋转。灵魂的本质是自动，而陀螺的运动却需要一个外力的推动。灵魂永恒运动，不会静止；而陀螺从静止开始运动终结于静止；灵魂的运动是基于本性的圆周运动，而陀螺的运动却是属性的直线或曲线的平面运动。

柏拉图在《蒂迈欧》中说："宇宙的灵魂来自永恒同一的不可分离的存在与进入宇宙身体的可分离的变动的存在这两者的结合。"这就意味着宇宙的灵魂有着双重的来源：造物主的善与造物主创造之模式，善是"一"，模式是"二"，宇宙身体才会在"一"的统领和"二"的协助下创造植入灵魂的"三"。不可分离的存在意味着宇宙灵魂分有了造物主的理智和与实体自身一致的造物主创造之实体；而可分离的存在是与宇宙身体相关的，脱离了宇宙理智和模式边界，进入了与永恒存在相"异"的领域，可分离的存在从整体上说是暂时的存在。宇宙灵魂就是这两者的结合物，因此宇宙灵魂是复合的存在。宇宙灵魂不仅同时是不可分离的存在与可分离的存在的结合物，在秩序上，也是理智和进入变动领域的第一者。灵魂的不动与灵魂的本质来源一致，灵魂的变动是与理智相一致的。造物主就把灵魂作为连接不可分离的永恒存在与进入肉体的变动的存在的桥梁和中介。那么，灵魂在永恒的本质与变动的存在之间处在什么样的位置和等级呢？普罗克洛斯做了分析："（1）二者都优先于灵魂。既然灵魂要比进入身体的可分离的存在优先，那么灵魂有着与身体不同的本性，而可分离的存在不能与身体脱离。这是不可能的。（2）二者都之后于灵魂。不可分离的存在是永恒的、不灭的，灵魂从整体上也是永恒的，以某种方式分有永恒，而变动的存在是灵魂赋予了秩序，这也是不可能的。（3）二者都潜伏在灵魂中。这样与身体可以分离不动的存在和与身体不可分离的变动的存在整体上就分离了。这对于分有本质部分的灵魂来说是不可能的。（4）一个优先于灵魂，一个之后于灵魂。超验的'一'优先于灵魂，次级的'一'后置于灵魂，灵魂成了连接二者的桥梁，处于中间位置。但是灵魂的本质并不是次级的'一'构成的事物，也不是首级的'一'构成的事物，而是贯穿事物秩序始终的原则。也许这些事物是独立的，或者是混合了其他事物的，但这是不可能的。但是柏拉图明确说，灵魂的实体是混合的。如果灵魂优先于存在的'一'，而后置于不可分离的存在，那么灵魂不可分离的存在就后置于不可分离的存在；如果灵魂可分离的存在优先于紧随其后的存在的可分离的种，由于灵魂是中介，那么它将在次级的物质里拥有超验的元素，以超验的方式拥有次级的元素。但是灵魂的存在并不是由来自本质的部分所组成的。"①普罗克洛斯提出的这些疑问有助于我们正确理解柏拉图的宇宙灵魂的结构。灵魂作为不可分离的永恒存在与可分离的变动的存在的结合物，不是二者的简单混合，而是几何比例意义上的组合。不可分离本身就是混合变动领域的永恒的可分离的形式，灵魂并不依赖第二等级的存在。造物主创造宇宙灵魂之中选取了不可分离的存在的一部分，分配了不

---

① Proclus.Commentary on Plato's Timaeus Ⅲ, Cambridge University Press, 2008, pp113-114.

可分离的存在的实体给宇宙灵魂；他选取了靠近他的神圣的部分分配给灵魂，使其拥有进入身体的能力。因为变动的可分离的存在本身拥有理智的接受性。因此，同样的事情与理智相连就是神圣的，与分离相连就是不可分离的，宇宙灵魂就是中间的性格。宇宙灵魂作为第三种存在，拥有灵魂内在的数学比例的属性。宇宙灵魂既是开端，也是终点。宇宙灵魂本质上就是比例中项。

　　《蒂迈欧》所讲的"宇宙灵魂作为包容两者的存在——第三种存在"，一方面以图像的方式存在是不可分离的事物，另一方面以一种模式的方式存在是可分离的事物。宇宙灵魂具有双重性：灵魂既是单一的，又不是单一的；既是整体，又是部分。一方面，灵魂的存在在其有限范围内有数的确定性与稳定的秩序；另一方面，灵魂的存在又拥有不可分离和单一的根源。造物主混合的是宇宙灵魂，而非宇宙灵魂的组成元素。"在灵魂的整全之后，依据数的分离就被假定，分离的部分的结合依据和谐比率进行。灵魂既是'一'也是'多'，既是整体又是部分，在本质上既是形式的统一，也是多样性的统一；在思考它的同一性存在之后，它就必然要考虑来自本质的复合性序列的组合问题。因为当'多'来自'一'的时候，如果'多'不与'一'形成比例关系，我们追求从不确定性寻找确定性的能力就会失败。多样性与无规则性就要求比率和谐；灵魂的多样性一方面表明，进入差异的部分被引入到一个单一的灵魂本质之中，另一方面也表明和谐比率的力量使部分在本质上结合起来。灵魂的存在是可分离的与不可分离的存在的中间项。灵魂的存在不是单一的，但灵魂中的理智的本质却是单一的。灵魂作为多样性部分的组合不是单一的，灵魂属于另外一个事物，灵魂作为自身整体在德行上是单一的。分离既不会阻碍同一，同一也不会遮蔽分离。就像色诺克拉底所言，灵魂的本质就是数。它作为多样性事物组合的单一物存在，它本质上通过自身的整体保持数的特性。"[1]但是色诺克拉底忘记了，灵魂既是"一"也是"多"，在本质上是"一"，在组成上是"多"。因为造物主在创造宇宙灵魂的时候，只是按照同一的方式、不变的永恒的模式创造行动，他必然使整体保持整体，部分保持部分，造物主

---

① Proclus. Commentary on Plato's Timaeus Ⅲ, Cambridge University Press, 2008, pp132-134.

的力量并没有外溢，没有减损。

三、世界灵魂的和谐与形式

柏拉图《菲多》中的苏格拉底曾经把哲学看作是最伟大的音乐，如果他要花费一生精力从事这种音乐工作，那么他就是在最高程度上从事哲学。柏拉图的对话中有太多的诗歌与音乐元素。音乐在希腊是哲学家和数学家研究的对象，音乐成为艺术是文艺复兴以后的事情了。列维说过："柏拉图就是哲学界的贝多芬。"[①]希腊人第一次直觉到音乐的本质就是通过数学，第一次发现潜伏在声音现象背后的几何结构。音乐的和谐理论成为哲学、数学和宇宙论者探寻的对象。作为希腊音乐理论的集大成者阿里斯托森纳斯（Aristoxenus）创造性地把数学应用到对音乐的研究中，但是他的音乐理论是动态的旋律式的。而毕达哥拉斯的音乐和谐理论却是几何学的静态分析，他把声音分割为连续的无限的点与数的聚集与分离。在毕达哥拉斯看来，"宇宙是作为有秩序的统一体来看待的，这个统一体是一个把它的部分连接在一起依据神圣和谐的模式组成的系统。理解这个秩序本质的核心钥匙就是数。毕达哥拉斯就发现了基本的音乐，关系到数的比率与声音组合。宇宙的和谐就根植于音乐结构所显示的数学关系中"[②]。随后，其弟子菲洛劳斯研究音域问题。柏拉图的《菲多》就是苏格拉底与菲洛劳斯弟子的对话。而柏拉图的朋友阿尔肯塔斯也是毕达哥拉斯的弟子，研究音乐并把音乐的数学比率应用到军事与政治中，这启发柏拉图写作《理想国》末卷对"命运之纺锤"之几何结构和音乐对灵魂追求秩序与美的培养中的教育价值的叙述。柏拉图在苏格拉底死后曾经三次去西西里。阿尔肯塔斯不但研究数学，而且关心"数学对人类生活的价值问题，尤其对构建一个正义的城邦而言，阿尔肯塔斯产生了直接和决定的影响，数学王子阿尔肯塔斯为柏拉图提供了研究哲学的全新模式"[③]。而且阿尔肯塔斯对柏拉图及其学园影响最大的就是学园把数学作为通往哲学的艰难的阶梯。那么，柏

---

① Flora R. Levin.Greek Reflections on the Nature of Music，Cambridge University Press，2009，Preface Ⅺ.

② John Stevens.Greek Musical Writtings Ⅱ，Cambridge University Press，2002，p28.

③ Carl A. Huffman.Aychytas of Tacentum，Cambridge University Press，2009，p30.

拉图引述的"这些人"就是阿尔肯塔斯了。一个把数学与政治联系起来的全新思维模式，那么柏拉图的几何学就是代表"理性对政治必然性的劝说"，柏拉图曾经和阿尔肯塔斯讨论数学的价值问题，但是阿尔肯塔斯与柏拉图最大的不同是："毕达哥拉斯学派并没有把数学科学的研究应用到宗教信仰领域，即几何学研究与信仰是分离的。"[1]阿尔肯塔斯确实引导了柏拉图，但是阿尔肯塔斯确信理性与信仰之间保持着一定的距离。阿尔肯塔斯不是像苏格拉底和柏拉图那样受荷马—赫西俄德史诗传统的左右。在《蒂迈欧》对世界灵魂的音乐结构的叙述中，"柏拉图从阿尔肯塔斯那里借用了一系列数学原则作为对宇宙和谐问题的回答，并在可见宇宙的运动秩序上构建了形而上学的天文学体系"[2]。

在《蒂迈欧》中讲到造物主分割宇宙灵魂的行动，他把包含三者的混合体再次分割为许多部分，每一部分都包含存在、同与异。他先从统一体中分出一部分，然后从中分割出2倍于它的另一部分。接着分割出比第二部分多一半的部分，即3倍于第一部分，第四部分是第二部分的2倍，第五部分是第三部分的3倍，第六部分是第一部分的8倍，第七部分则是第一部分的27倍。"造物主对2倍数和3倍数的序列再次进行划分，从原初的结构中分割出更多的部分，使它们的每个区间都有两个中间数，其中一个数以同样的比率超出一端的同时被另一端超出，造成和谐数；另一个数在两个端点的中间造成平均中数。这样原来的划分就出现了3/2、4/3与9/8等数。他进而用9/8来划分各个4/3区间，在这被分割的区间里还有一个数256/243，这样造物主就完成了宇宙灵魂的结果分割。"《蒂迈欧》就这样用1、2、3、4、8、9、27这样的几何序列构建了宇宙灵魂的结果，进一步分割为1、2、4、8，…和1、3、9、27……两个序列。这两个序列就构筑了三个内置的三角形。三角形本身就是来自2倍数与3/2比例的结合。依次类推最外边的三角形就包含所有内置的三角形。第一个序列是2倍数的序列，第二个序列是3倍数的序列。这样2倍数分割的结果序列就是1、4/3、3/2、2、8/3、3、4、16/3、6、8、32/3、16、4/3就是和谐数。3倍数分割的结果

① James Luchte.Pythagras and the Doctrine of Transnigation，James Luchte，2009，p2.

② John Stevens.Greek Musical Writtings Ⅱ，Cambridge University Press，2002，p54.

就是1、3/2、2、3、9/2、6、9、27/2、18、27、32，这四组比例数就是数学和谐数；3/2与4/3的比率就是9/8，而在希腊音乐理论中9/8是全音，是最完美的数学比率；256/243则是半音。这样在4/3的区间之内进行9/8的再次分割，则是1、9/8、81/64、4/3、3/2、27/16、243/128、2、9/4、81/32、8/3、3、27/8、243/64、4、9/2、81/16、16/3、6、27/4、243/32、8。那么，在81/64与4/3之间就出现另一个和谐数256/243，这样就出现了整齐的音乐旋律。这也是柏拉图在《理想国》中谈到音乐旋律讲的，"优秀的语言、优美的音调、优美的风格和优美的节奏都追随灵魂的美"，音乐教育的目的是培养对美的追求。《理想国》对宇宙纺锤的叙述也是具有八度音阶的特点，这样造物主创造的宇宙灵魂就是最美的几何体。柏拉图对这两个数学比率的重视受到毕达哥拉斯数学音乐研究的影响。因为在毕达哥拉斯看来，这个宇宙就是一个音域，运动的天体就如音符和物理符号，这些天体构建的音域之间的空间就在宇宙的经纬线上诠释了和谐的边界。蒂迈欧就这样用数学的比率构建了宇宙灵魂的结构。柏拉图的几何学的黄金分割规则就是这样诠释了宇宙灵魂的秩序与数学的关系，八度音阶2/1、五度音阶3/2、四度音阶4/3与全音阶9/8就在五度相生的方法指引下，组成了一个以五个连续的上五度音阶与低五度音阶组成的全音的和谐系列。宇宙灵魂经过三次分割达到了完整的和谐比率。普罗克洛斯评价说："柏拉图分离了整个灵魂的和谐结果进入到三部分：第一，由七个部分分割为2倍与3倍的中间数，形成几何比例；第二，插入了其他的平均数、算术和和谐平均数，每个平均数都在2倍与3倍的数学系列中；第三，3/2区间与4/3区间分割为9/8的半音比率。"①柏拉图在《理想国》末卷对"命运之纺锤"和七个天体运动的和谐轨迹的叙述，预示了《蒂迈欧》对宇宙灵魂分割的数学设计。"柏拉图式厄尔神话作为宇宙创造模式的最初展现，灵魂的选择决定了轮回的生活。这种模式表明了神圣正义是如何通过世界秩序而运行的。但是这个封闭性的末世神话在处理宇宙正义与个人选择的关系上也封闭了对话的开放性。如果自己的重大选择导致灾难，那么结局在于个人，而不在于自然

---

① Proclus.Commentary on Plato's Timaeus Ⅳ, Cambridge University Press, 2008, p143.

的秩序。"①蒂迈欧随后的叙述证明了宇宙灵魂分割的意图。因为在希腊人的观念里，"三种比例：几何比例、算术比例与和谐比例各有不同的象征意义，算术比例代表和谐，几何比例代表善的秩序，音乐比例代表正义，而几何比例包含其他两种比例。几何比例是宇宙秩序化，算术比例是宇宙原初元素结合的力量，而和谐比例则是天体运动的规则"②。蒂迈欧把宇宙灵魂数学化了，宇宙灵魂运动的有序与和谐、结构的稳定给人类的行为提供了最好的证明和模仿的坐标。宇宙旋转之美给予人类灵魂运动的冲动。灵魂必然统治身体，支配身体。这样的宇宙灵魂是美的，而美恰恰是一种激励，唤起对美好事物的追求和向往，使人认识到自身的欠缺和不完整性，从而产生善的结局。

　　柏拉图在《会饮》中对灵魂的生殖的双重性的解释意味着：孕育本身包含灵魂和身体，孕育是人类分有神圣性的最后激励。宇宙灵魂的秩序之美，体现了造物主之善和对人的智慧追求，体现了最高的模本和通往神圣之境的路径。因此，造物主就分割灵魂的整体到部分，但仍然保持整体的统一性，在分割的部分中依然保存着整体的形式，造物主的创造行动在创造部分的同时并没有摧毁整体。宇宙灵魂的整体性就包含了：宇宙灵魂分割前的整体性、由分割后的部分组成的整体性、每一分割的部分包含的整体性。柏拉图告诉我们，在每一部分的整体性中，他把整体分割为圆环，在每一个圆环中植入所有的数学比例。因此，每一部分都包含存在、同与异三种原初的元素，就像在整体中一样。因此，宇宙灵魂作为整体优先于部分，优先于所有分割为部分的整体。每一部分就是一个小的与原初的整体相似的整体。造物主把灵魂的存在带入存在、同与异，然后依照数学比例分割为许多单一的部分组成宇宙灵魂的整体结构，用2倍与3倍的序列分别分割为无数的部分，最终形成一个半音9/8分割的比数256/243。他首先把"一"的长度分割为"二"，把灵魂的原初图形分割为两个圆圈，"一"是不可分离的与理智相连的存在，"二"是与身体相连的偶数，是可朽的。就如蒂迈欧的宇宙创造原则中在火与土之间植入两个中间元素数一样，又

① Robot S. Brumbaugh.Plato's Mathematical Imagination, Indiana University Press, 1993, pp161–162.

② Proclus.Commentary on Plato's Timaeus Ⅳ, Cambridge University Press, 2008, p321.

称宇宙灵魂既是"一"也是"多",既是与理智相连的"有限",也是与身体相连的"无限",它是理智与身体之间的中间数列。它是可见的图像与造物主之创造模式相似的几何结构。我们不必纠缠在宇宙灵魂的数学方面,而是要检验这种分割是否适合宇宙灵魂的本质和造物主的生产行为。

《蒂迈欧》中叙述,造物者把宇宙灵魂的整体分割为两个长条,把各个端点黏合起来,中点与中点相连,像个X,使它们弯曲为圆圈,使它们互相结合在一个点相对于它们黏合的位置,随后使它们在同一位置以同一方式做连续运动。其一做外圈,其一做内圈。柏拉图刻画了宇宙灵魂运动的图像。我们知道宇宙灵魂的两个连续的数列是沿着直线的长度排列的,这些直线在几何学上是无限延伸的,但这只是平面意义上的;在立体的意义上,直线终究会连接。直线其实就是曲线和圆圈。这样所有的数就存在于这些整体的线条上,同样的数将会有自己的位置。因此,平面意义上的连接与立体意义上的连接具有相似性。因此,我们接受这种叙述只能够依靠想象的推理。普罗克洛斯看到了这种理智的想象:"长度的分割与线条的分割不是同一的,后者必须通过整体的长度,前者意味着有人分割长度。因此,这两个长条就被互相连接在一个中点上。不完全是直角,因为圆圈不可能是直角。因此,直线就被弯曲,终点也必然会连接。两个圆圈就构成宇宙存在的原初模本。以这种方式,一个在内圈运动,一个在外圈运动。它们之间就有一个角度的区分。一个同的圆圈,一个异的圆圈。一个适合于赤道,一个适合于黄道的圈。异的圆圈围绕黄道旋转,同的圆圈围绕赤道旋转。因此,像X的图像,只有顶端的角与下面的角平等,而临近的角是不相等的。"[1]普罗克洛斯的解释是数学意义上的,但问题是这种数学意义上的叙述是否与宇宙灵魂的本质相吻合?我们知道灵魂的本质既是"一"也是"多",在整体意义上是"一",在部分意义上是"多",而部分与整体又具有相似的几何结构和算术比例,从而构建了宇宙灵魂的和谐。但是数学科学的研究划分就在于连续性和离散性。离散不会连续,连续不会离散。宇宙灵魂作为整体是"一",是连续的"一";作为部分是"多",是差异的相似性。结果宇宙灵魂就不仅仅是算术意义上的,也不仅仅是几

① Proclus.Commentary on Plato's Timaeus Ⅳ,Cambridge University Press,2008,p222.

何意义上的，而同时是二者。如果是算术意义上的，灵魂的本质就是连续的和谐；如果是几何意义上的，它就是圆圈构建的图像，它就是不动的和运动的。那么，它根据自己的本质是不动的，而它的行动是运动的。和谐科学的本质是数的比例构建的协调。这其实涉及宇宙灵魂运动的动力来源问题。柏拉图告诉我们，灵魂的和谐来自单一的部分的几何比例。因此，作为灵魂内混合物的单一的线条优先于造物主分割的两个部分的线条。柏拉图叙述了从存在到同，到异；从单一到2倍数，到3倍数；从整体的线条到同的线条，到异的线条；从灵魂的本质到灵魂和谐，到灵魂的形式，这种转换有着巨大的跨越。这种转换来自造物主的设计，因为造物主对线的分割是从顶端到底部的下降过程；而造物主对存在的分割却是从底端到顶部，从不可分割的存在与可分离的存在中分离出第三种存在。因此，世界灵魂和其他的灵魂都来自造物主。这两者的灵魂——宇宙灵魂和宇宙灵魂的图像是不同的事物，但具有相似性。既然造物主把它们弯曲为圆圈构筑了圆周运动的图像，并包含所有的运动在同一位置旋转，这些灵魂都是理智，都分有神圣的理智。

　　但问题是，宇宙灵魂有七种运动的形式，造物主创造了一个单一的宇宙灵魂，又分离出了两个同的灵魂和异的灵魂，然后又有七个天体作为灵魂的像出现。这种叙述意味着什么？造物主对宇宙灵魂的分割活动经历了：点—线—面—体的几何学构建程序。造物主分离宇宙灵魂是从存在开始的，经过两条比例数列构建的两条线，弯曲为两个基本的圆圈，从而旋转构筑球体。这样造物主就把静止的事物与运动的事物，不可分离的事物与可分离的事物，同一的模式与宇宙灵魂的最终想象结合起来。普罗克洛斯称之为"宇宙灵魂的双重性"："一方面与优先于它的本质相关，另一面又与后置于它的事物相关；因为理智和感觉的事物是分离的，在某种方式上它们需要两个中间数连接。在不朽的事物中，有单一的本质连接两端，从而建立理智与理智本身科学的、自足的神圣智慧的关系；而本质的另一面却是分有理智的差异的相似性，它把感觉到存在，建立在第二存在的速度的供应上。所有这些在世界灵魂中的比例与灵魂的本质都与理智的本质不同。因此，灵魂既是'一'也是'二'。作为'一'，它模仿自己的原因，作为'二'，它是理智之神的父亲。作为'一'，它是自动的，作为'二'，它是双重的生命，一种生命设计原初的存在，一种生命设计第二种存在的提供者。"①这样宇宙灵魂的双重性就在理智与感觉之间架起了一座沟通的桥梁，宇宙灵魂的运动能够作为映像被感觉接受性所承受，沟通了宇宙灵魂与宇宙身体的过渡性映像——可感知的映像。这种映像是以直线的直观方式呈现为开端的。

众所周知，两点之间构成一条直线，而点是几何图形构建的起点，线是依赖点的，宇宙灵魂的构建从存在开始，灵魂就拥有了无限的构建能力，就像点优先于线一样，理智优先于灵魂。理智就像点一样不可分割。柏拉图对灵魂的叙述，为理智进入到感觉提供了不可言说的避难所，把理智置于灵魂的中心地位。如果灵魂是线，理智就是点；如果灵魂是圆圈，理智就是中心点。宇宙灵魂拥有运动的能力却不运动，那么宇宙灵魂运动的动力和运动的源泉在哪里？灵魂的理智使宇宙秩序化并使宇宙灵魂的部分结合为一个整体。既然灵魂的本质既是整体也是部分，是拥有和谐比例的数列。那么，灵魂内部就包含存在、生命和理智三部分，给予生命的能力在存在，给予同的运动的能力在理智，给予异的运动的能力在生命。灵魂的直线与曲线结构使得灵魂拥有生命潜能的运动的可能性；直线表示了灵魂理智的知识向感觉接受性转化的可能性，圆圈表明了灵魂自我运动的资质和生命运动的形式。那么，一旦灵魂在生命的催动下脱离了灵魂运动的限度进入到无限的异的运动中，生命就被灵魂所推动而有可能变为真实。普罗克洛斯认为："灵魂本身包含理智的特性和生命的潜能。灵魂的生命分有理智又回归理智直线，表明了灵魂的生命来自超验的存在，这个事实使它能够弯曲灵魂的数学结构为圆圈并连接它们。灵魂所分配的力量就是来自造物主之父的生命的生产性。既然灵魂的生命是双重的，一方面涉及商谈性的知识，一方面涉及其他的意见，两条直线就汇合，弯曲为两个圆圈，做圆的运动。"②宇宙灵魂拥有两种生命，相应地也拥有两种力量：理智的力量和运动的力量。第一种力量来自造物主之父的模式，有着良好

---

① Proclus.Commentary on Plato's Timaeus Ⅳ, Cambridge University Press, 2008, pp226-227.

② Proclus.Commentary on Plato's Timaeus Ⅳ, Cambridge University Press, 2008, p229.

的血统，是思想和智慧的源泉，在外圈做同的运动；第二种力量来自生命体本身，在内圈做异的运动，没有纯真的血统，是现象世界的意见纷争的来源地。就像柏拉图《斐德若》中用灵魂的马车比喻灵魂的本性——所有的灵魂在本性上是不朽的，但堕入身体的灵魂已经与物质的元素结合而变得不再纯洁。这既是生命的起源也是自由意志的开端，更是造物主意志的安排。我们视觉所看到的宇宙只是幻象，要想窥视宇宙的本质还要依赖思想和推理。然而让人困惑的是：为什么灵魂具有同源双体的性格，同的圈的运动指向永恒的理智，而异的圈的运动指向变动的现象并为视觉提供来源？这恰恰是忘记了灵魂的本质就是混合物和中间数，它把不可分离的存在和与身体相关的可分离的存在连接了起来。

四、世界灵魂的力量与行动

《蒂迈欧》中在对宇宙灵魂的运动轨迹做了两重划分后说，外圈做同的运动，向右水平方向旋转；外圈做异的运动，向左做倾斜运动。但是造物主给予同与相似性以权威，给予它单一的不可分离的运动支配异的运动，以保持宇宙的完整性与统一性。对于内圈运动，它分离为六处，把2倍数与3倍数的中间数作为中介划分为七个不平等的圆圈，其中三个圆圈做相似性的运动，其他四个圆圈以互不相同的速度按照比例运动。宇宙灵魂的本质为宇宙灵魂提供了力量和行动的源泉。柏拉图把宇宙灵魂的运动分为两个圆圈的运动：同的运动，在水平方向上向右旋转，与超验的神圣的事物之理性的数字相连，为超验的力量的自我运动；异的运动沿对角线向左运动，为非理性的椭圆形式运动。造物主赋予同的运动对异的运动以统治权，以便保持宇宙灵魂的同一与完整。这样宇宙灵魂的运动就是有序的和有方向感的运动。

造物主赋予两个圆圈的旋转产生不同的运动力量。宇宙灵魂的力量就被分离为：同的力量和异的力量；一个相似于有限，一个相似于无限；同的运动系列与正方体和理性数相关，通往神圣；异的运动与椭圆和非理性的数相连。异的运动被同的运动所支配，宇宙灵魂形成有序的几何序列的运动轨迹。就像《斐德若》中灵魂的马车中的两匹马，一个好，一个坏。两匹马分别代表了灵魂的两种走向，一种趋向神圣的存在，一种堕入身体的欲望；一种与理智相连，一种与快乐相连。《斐德若》灵魂的隐喻意味着灵魂的本质就是不朽，没有出生和死亡，也就没有毁灭。灵魂不朽的表征就是灵魂的自动，而自动恰恰是运动的第一原则，也是所有身体的运动原则，即便灵魂进入存在也不会改变其不朽本性。灵魂堕入身体既是灵魂创造生命的源泉，也是灵魂负重的开始。

为什么宇宙灵魂的运动有左右方向和沿着直线、对角线顺序的运动秩序？毕达哥拉斯学派曾经把数看作世界的本源，宇宙就是由数组成的。他们排列了十种对立的数：有限与无限，奇数与偶数，一与多，右与左，静止与运动，直线与曲线，光明与黑暗，善与恶，正方体与立方体，阴性与阳性。这个宇宙就是由这些对立的数列结合起来的。"既然天体的旋转是从星体升起的地方开始的，那么它应该在右边；如果它从右边旋转，它上面必然是看不见的部分；如果它是看得见的，它就必然在左边。但是相对于行星的旋转，即第二圈旋转，我们是在上边和右边，因为它们运动的本源是在反面的地方。所以对我们来说是起点的地方对它们就是终点。"①亚里士多德是从星体（在我们视觉的位置）来猜测柏拉图对宇宙灵魂的运动的叙述的，显然柏拉图更多依赖的是毕达哥拉斯的对立数。站在希腊的地理位置上看，东方是在右边，西方是在左边，而第一运动必然来自东方，随后的运动来自西方。万物运动的根源就在右边即同的运动。这恰恰是柏拉图叙述的方式，从已知的地方开始探索未知的领域。因此，普罗克洛斯认为，"右的方位恰恰是造物主本身的想象，正是在宇宙中确定星体的旋转朝向右边，而在它们的轨道上漫游的星体的图像是朝向左边。而拥有原初一般生命来源的'一'拥有最高的力量和显著的行动，而其他的则拥有生产的和变动的力量。由于这些原因，稳定星体的混合运动在宇宙中负责万物，带动万物围绕单一的圆圈运动，而其他星体的圆圈则只是拥有各种形式，是差异和变动的原因。因此，第一是理智的想象，第二是灵魂的想象。同的圆圈是理智的，右位于与理智相称的位置，属于普遍的存在，是

---

① 亚里士多德:《亚里士多德全集:第2卷》,中国人民大学出版社1999年版,第317页。

要回归众神本身的。右就是灵魂充斥神圣生命的力量。左则指向对感觉事物的照料和对感觉事物秩序的安排，左推动第二种存在产生并促使其产生无序力量。引进差异和变动是造物主的工作"[①]。这样认知理智的同的运动作为原初效果就宣示了第二种存在，并把感觉事物的变动秩序统一为单一的同一的事物，这些事物通过灵魂的中介返回到与整个生命源相似的事物中。但是这种运转灵魂的运动方向并非外力的推动，而是造物主赋予的理智的创造力量。就如造物主用右手拨动同的向右的运动，而用左手拨动异的向左的运动。但是宇宙灵魂运动的方向却涉及宇宙灵魂运动的轨迹——沿直线运动或者是沿曲线运动。蒂迈欧就把六种矩形运动分割为圆圈的运动。

由于稳定星体的运动是沿着边运动的，而旋转的星体的运动是沿着对角线运动的，那么同的运动就是沿着水平线运动，往复循环，永不停息；而异的运动就是沿着对角线运动，按照几何比例2倍数和2倍数的比例运动，往复循环，永不停息。由于对角线构建的四边形、四边形构建的球体使得同的运动只能沿着边的线运动，而异的运动则可以沿着对角线按照几何比例的规则旋转运动，所以同的运动沿着两条由回归线构建的圆圈运动隐蔽在理智世界内部，而异的运动沿着四边形的对角线运动覆盖着整个圆环。一个与单一性、圆环和有限相连，另一个与变动、多样性和无限的自然力量相连；一个是使事物结合的力量，另一个是使事物分离的力量；一种运动是没有偏离地从终点到起点，又从起点到终点的直线循环运动，另一种是沿着对角线的分离角，分割诸多空间，形成事物多样性的丰富多彩的感觉世界的光源，构成了现象世界的景观，构成了宇宙灵魂和谐运动的图像。但是同的运动优先于异的运动。因为造物主分配了理智之光给予众星辰，使有限决定无限，"一"决定"多"，男性决定女性，同决定异，相似性决定不相似性。在感觉事物的领域，稳定的星体决定旋转运动的星体，这是造物主创造宇宙的法则。而灵魂作为理智与感觉的中间物，是包含存在、同与异的第三种存在。这样宇宙身体作为宇宙灵魂的图像就像是异的圆圈在运动。灵魂的双重性使得灵魂的神圣的部分趋向理智的存在，

① Proclus.Commentary on Plato's Timaeus Ⅳ, Cambridge University Press, 2008, p247.

另一低俗的部分趋向感觉的存在。灵魂的运动就拥有两个圆圈，拥有两种力量、一个来源，就像现代天体物理学所讲的 X 射线源的双星模型一样。

1. 世界灵魂的运动轨迹

造物主分割异的内圈的运动为 2 倍数与 3 倍数两个序列，分割两个序列运动为七圈运动，其中三个圈以相似速度运动，另外四个圈按比例的速度运动，四个圈的运动速度不仅与三个圈的运动速度不同，而且它们本身的运动速度也互不相同，但是均按照几何比例的数学规则运动，每个中间数列之间有三个间距，使两个序列的圆圈运动的方向相反，而不是七个圆圈运动的方向相反，所以构成宇宙灵魂的和谐运动。宇宙灵魂既是相似性也是不相似性的圆圈运动的原因。恒星的圆圈分有了同的圆圈，而星体分有更多的异的圆圈，由于前者是不会分离的，而后者可以分离为七个星体，所以前者被来自东方的灵魂所推动，而后者的运动方向来自西方。前者包含了许多神圣的生命体，不能分割，这就是为什么恒星的运动是单一的运动。而七个圆圈的运动包含了多样性的力量。柏拉图在《理想国》中谈到命运纺锤的内圈运动，旋转起来的这个命运的纺锤体系是这样运动的：内圈 7 层（太阳）转得最慢，方向与整个运动方向相反，8 层转得最快（月亮），第 7 层（太阳）、第 6 层（金星）、第 5 层（水星）彼此一起运动，速度渐次。在返回原初的第 4 层（火星）速度是第三，第 3 层（木星）速度是第四，第 2 层（土星）速度是第五，整个纺锤在命运的膝上旋转，听从命运三女神的安排，构成一个八度音阶的和谐图景。命运三女神坐在周围保持着相等的距离，她们依照和声的调唱着颂歌：拉克希斯歌颂过去，克罗托歌颂现在，阿特罗帕斯歌颂未来。克罗托用右手拨动纺锤的外环，阿特罗帕斯用左手拨动内环，拉克希斯交叉两手交替拨动内外两环。这时当它们到达这里，必须走向拉克希斯。那么，太阳、金星和水星互相保持和平，在同的方向运动，速度按照 2 倍数序列渐次旋转；土星、火星、木星与月亮这四个星体按照 3 倍数的几何比例以不同的速度旋转。这些运动均按照数的比例进行，其旋转都是会返回到原点的圆周运动。柏拉图"命运的纺锤"的叙述只是宇宙立体运动的一个切面，推而广之就是宇宙灵魂的运动轨迹的图像。柏拉图在这里所讲的命运的必然性就是几何学的必然性，纺锤就是太阳系的轨道。灵魂的秩序就是由灵魂的几何学本质规定的。柏拉图《理想国》之"命运的纺锤"在个体的生活与宇宙灵魂的秩序之间建立联系。"宇宙的和谐不仅关系宇宙的永恒结构，也与偶然的事件相连。在每个轨道上站立着的塞壬女神唱着单调的歌曲，命运三女神追随塞壬女神歌唱。这样不仅宇宙无时间的形而上学的结构，而且我们这个世界的事件——过去、现在和将来也都要根据整体的和谐来决定。《蒂迈欧》就是《理想国》的续集。"[①]问题是《蒂迈欧》叙述宇宙灵魂只是在宇宙灵魂中植入了几何学的和谐比例，而没有星体的位置，造物主只是把理智植入灵魂，赋予灵魂运动不同的速度，先是把宇宙灵魂分割为内外圈，然后把内圈分割为七个不同的区间，这七个不同的区间又被赋予不同速度和比例的旋转运动。

也许《蒂迈欧》只是理解《理想国》的钥匙，《理想国》只是理解《蒂迈欧》的起点。这种双重关系依然幽暗不明。蒂迈欧曾经明确说过，要想找到造物主之父是不可能的，即便发现了要想述说出来也是不可能的，问题的麻烦之处就在于理智世界与感觉世界的连接点是灵魂，这其实只是造物主创造宇宙灵魂的意志和安排。因为造物主在创造宇宙灵魂的时候，是把不可分割的存在与可分割的存在合成为第三种存在，然后与同与异强制结合的产物。这第三种存在是结合的前提，蒂迈欧在随后的叙述中称之为"接收器"（空间）。因此，造物主创造了同的圆圈和异的圆圈，如果没有第三种存在的黏合作用，宇宙灵魂是无法创造的，宇宙灵魂也无法成为理智世界与感觉世界的中介，但是所有灵魂的最终来源是存在。存在是"一"，"一"分割为两条交叉的直线，代表了不可分割的存在与可分割的存在的结合体和宇宙灵魂图像的源头，宇宙灵魂的运动轨迹就是沿着这两条直线运动的，两条直线弯曲为两个圆圈代表了同的运动和异的运动。而这两种宇宙灵魂运动的轨迹的进一步分割就是七种天体运动的图像。这种宇宙灵魂旋转运动的图像分割为三个一组的序列和四个一组的序列，恰恰构建了4/3的和谐比例。普罗克洛斯认为宇宙灵魂的这种设计，"分割为三与四的序列

---

① Kenneth Dorter.Plato's Republic,Lexington Books,2006,pp338,251.

构建的比例4/3，首先存在于和谐与整体的宇宙灵魂的存在中。而数首先是奇数和偶数，在这三个数一、二、三中，'一'相似于真理，'二'相似于美，'三'相似于对称和整体。这些都属于善的领域，就像我们在《菲莱布》中的教诲。而其他的四个圆圈，'一'的位置相似于静止，另一个很容易被推动相似于运动，第三个最节制温和相似于同，而最大的分离则相似于异"①。而最大的分割是异的分割，这种叙述暗示了感觉接受性存在的根据，因为这种差异的存在使事物之间存在空间的可能性，也为感觉接受性提供了感觉的视觉来源，从而为异的运动走向同的运动提供了路径。造物主就这样通过神圣的分离活动创造了宇宙灵魂的和谐比率和运动的图像。因为在造物主看来，整体优于部分，造物主首先创造了宇宙灵魂整体的美，作为继模式的创造之后的第二种创造，关于第三次创造活动的部分则是造物主创造的众神按照造物主的理念和模式进行的，因此在美、善和完满性上都差一点。因此，恶的存在就与造物主的创造无关了，恶的存在完全是物质性诱因的结果，是灵魂脱离理智教诲和支配的必然结局。

《蒂迈欧》在这里没有提及宇宙身体的原初的四种元素的分割，因为这种分割已经包含在宇宙灵魂的分割之中了。这种宇宙灵魂分割的叙述与《理想国》中命运纺锤关于宇宙分割为八个圆圈的叙述是一致的。但是问题依然存在，宇宙灵魂的圆圈分割为三圈系列和四圈系列，三圈系列的运动速度相近，另一组三圈的速度与第一组不同，而且这三圈中的每一圈的速度虽然按照几何比例运动，但速度均不相同。那么，还有第七个圈的运动被遗漏了。我们知道，在一与点、二与线、三与面、四与体之间存在相似性对称。六组数字对应于六种运动，第七种运动既然也是生命体的源泉，它如何与理智相似，如何适应于灵魂的运动？普罗克洛斯认为："数字七自然也要做适当的运动，这种运动是圆圈运动完成到达终点又回归到起点的运动，依靠这种品性，它就是推动万物运动支配万物运动的力量，与灵魂相适应。很明显，灵魂的圆圈既有认知的力量也有先于生命开端的力量，这种力量既是四位一体也是三位一体的，由于宇宙灵魂的两个圆圈的两次分割，宇宙灵魂就包含所有感觉的事物在其中。灵魂通过三维认知事物的

① Proclus. Commentary on Plato's Timaeus Ⅳ, Cambridge University Press, 2008, p256.

相似性，通过思维认知事物的不相似性和变动的多样性。万物的种就在万物中，无论真理是显现还是隐蔽，整体性和美都会是真实事物的结果。这样在圆圈运动中显现的数字七就是几何比例的乘数，使灵魂的运动不断繁殖。三维的相似性与思维的不相似性适应这些数，因为三是事物开始运动并返回原点的力量；四是事物多样性的原因，是生产性的力量。所有这些数都体现了灵魂的本质，一、二、三、四、五、六和在这些数之上的数字都来自七的乘数。七包含了灵魂的本质，不仅是因为它与生命起源之神相似，也是因为脱离宇宙灵魂轨迹的最初的分离的力量就会创造出多样性的万物，从而构建感觉世界的领地。宇宙灵魂就是通过这些异的圆圈的旋转运动发射理智之光辐射万物，但是在宇宙灵魂理智的统治下，异的运动还是按照几何比例有序运动，一旦超出这个界限由有限进入到无限的领域，就会造成一种来自七的分割及至七的分离"①。七是理智与感性、有限与无限的临界点和分界线。灵魂运动的两个序列按照数学比例有秩序的运动，几何比例是结合宇宙万物为一体的原因；和谐比例是宇宙万物结合的力量和黏合剂；算术比例是宇宙灵魂中异的部分互相结合的力量。灵魂作为理智与感觉的中介，其目标是使灵魂最终回归理智的"一"和造物主的怀抱。因此，灵魂的三个比例是灵魂相似性整体的比例。而数字七开启了灵魂部分与部分之间不和谐比例的端口，也是灵魂回归的十字路口。而数字四来自宇宙身体组成的原初四元素，既然灵魂的本质就是几何理智，结合平行线是通过对角线的对立的直线，这些直线弯曲成球形，引发生命形式的既是斜线也不是斜线。灵魂中的秩序是造物主的构建和设计——灵魂是主人，是统治身体的力量。但灵魂中有对应者，在天体中也如此；《理想国》命运的纺锤最外圈的星体就是恒星，希腊人认为它是不动的"一"的图像，而月亮是围绕太阳旋转的，我们的天文学想象最初是从月亮开始的，因为月亮本身的运动速度最慢，最适宜视觉的接受性，是感觉的最初图像和参照物。

《蒂迈欧》中叙述，当这个灵魂组成被设计的与创造它的造物主的理智一致时，它开始在其内部创造宇宙形体的存在，把中间与中间连接起来，

---

① Proclus.Commentary on Plato's Timaeus Ⅳ, Cambridge University Press, 2008, pp260-261.

造物主使它们互相保持和谐。灵魂从中间在每个方向向外延伸到天体的边沿被编织，从外表覆盖宇宙整体，围绕自己旋转。造物主就开始了永不停止的神圣生命之来源的创造，这个生命体在时间的整体上充满智慧。灵魂的力量就如前面所讲的七的圆圈作为单一体代表生命的第一形式，也是生命的理智形式的作用。作为宇宙灵魂的第一理智的同的运动是不可分离的，而作为第二理智的异的运动却有着分离的倾向。这恰恰是灵魂的创造力的体现和展示。这就是灵魂的图像的宇宙设计。造物主在设计了宇宙灵魂的数学结构之后，就是要谋划宇宙的有形体的生命存在了。灵魂作为两个理智的中间存在，必然具有双重的力量——运动的力量和认知的力量。这两种力量表明了造物主通过立体结构设计的宇宙产生的过程，也表明了感觉的事物是如何来自神圣的起源的。造物主设计的宇宙整体包含三个层面："作为整体的宇宙由原初的元素组成，按照几何比例黏合成一体；作为宇宙整体的图像是由不可分离的原初元素的图像组成的宇宙整体；特殊的生命体存在于天空、海洋和陆地中创造的中间物。造物主把它们编制在一起围绕宇宙灵魂运动。灵魂分割为两个圆圈，造物主编制的宇宙图像就分割为两个：属灵的和身体的。八个圆圈就分布在各自的区域，造物主把生命的万物安置在其中，他就编制了这个天体，灵魂居于从中心到边缘的各个地方。"①原初宇宙灵魂充斥天体，从中心到边缘的每一个地方。身体作为灵魂的中介和寓所就使生命同时在各个方向延伸。这种灵魂的编制在《政治家》中的含义就是"分割"和"分离"，从粗糙的经验现象开始一直分离出最高的存在和模式，使灵魂拥抱这个天体。编制体现的是可感事物的相似性和可感事物的影像。编制表明灵魂的显现是通过相似性出现在宇宙中的，灵魂充斥着整个宇宙，表明灵魂的对称性。宇宙就成为造物主理智的图像。因此，当宇宙诞生时，它的旋转方式是在一定的空间中进行的，这与宇宙灵魂思考、发现、围绕自己的理智旋转是完全不同的。宇宙灵魂的运动是自动的，灵魂的运动首先通过三角混合（存在、同与异），其次通过在原点围绕圆圈的运动而获得认知的力量。灵魂是围绕自己旋转，通过理智开启生命的起点，且本身充满智慧。这也表明了所谓的"真理"

---

① Proclus.Commentary on Plato's Timaeus Ⅳ, Cambridge University Press, 2008, p275.

和智慧其实就是认知者和被人知道事物之间的和谐。灵魂的运动终究要回归其根源——善，在另一个意义上回归存在。要理解真理的首要前提是理解存在，因为这是灵魂回归智慧和真理的第一步。这样存在与真理之间的关系和海德格尔在《存在与时间》中宣誓的意义是一致的。存在的任务在于非演绎地构造各种可能方式的存在谱系，存在问题的目标不仅仅在于保障一种使科学成为可能的先天条件，也不在于保证使任何研究存在者的科学奠定基础的可能条件。如果不首先澄清存在的意义和把对存在意义的理解作为自己的基本任务，那么无论多么丰富的范畴体系，归根到底都是盲目的，背离了根本的意图。①宇宙身体的运动是灵魂推动的，是灵魂运动的图像，身体必须有一个位置存在于空间之内，通过时间的距离来测量，这就是灵魂的旋转方式与身体的旋转方式的区别。这也是灵魂与身体的本质区别，是造物主设计的灵魂支配身体的要求。柏拉图与海德格尔的不同在于，柏拉图寻求的是对宇宙的理想解释，海德格尔寻找的是生命在存在的链条中的存在意义。因为"自然"在希腊的基本词汇中的意义就是"出生和诞生"。《蒂迈欧》探索生命的起源与宇宙诞生的关系。生命的开端就具有重大意义，因为产生和毁灭都是从一个微小的开端起航的。

　　海德格尔看到了灵魂回归存在之根源——善的问题的艰深性。柏拉图只是指明了方向，问题的解决不是他的任务。但是柏拉图告诉我们，这个宇宙的原初基础就是世界灵魂。既然所有的灵魂都有神圣的根源，所有的事物都源自所有神圣的灵魂。而模仿神圣根源的灵魂必然充满智慧。灵魂充满宇宙的是时间的整全，而不是时间的部分。灵魂充满的是宇宙的整体，而不是宇宙的部分。因为灵魂没有长度，无法测量。时间就成为测量宇宙灵魂和其他灵魂的刻度，但理智的平面是有限度的，这就说明了宇宙灵魂的本性。普罗克洛斯说："灵魂返回原点在不同的状态下是不同的，有些在前，有些在后，完全依赖灵魂的理智的对象或大或小。但是世界灵魂在刻度上是时间的整全，是整个支撑宇宙灵魂的整全，这个延展是没有边界的，除非它可以不断重复，这样它的时间就是无限的。因此，它就接受了时间这个度量，世界灵魂的行动必然是与时间的整体相关的，而其他灵

①海德格尔：《存在与时间》，生活·读书·新知三联书店2006年版，第13页。

魂的行动必然与这个时间整体的部分相关——特别是时间的部分。"①因此，宇宙灵魂在本质上是存在于时间的整体中的，也就是万物诞生之前的前时间状态。世界灵魂就以这样的方式充斥着这个宇宙，理智就安置在其中作为灵魂的引导。这样理智与灵魂的关系就必然涉及灵魂的认知功能，灵魂必然要思考多样性的事物，从思考经验的事物开始进行神圣的上升运动，但是世界灵魂思考的却是单一的理智世界，使其充满宇宙。在时间的整体上包含着神圣的圆圈运动。世界灵魂的理智环绕整个理智的宇宙旋转，在这个时间的整体中围绕自己的中心轨迹自我运动，产生并支配理智的客体。宇宙灵魂的这个理智返回原点，是与宇宙圆圈的完美数的几何比例相一致的，并以空间的方式回归世界灵魂。宇宙就是模仿宇宙灵魂不可见的模式和几何比例的圆圈产生的图像。灵魂拥有来自存在之"一"的神圣性格和来自永恒的永不停止运动的性格。万物就来自整体的单一的"因"。世界灵魂推动了宇宙的产生。

2. 世界灵魂的行动

《蒂迈欧》中叙述，天体的身体作为灵魂的图像是可见的，但灵魂是隐而不显的；灵魂分有理智与和谐，灵魂就在永恒存在的理智性的存在中，创造万物中最好的世界。因此，当灵魂把同、异与存在的三个本性弯曲结合在一起时，就像它被分割和沿着边界结合在一起一样。当它与可分离的存在连接或与不可分离的存在连接时，存在就转向自身，通过自身的实体运动。这样它就会知道同与异的情况，那些事物是如何连接的、与谁连接、连接的方式、何时连接、连接的程度。它感知特殊事物的方式与感知永恒存在的事物的方式是一样的。这种叙述是真实的，无论是与同的连接或是与异的连接，存在都被无声无息的理智的自我运动所推动。当与感知相连，异的圆圈沿着直线运动时，它就通过整个灵魂判定意见是明确的、真实的。然而，当它与理性的客体连接，同的圆圈正在平滑的方向运动时，它就判定理智与科学知识的必然性存在。如果有人说，这种双重的存在是其他灵魂中不可能存在的，它就说出来真理。蒂迈欧在这里告诉我

---

① Proclus.Commentary on Plato's Timaeus Ⅳ, Cambridge University Press, 2008, p284.

们：宇宙灵魂的两种认知行动——灵魂中的理性认知与灵魂中的感觉认知，是宇宙灵魂推动宇宙身体运动的逻辑。这种宇宙灵魂的行动来自它在存在中分有的神圣与永恒的性格。宇宙单一的生命体就是身体与灵魂的完美结合，这种结合源自灵魂在原初意义上的永恒、本质与运动。

灵魂与身体不同，灵魂是双重性的存在。灵魂同时与可分割的异相连，同时也与不可分割的同相连，它既存在于永恒也存在于变动的领域中。身体作为变动的主体和意见的客体就永恒处在过程之中，而这种变动的过程需要通过时间来把握和度量。灵魂作为存在与变动的结合体，一面存在于永恒的模式中，另一面又进入变动的身体，这就是灵魂的双重面具，也是它连接理智与感觉的力量。这也是蒂迈欧把宇宙灵魂设计为两个X图像构建的圆圈的意图。所有灵魂希望创造最善最美的宇宙图景，但不一定有力量创造最善最美的宇宙身体。因为灵魂虽然掌控着所有理智和感觉世界的运动走向，但身体的存在也是削弱灵魂力量的阻力和障碍。造物主选择了一个可能世界中最完美的世界，但为恶预留了空间，这是由他的智慧决定的。因为众生灵并非由造物主创造，而是由年轻的众神模仿造物主创造宇宙的方式创造的，所以众生灵保持了造物主创造的模式和理智，但是他们模仿的是众神，在模仿的等级上低了一级，缺少纯洁性。因此，造物主的宇宙灵魂的创造在优先性上先于生命体的创造。但是灵魂只是分有了理智和和谐，这与宇宙灵魂的和谐是不同的，所以蒂迈欧说，灵魂的和谐是渗透在同、异与存在三者之间的，因为灵魂就是它们之间的中间物。灵魂的和谐是与理智的和谐，不是与身体的和谐，灵魂的理智与和谐是分有性质的理智与和谐。与宇宙灵魂的和谐不同，灵魂的和谐不是原初意义上的，因为宇宙灵魂的和谐存在于宇宙诞生之前的前存在的造物主的设计，而灵魂的和谐则是宇宙创造之后的模仿的和谐。普罗克洛斯说："理智的和谐是三重性的：和谐自身、通过自身之整体以原初方式达到的和谐、在和谐之中通过第二种方式存在分有的和谐。第一种指向理智，第二种指向灵魂，第三种指向身体。理智相应也有三重性：原初的理智、分有的理智和显现的理智的图像。因此，灵魂分有理智、和谐、图像和力量一样分有的是整体，而造物主创造了世界灵魂，天体作为世界灵魂的图像和造物主在宇宙安置的众神为人类的物只能分有部分。"①

灵魂显示了灵魂的终极走向和灵魂追求的终极目标。这样造物主就让灵魂结合同、异与存在三部分并且弯曲为圆圈围绕自己，从中心到天体的边缘自我旋转。当它注视着自己，支持着自己时，它就知晓万物，直视万物甚于认知自己。灵魂有着统治和支配万物的意志和欲望。但是灵魂是如何认知万物——理智的事物和感觉的事物？通过灵魂自身的逻辑还是通过灵魂超越自己的边界与可见世界的万物接触才能实现？

第五节　理性的工作：时间与天体运动

《蒂迈欧》中叙述："造物主创造了运动中的有生气的生命体作为永恒的诸神的图像。他高兴地决定创造一个更像模式的模本，就像模本本身就是永恒的生命体。所以它把宇宙造得尽可能是永恒的。尽管生命体的本性是永恒的，但是要把完全永恒的本性赋予宇宙是不可能的。因此，它设立了永恒的动态形象即有秩序的天体运动，同时使这个形象按照数的比例运动，永恒依然保持自己的整全性，而它的形象就是时间。在天体产生之前是没有昼夜日月的。造物者与设计者，是随着天体的出现而出现的，他们都是时间的部分，他们的过去、将来都是时间的形式。而现在才是时间真正的叙说。过去、将来这两者都是相对于生成物而言的，那些永恒不变的同一物既不会衰老也不会灭亡，它没有过去、现在和将来。而那些生成的可感事物，其存在的前提都与永恒无关，模仿永恒的时间形式按照数的比例运动。我们那些不确定的说法：'过去的'是过去了的，'现在的'是正在发生的，'将来的'是将要发生的，非存在是现在非存在等，这里不是讨论这些问题的合适时间。"尼采把"时间"定义为"人的意志不能翻转的石头，便是时间的定律和公理，时间必定会吞噬它的孩子"②。海德格尔对此的解释是：复仇是意志对时间的憎恶，而且也就是说：对消逝及其消逝之

---

① Proclus.Commentary on Plato's Timaeus Ⅳ, Cambridge University Press, 2008, p292.

② 尼采:《苏鲁支语录》，商务印书馆1986年版，第212页。

物的憎恶。对意志来讲，消逝之物乃是它不再能对准的那个东西……作为消逝的时间乃是意志所遭受的逆反物……人世、尘世以及属于尘世的一切，是根本就不应该有的东西……柏拉图早就称非存在、'独立于时间永恒'，乃是存在的原始称号。①无论是尼采还是海德格尔都是从"永恒轮回"的视角看待时间的本质属性的，这种形而上学的区分即是真实存在的东西与分有存在的东西之间的划分——永恒与流变。柏拉图的《蒂迈欧》中的时间就把永恒与流变天体的运动秩序连接了起来。

一、时间

造物主依照创造之模式创造了自己的图像——宇宙的生命体。这个生命体作为模式的模本在真实程度上是次于模式的，生命体只是模仿了永恒的模式，分有了模式的永恒作为时间的图像存在于宇宙中，依照数学比例以动态的形象展示造物主创造宇宙之美。天体就成为造物主设计的宇宙的统治者和时间之数的捍卫者，而地球作为昼夜的捍卫者，造物主把这两者结合起来，赋予其与模式相似的完美性。时间就是永恒的诸神的图像，而不是永恒的生命体的图像，因为作为介于理智之模式与造物主之间的生命体本身是先于宇宙诸神的。"宇宙作为运动的和生命的图像，充满着神性，万物都包含在自身中，充满来自造物主创造的所有善的事物。它从自然那里接受了运动，从灵魂那里接受了生命，从理智那里接受了认知。事实上它就是小宇宙诸神的接收器。在最真实的意义上，它就是理智诸神的图像。"②

普罗克洛斯告诉我们，时间是永恒的诸神的图像，而不是永恒的生命体本身的图像，因为永恒的生命体的图像是无法模拟的，也无法显现，它只是一个理念。永恒的诸神是理智和灵魂的结合体，是沟通理念世界和感觉世界的中介。柏拉图的时间是相对于天体运动图像的整体、相对于永恒的模式而言的，与变动的世界毫无关系，与变动世界相关的是时间存在的形式。时间与时间的形式是完全不同的，时间是时间形式的来源和归宿。

① 海德格尔:《演讲与论文集》,生活·读书·新知三联书店 2005 年版,第121页。

② Proclus.Commentary on Plato's Timaeus V, Cambridge University Press, 2008, p49.

时间与永恒相关，时间的形式与生命体相关，但是永恒与生命体是不同的。"永恒要比生命体的存在更加高贵、基本和稳定，而生命体是所有理智的生命存在中最美最完善的。柏拉图所讲的生命体的永恒是分有永恒的结果，但是永恒并不在生命体中被分有，也不可能源自生命体。很明显，生命体是第二位的，永恒是基本的单一的，既然永恒并不在生命体中分有，那么永恒就不是生命体，永恒是比生命体更伟大的存在。"①因此，柏拉图的时间是永恒的时间，时间的形式是生命体运动的形式，是天体运动的图像。时间是单一的不可分割的，而时间的形式是可分割的，与生命体的多样化的运动图像相对应。生命体本身包含所有理智的生命体，这些生命体与非存在、运动和异相关联，处在运动或静止的状态。而永恒没有相对物，时间作为永恒的图像，表明了永恒既不是存在的种，也不是存在的种的聚合，甚至也不在时间之中。生命体的永恒性是第二位的，永恒永远在生命体的存在之上。而生命体是模式的映像，模式是造物主创世的逻辑工具。造物主处于善之中的"一"中，这就涉及"永恒"与"善""一"的关系。

依据巴门尼德的解释，善不会居住在"一"中，因为善是流溢的。那么永恒的完整性不允许它居于善中，也不会居于"一"中，但是永恒只有在"一"中才能保持自己永恒不变的整全的完善性。永恒在"一"的实体中筹划自身、保持自身，成为永恒不变、不可分割的几何比例连续性的原因，而不是永恒变动可以分割的多样性的物质连续性的原因。因此，连续的变动的显著特征就是时间的形式，时间与运动的连续性密不可分。时间在变动的连续性中的位置就如永恒在存在的序列中的位置一样。造物主创造的假定的秩序就优先于实际存在的天体的运动秩序。宇宙作为造物主创造之模式的模本，也因此在完善性上不如模式本身拥有"一"的完整性和完美性。宇宙本身只不过接受了模式流溢在永恒不可分离的永恒存在上的印记。因此，"时间是永恒的图像"的含义是在两种意义上讲的：（1）永恒存在于"一"中，与善有着亲缘关系；（2）时间运行于数之中，与连续的流变有亲缘关系。"这种差别的象征意义体现了永恒与时间的不相似性要多

---

① Proclus.Commentary on Plato's Timaeus Ⅴ,Cambridge University Press,2008,p54.

于相似性。相反者的事物之间存在的数学序列进入到存在的'一'中，而图像则回归事物自身。造物主就引入了两个衡量不同事物的标准：永恒与时间。永恒作为理智的永恒存在的'一'成为宇宙的图像，而时间成为衡量宇宙之内理智度量的图像。永恒因此成为单一物的存在方式的刻度，而时间成为数存在方式的刻度。永恒对事物的完整性负责，成为完美性的护卫者，而没有能力获得理智的多样性的事物必然处于命运序列的支配中，结果放弃了神圣性，在时间的统治下被迫通过自己合适的行动回归完美。"①

　　柏拉图的时间是双重意义上的，作为整体的时间是永恒的不可分割的图像，作为部分的时间是变动的分割的图像。既然万物都在运动中，时间的整体也必然进入运动。时间的运转与数相一致，在分有永恒的事物中衡量物体运动的速度，不过这种数是理智的数。柏拉图并没有对这种理智的数讲得太多，但是他没有忽视时间部分——可分割的时间部分的序列。我们由此可以判断亚里士多德的"时间是运动的数"已经完全删除了时间与永恒的意义连接，滑进了物理世界的流变秩序中。他说的时间只不过是柏拉图的"时间的形式"，而非时间本身。他的时间已经不是思想的对象，而是视觉的可分割的物理对象。亚里士多德物理学的时间观念是与天体的旋转运动相连的，是对时间的分有，而不是时间本身。因为时间本身就是永恒整体的图像，是造物主创造的神圣模式的图像。时间是永恒的图像，宇宙是生命体本身的图像，宇宙生命体的图像是与灵魂和身体相连。

　　亚里士多德的"时间"遗忘了时间的本质——永恒的图像，而不是永恒本身，更不是与变动世界相连的时间的部分和时间的形式。如果时间是运动的数量，那么宇宙的运动就涉及造物主创造宇宙的模式，因为可朽之物是与模式相连的，是造物主创造之模式的映像的产物。宇宙身体的运动的测量就是宇宙旋转周期的数，好像缺乏意识到时间的力量或者创造物出现的人，这就意味着时间是可朽之物的原因要甚于不朽之物。这就否定了造物主创造的意志，好像造物主完全遗忘了时间问题。但造物主赋予时间作为天体模仿模式的动态的图像，本身意味着造物主的意识的永恒和以永

① Proclus.Commentary on Plato's Timaeus V, Cambridge University Press, 2008, p65.

恒的方式理解和认知能力，他使宇宙旋转运动无论是直线运动还是圆圈运动并返回到原点。因此，亚里士多德的时间观实际上否定了造物主的意志，好像时间是人类的发明，而非造物主创造的使宇宙获得可感性的工具。但是我们也不能说时间是宇宙灵魂的行动造就的结果。因为时间并不是宇宙灵魂思维的对象，世界灵魂的存在是不动的，而且它的行动是以宇宙身体的旋转测量的，倒是其他灵魂的周期运动是时间测量的对象。而且造物主创造宇宙身体与灵魂的时候，时间已经存在。造物主只是在宇宙灵魂内部设计了和谐比例，而并没有在灵魂内部设计时间。如果造物主在灵魂内部嵌入了时间，那么造物主在设计宇宙灵魂的本质、和谐、力量和运动之后设计了时间，他引入时间的单一本质是为了测量、展现和相似于创造之模式。显然，根据蒂迈欧的叙述，造物主创造了宇宙灵魂和身体，随后创造了生命体本身，而时间只是为了展示生命体动态运动的图像而被造物主设计的。因此，时间的创造并不是灵魂的功能，而是造物主展现自己创造的意志，使不可分离的认知变得可以接受。但是时间确实可以测量灵魂，因为万物的完善和回归原点的运动必须在时间中完成，灵魂也不例外，灵魂堕入身体也要历经时间的考验才会终极回归自身，向神圣性回归。

普罗克洛斯谈到时间与灵魂的关系："如果时间嵌入灵魂，灵魂将不会分有完善和永恒，然而灵魂的完善也离不开时间的考验。因此，在事物完善自己的进程中有两个刻度：永恒与时间。前者是以单一的视角理解理智的'一'，不承认'多'，后者是边界或有限和一个处于连续性的进程中的造物主测量的事物，要经历或长或短的时间。如果灵魂已经以同一的不变的方式掌握它所认知的万物，灵魂也许会嵌入时间，这样灵魂自己也无须为自身的完善和有序化进行时间的检验了。显然事物以商谈的方式认知自己走向完善的圆圈需要时间。"[1]因此，时间不会与灵魂同时产生，也不会嵌入灵魂，因为灵魂分有了理智的模式，也沾染了身体的情感，灵魂不是完善的统一体，而是分离的组合物。灵魂的本质决定了灵魂需要时间，而时间也在审查灵魂纯洁的过程中体现自身的价值和存在。灵魂有不同的生存处境（整全的生活、理智的生活和生产的生活），在时间中走向自己的归

---

① Proclus.Commentary on Plato's Timaeus Ⅴ,Cambridge University Press,2008,p71.

宿或接受命运的惩罚或奖赏。因此，时间不是灵魂的产物，而灵魂恰恰是需要在时间中分有永恒的东西。无生命的事物也要在时间中走向成熟，无论这些生命是否拥有灵魂，它们也要在时间中走完自己的路程。无论是时间的整体还是时间的部分，万物处在运动中，宇宙灵魂和身体的运动围绕着同和异的圆圈返回原点，其他灵魂和身体的运动走向自身的毁灭。而那些穿越时间之部分的预言家常常会拥有事物的流变意识或接收到来自时间之实体的信息。而时间之永恒的本性却证实了自己的前存在，时间不可分离地存在于万物之中，作为同一的整体没有部分。赫拉克利特说过："时间就是一个玩骰子的儿童。时间是万物之王，命运掌握在它的手中。"时间的永恒就是时间不会衰老，永远年轻，永远不会走向成熟。时间是永恒的图像的真实意义，"时间不是实体，时间只是事件，它不会展示自己实际拥有的创造力量，它只是万物进入永恒而其他的拥有暂时周期的事物进入毁灭的事件。毫无疑问，时间位居万物之上分配着适合万物自身连续性存在的尺度"。"时间只是唤醒创造的产品进入自己的完善，是整全的刻度，提供了世界的永恒。"[①]世界灵魂以积极的方式和不停息的运动存在于时间中，而其剩余物对灵魂来说是第二位的存在。蒂迈欧的时间是形而上学意义的，时间并不测量宇宙灵魂，因为宇宙灵魂模仿的是神圣的生活；时间也不测量理智，因为理智是接近于"一"与永恒的造物主的创造图式；时间只是以永恒图像的方式测量造物主创造的运动的生命体。这与亚里士多德物理学意义上的时间观根本不同。

　　亚里士多德说："时间是运动的数。"问题是：时间是哪一种运动的数？柏拉图的代言人蒂迈欧讲到宇宙灵魂的运动：同的运动是按照同一比例永恒的同一的圆圈运动，异的运动是按照几何比例按照2倍数与3倍数的速度的永恒旋转的圆圈运动。因此，同的圆圈运动趋向于永恒，而异的运动趋向于在时间中。这样时间的永恒性就与同的运动相关，时间的时间性就与异的运动相关。但是相关不是相同。因此，时间是永恒的图像的含义还要从"时间与运动"的角度进行诠释。既然永恒本身的运动是静止的，而永恒运动的行动又与永恒的事物关联，那么时间就既是静止的，也是运

---

① Proclus.Commentary on Plato's Timaeus Ⅴ,Cambridge University Press,2008,pp73–74.

动的永恒的图像，时间就具有了双重属性：一方面与永恒连接，另一方面又与存在连接。永恒的同的运动是不可分离的运动，而异的运动是可分离的运动，那么时间就既与不可分离相关，又与分离相关。那么，时间的本质就是双重性的：与不可分离的存在关联的时间是永恒的时间，与可分离的存在关联的时间是时间的形式。时间是永恒的图像，但时间不是永恒本身，时间相对于永恒的本质是永恒，相对于永恒的行动是运动。而不可分离的存在存在于"一"的统一体中，是自己推动自己进行圆周运动，可分离的运动存在于 2 倍数与 3 倍数组成的几何比例的序列性的圆周运动中，方向相异。那么，时间在分有中就是可以数数的数系，在部分灵魂中的数是第二位的排列的数列。因此，可分离的运动的映像造成的可见的数是可以计数的，而不可分离的运动的映像造成的不可见的数就是"一"的完整数。因此，时间一方面是永恒的，存在于本质中，在自身之中运动；另一方面它是连续的数的时间，存在于几何比例组建的连续的旋转运动中分有永恒。既然理智相对于永恒是第二位的，灵魂又是理智的模仿者，时间如何优先于灵魂呢？普罗克洛斯认为："时间优先于灵魂，就如永恒优先于理智。当灵魂拥有时间的图像时，时间不在灵魂中分有理智，永恒也不在理智中分有时间。因此，时间拥有某些理智的本性，可以携带分有物按照几何比例数在自己周围运动。时间的永恒性不仅在于它的本质，也在于它内在的行动永远同一。时间只是理智舞蹈的舞台。既然造物主把理智作为使宇宙秩序化的起点，同样时间把灵魂作为使宇宙创造之完成的起点。永恒与生命体的关系就与时间在宇宙中的角色相似。宇宙作为生命体的图像镶嵌着理智和灵魂，就像时间作为永恒的图像也包含理智与运动。因此，造物主是时间充足的原因，永恒是他的模式，他的终极原因是万物在其自身的生命周期中返回自身起点的旋转运动。围绕造物主的整体旋转与时间的数组成了创造的力量。"[1]这样时间的旋转运动就意味着造物主把时间作为动态的永恒的图像，从而建立了与自己的认知力量一致的永恒的图像。万物围绕时间在圆圈内部旋转，时间本身就是从起点走向终点又返回原点的圆圈。时间的形式按照数的规则，模仿永恒运动。因此，时间就以可见的

---

[1] Proclus.Commentary on Plato's Timaeus Ⅴ, Cambridge University Press, 2008, pp79-80.

方式经历、展现、计算和辨别保持在自身中的不可分离的力量。时间的运动拥有几何比例的神圣秩序，成为万物之王。

蒂迈欧说："天体存在之前，没有昼夜、日月。这些都是随着天体的形成出现的，这些是时间的形式，过去是（Was）、将来是（Will Be）也是天体的形式。当我们说'过去是''将来是'时，我们错误地把这些形式称为永恒者，而实际上只有'现在是'才是真实的言词。因为过去和将来是与变动的生成世界相关的，它们在时间中是运动的，而永恒不动者既不会衰老也不会年轻。变动的特性是与包含永恒的感觉的事物相连的，相反，时间的形式只是模仿永恒，按照数的旋律运动。"很明显，永恒中存在不可分离的存在，"一"中存在永恒，那么在模仿的存在中就没有时间的部分，只有时间的整体。因为在这样的理智性的存在物中，不可分离的存在的运动是在外圈同一位置做连续的同的运动，而可分离的变动的异的运动是在内圈按照相反方向按照几何比例做倾斜的旋转运动。而天体就是这些异的运动的模本，时间又是这些模本的来源、模式的图像。那么，时间的形式就是模本的图像了。因此，模式与模本的关系就相似于时间与时间的形式的关系。而问题是昼夜、日月只是时间的部分，是我们依据天体运动的图像，人为地分割年月日。这个分割的参照系就是太阳的运动周期之长度与速度。如果昼就是太阳从东方到西方旋转，那么夜就是太阳从西方到东方旋转。而对于天体来说，无所谓昼夜，也无所谓日月。也即时间的部分是无意义的，因为天体的运动拥有整个时间，而不会分割时间为各个部分。蒂迈欧把时间作为创造的刻度仅仅宣告了不可见的生命体的运动和运动的秩序在可感领域的显现，这种叙述显然遵守了我们人类的天文学约定。

蒂迈欧在讲"天体与时间同时诞生时"为什么使用"Days""Nights""Months"与"Years"等复数。在柏拉图看来，不可见的事物优先于可见的事物，理智的事物优先于感觉的事物。同样对于月份的计算是依据月亮的圆周运动和这个异的运动周期计算的，是人类计数的刻度。没有太阳无所谓昼夜，没有月亮无所谓年月。可见的太阳是视觉的原因，而不可见的太阳作为最高的创造模式是万物的原因，这是时间的时间，依据造物主的设计和安排，作为天体运动的图像存在于宇宙中。这是柏拉图讲的"过去是"和"将来是"只是时间的形式，而不是时间的部分的含义，时间的部分只是叙述的需要。在天体进入宇宙之前，只有混沌的无序的运动，没有过去和将来，只有现在，时间是没有意义的。造物主设立时间为宇宙天体的运动设定了依照几何比例规则和谐运动的秩序。时间是永恒的图像，意味着柏拉图的时间是相对于运动的永恒性而言，时间的形式是相对于天体的永恒运动而言的。因此，"过去是"表明的是已经完成的时间秩序；"将来是"体现的是需要返回原点的尚未开始的时间秩序；"现在是"是正在进行的时间秩序。因此，造物主创造时间就是为宇宙运动设定了有秩序的运动规则，这种规则对宇宙旋转运动是一种限制，保证宇宙运动的整体性与和谐性，从而完成运转的周期和时间的整个演化，有些运动已经完成，有些运动尚未开启，"过去是"与"将来是"就是宇宙运动的时间表现。时间的形式表明宇宙运动的终极归宿是走向完善，回归自身的运动起点，时间只是测量天体运动的工具。时间的形式包含在时间的单一属性中。数作为时间的刻度适应时间作为不可分离的创造的本质。作为神圣事物的创造依据时间度量，作为特殊事物的创造依据时间的形式度量。对这种时间数已经在前面宇宙身体与宇宙灵魂的运动中讲过。那种认为时间优先于运动的观点是不符合《蒂迈欧》的叙述的。普罗克洛斯讲到"时间与天体一同诞生"时说："天体被创造是为了区分和展现时间的数。作为时间的'一'来源于造物主，他的意志使其保持同一、整全和混沌，尽管通过天体运动的暗示进入多样化的生命体而显现出分离和差异。因此，适合每一个事物的度量就从时间的整体中分离，保持着连续秩序的天体运动。天体众神实际上被时间的数支撑，他们分有确定的周期并返回到原点。同时，时间的数也通过天体的旋转运动得以持续。"[①]但是时间的形式不是永恒的，它只是模仿永恒，因为时间的形式是与变动世界的可感物相连的，它只是测量作为理智图像的宇宙永恒运动分离的需要，是神圣存在的动态显现，而凡人既无法思考也无法看到神圣的永恒，人类视觉的模糊性使我们遗忘了神圣的来源，灵魂的翅膀折断了。这恰恰是人类语言描述宇宙和时间的局限。

---

① Proclus.Commentary on Plato's Timaeus V,Cambridge University Press,2008,p95.

二、天体

《蒂迈欧》中叙述，时间与天体一同产生。如果有某个时刻会毁灭的话，一同产生便会一同消亡。因为时间是依据永恒产生的，它尽可能在时间的秩序中模仿永恒模式的本性，尽可能与模本相似。天体作为"过去是""现在是"与"将来是"便通过整体的时间。这是造物主创造时间的意图和理智。他创造了太阳、月亮和其他五个星辰，称其为"漫游者"，用来区分辨别时间的数。神把他们的身体放置在异的轨道上，只有七个轨道拥有七个星体。首先是月亮围绕地球运转，然后是太阳进入第二轨道，启明星（金星）和彗星赫尔墨斯（水星）也植入同一轨道。它们的旋转速度与太阳相同，方向相反。其他星辰也按照数的比例安置，至于具体安置的情况，解释起来是巨大的冒险，还是以后再讲吧。时间的永恒性决定了天体的永恒性。时间不会毁灭，在于时间单一的本性，除非有人能够使造物主创造的进程发生逆转。因此，天体在七个异的轨道上按照几何比例运动不可能变为偶数的轨道。只有这样，时间的永恒才会与造物主创造的模式相似。同时，七个星体在时间的秩序下作旋转运动，也表明了时间的整体旋转运动的分离性。时间尽管模仿永恒与神圣的模式相连，却在变动的进程中是由时间的部分组成的整体，也就在整个时间的演化中分有存在，因此时间的形式才会表现为"过去是""将来是"与"现在是"，这些时间的形式都是存在家族的成员。天体的运动只是在这些连续的数列中完成运动的过程，展现了时间的本质。如果没有同的旋转运动和围绕不可见的时间旋转的异的运动，也就不存在时间；如果没有来自不可见的时间作为度量的圆圈运动的分割，也就没有时间的形式。正是时间唤醒了造物主创造的生命体的生机和活力，有了动态的图像在时间的序列中展示自身的多样性存在，这种第二等级的时间就进入到可见的领域，可以分离，可以被时间的形式度量。

造物主的创造有两个等级，相对应于两个时间和两种运动。"有两种创造行动：一种是单一的、不可见的、不动的理智和原初的动力，另一种在形式上是可见的、多样的、与运动相连的围绕理智旋转的运动；一种是生产性的，另一种是沿着生产性排序的。那么，时间进入到存在的事物就具有双重的进程：第一个既是演进又同时保持自己，第二个是被带入运动的。时间在分有的意义上是双重的，决定了运动的双重性：一种具有单一的分有性的，另一种存在于球形天体的旋转中。当造物主注视着永恒和单一的认知时，柏拉图引入了第一种时间。第二种时间源自原因的分离和来自单一认知的多样性的认知。因此前者保持自身，后者进行宣示。"①蒂迈欧就由时间本身进入到度量天体运动的时间的形式，这是度量天体作为生命体的动态图像所展示的宇宙图景的工具。因此，不可见的时间本身就是理智的单一的数，而可见的时间是依据时间的分有与演进的动态运动过程。时间的生产性对万物由过程进入分有提供了可能性，也为通过时间使事物从更为普遍进入更为特殊提供了路径，尽管从视觉的角度理解普遍很困难。但是天体尤其是太阳的运动周期为第二种存在的时间提供了参照物，尤其是为理解时间的整体和为时间形式所度量的多元化的物质世界提供理解的可能。那么，在理解从时间进入到时间之形式的进程中，太阳位于核心的位置，因为太阳体现的是时间的种，是时间中的时间，而月亮的旋转运动位居第二，因为它推动变动领域中的相似性的万物或增加或减少。而其他的天体则通过它们各种各样的圆圈运动，编制各种各样的变动世界的运动形式，它们的运动依赖另一种运动，每一种运动需要其他的运动来度量，这就是它们的运动轨迹在异的圆圈以2倍数和3倍数的几何比例旋转运动，且方向相反的原因。时间的数能够更好地区分和辨别它们自身的运动轨迹。蒂迈欧因此把它们称为"漂泊者"。它们的运动图像无论是前进或逆转都永恒处于倾斜的飘动状态——向下或向上有秩序的旋转。柏拉图在《法篇》中说，这些天体的旋转运动常常给人眩晕的感觉，使人难以把握它们的运动秩序。《理想国》认为：这些天体的螺旋运动有着离心的倾向，嵌套在七个天体的圆圈中。从它们返回自己原点的轨迹来说，它们的运动是有序的规则运动；从它们旋转的图像看，它们的运动又好像是无序的不规则的。时间就是通过这些旋转运动的图像宣誓了自身的存在。时间

---

① Proclus.Commentary on Plato's Timaeus V , Cambridge University Press , 2008 , pp113-114.

形式通过几何比例的旋转差异进行辨别和区分。

造物主安置了天体及其运动的轨迹。太阳位于宇宙的中心，太阳、金星和水星做匀速直线的规则运动。太阳是存在，通过生命进入理智；金星作为中介，通过生命走向理智；水星是生命，通过生命走向理智。土星、木星与火星速度不平均，有不同程度的分离。柏拉图就通过生命分离存在对形体进行安置。"太阳的力量是迷人的、超验的，而金星与水星的力量是对称的，是善的混合物，它们被太阳吸引。金星拥有昼夜创造的同伴，水星拥有黏合的力量使分离的事物和谐。三个星体从而拥有与真理、美、对称相似的运动进程。我们在《理想国》中认识到太阳是真理的图像，金星阿弗洛狄忒是美的化身，水星对对称负责，在变动领域拥有逻辑的地位。所有这些对称都有单一的比例和数对应。这三个星体都是善的影子。恒星的运动图像也是单一的、规则的，七个星体在自身内部是有规则的，但是互相之间就不规则了。金星进入到水星的生产领域。天文学的创造还有三角和谐：土星与火星位于运动的两个极端，互相对应，互相连接，一个是另一个连接的原因，另一个是分离的原因；木星位于中间使造物主创造的两个端点结合为善。这些星体发出同一个声音和同一个音调。"①在星体之中，太阳是宇宙的守卫者，是所有视觉和光亮的来源，月亮是原初本性的图像，水星是想象的运动的原因，金星是被动的感觉欲望的原因。火星是灵魂的可见部分的原因，木星是生命力的来源，土星是理解的力量。所有非理性的物种就这样与时间一同产生，并被时间赋予运动的秩序和运动的轨迹。这些轨迹被造物主创造在宇宙灵魂所涉及的两个X形状的轨道和两个旋转的圆圈内，并用双重的灵魂属性结合起来。七个星体就在异的圆圈内，七个灵魂也被嵌入七个运动的图像中。柏拉图《理想国》称之为纺锤，在这些运动的天体被设计后，造物主宣布了命运的法则和生命创造的永恒，为宇宙设立了统治者，建立了统治的秩序，它们不仅与造物主之父在时间中一同运动，也指导这个宇宙，它们接受了造物主之父的善，展现其创造的美与和谐。这样生命体本身就出现在天穹之中，点缀着宇宙。柏拉图同时区分了两个事物：拥有理智的神圣灵魂和来自理智的灵魂，一个

---

① Proclus.Commentary on Plato's Timaeus V,Cambridge University Press,2008,pp133-134.

是理智的图像，一个是理智的生命。因此，造物主创造的生命体本身只是理智的图像，天体只是理智的生命体。因为神圣的灵魂能够认知造物主的意志和其创造工作的价值，它并不对理智负责；而分有神圣灵魂的理智则处于第二等级的位置，注定要与时间一同产生，必然会遗忘时间之整体的特性，这种天体从时间的组合中分割出部分，它们属于时间之部分，也属于宇宙之部分。天体是时间的衍生物。我们从中可以辨别柏拉图造物主的创造之秩序：第一创造——宇宙原则；第二创造——宇宙灵魂与身体；第三创造——生命体本身包含天体和天体以下的星体。

三、生命体

《蒂迈欧》中说道，当与时间相关的天体进入指定轨道时，它们把生命的纽带连接为生命体，认识到自己的使命，开始了异的运动。其运动是倾斜的，速度有大小，在大的圆圈轨道上运动得慢些，在小的圆圈轨道上运动得快些，但都受同的运动的支配。在同的运动中，运动较快者被较慢者追赶超越，虽然实际上是较快者超越了较慢者。但因为同的运动是螺旋式的、分离的、方向相异的运动，其运动速度极快，分离的速度则很慢，所以使其看起来依然紧密地结合在一起。蒂迈欧叙述了生命体的两种运动：在异的轨道上的倾斜运动和在同的轨道上的螺旋运动。异的倾斜运动说明了异的运动对同的运动是一种偏离，这种偏离既有来自同的运动的根源，也有异的运动的种。因为同的运动是来自同的圆圈保持自身不变的运动。如果只有同的运动存在，将不会有变动，任何事物将只会保持同一而不会发生分离。如果只有异的运动，万物将会处于永恒的运动和不稳定状态中，因此宇宙作为整体既是运动也是静止的。只有这样才能谈得上宇宙的起源和演化。同的进程由于同的圆圈，归于灵魂；而异的进程由于异的圆圈，潜合在灵魂中，一方面体现理智的同和理智的有限，另一方面体现创造的异和无限的多样性运动。异的运动的倾斜表现的就是天体的运转图像。

柏拉图提供了灵魂的异的运动，沿着直线运动，是完善的、不变的运动；也提供了身体的异的运动，沿着倾斜的方向运动，是丰富多彩的、不规则的运动。同的运动支配着异的运动。只有这样才能使宇宙是唯一的、有序的宇宙，造物主创造的万物才可能使对永恒的生命体的模仿保持永恒的本性。如果异的运动也决定了同的运动的进程，那么宇宙将不会接受生命体的多样性，造物主创造的宇宙就是僵死的宇宙了。天体的运动当然是被异的运动推动的，虽然它们运动的轨迹和速度有差别。比如，月亮在小的圆圈中运动，速度就快一点，而图形在大的圆圈中运动，速度就慢些。柏拉图看到天体的运动周期的大小不仅与速度有关，更主要的是与运动的比例有关。这些都需要时间的计算。如果同样的比例在一圈内运动，速度相同，那么在大圈内运动一圈需要的时间就是小圈内运动时间的一倍，而其运动所走过的距离才会相等。如果拥有相同的速度和相同的时间，在小圈内运动的速度就快些。如果在两个不均等（大圈和小圈）的圆圈内做相同比例的在一定的时间和特殊的时间运动，那么后者的速度显然更快才能够赶上在大的圆圈完成一个运动周期。因此，围绕大圈运动的物体将穿越围绕小圈运动的物体。如果它们运动的比例相同，那么通过小圈运动的事物将会与围绕大圈运动的事物拥有相同的速度，但是时间不同，因为通过同样的距离一个需要较长的时间，另一个需要较短的时间。如果通过一个圆圈的时间的比例小于通过另一个圆圈的时间的比例，那么大的物体就运动得较慢，通过小圈运动的物体就较快。因此，速度是不规则运动的必然结果，而速度的不同在于圆圈的周长和时间的差异。只是造成了视觉上的迷雾。因此，对天体的研究一定不要相信眼睛，要相信理性。柏拉图已经认识到天体运动的相对速度与时间的关系及几何学与数学比例对研究天文学的重要性。这也是柏拉图在《理想国》中的告诫："我们要像研究几何学那样研究天文学，只有灵魂中天生就具有的理性部分从无用变为有用。"天体也是介于沿直线运动的事物与做圆圈自我推动的运动之间。这种运动的差异使我们以地球做参照物时，觉得天体看似向上或向下，方向各异。但同的运动是螺旋式地从东向西，与异的运动从西向东不同。观察到这两种运动方式差异的人就会看到星辰运动的相同性，也会认知到它们运动速度上的差异。由于视觉的迷茫，使得我们习惯从西向东观察天体，好像运动较快者被较慢者超越，而实际上是较快者超越较慢者。实际上我们看到的只是异的运动轨迹并以此推测同的运动轨迹，但是对同的运动轨迹的观察要依靠灵魂的理智，从东向西看，视觉的方向要颠倒过来才会正确。

"那种认为月球被土星超越，较慢者穿过了较快者的错误就在于：他只是从同的运动进程考虑而没有考虑到特殊星辰的运动，他没有意识到有一种转移不是转向西向的领导性的标志，而是转向东向的追随者的标志。这也是《法篇》中雅典陌生人叙述的许多人忽视天文学，认为较慢的运动者超越了较快者，这是可笑的。我们实际上不知道何者快何者慢。当月球从西到东沿着异的轨迹被特殊的运动推动时，它是与星辰分离的，而土星需要围绕同一位置旋转好多夜；月球脱离中心点的快速运动又走向中心点的时候，许多人假定月球与土星被宇宙推向同一个方向，但是它们并不以同样的速度返回同一点。因为土星旋转周期的比例相对月球旋转周期的比例要比它们返回到原点的比例大。"[1]同的运动是螺旋式的方向相反的运动，有着分离的倾向。每个行星都有两种运动：沿着黄道走向赤道；同时既向西又向东。这两种运动在宇宙中结合起来形成螺旋运动。在恒星与月球以下区域之间存在的中介就是太阳。太阳是沿着赤道方向运动与宇宙的运动方向相反。相对于前者做规则的圆圈运动，在后者即月球以下的行星则做不规则的螺旋运动，与经纬度和靠近地球的端点一致。这些行星都有各自的运动模式。实际上，在天体进入存在之前在异的圆圈中就潜伏着两种有离心倾向的对立运动，在同与异之间、在运动与静止之间、在有限与无限之间就存在一种原初的对立冲突。这种旋转球体存在于旋转的运动和圆圈运动的行星之间。直线是对于变动而言，圆圈适合恒星运动，螺旋式适合行星运动。这些与纬度一致的运动和靠近地球的运动就是行星上下和沿着对角线运动的原因和模式。

我们观察行星运动轨迹的主要参照物就是太阳。太阳充满火，点缀着这个宇宙，使天体充满光亮，使我们可以分辨造物主创造的生命体在时间进程中同的运动的数。太阳使测量行星运动的可见的时间和可见的运动周期成为可能。因此，太阳成为七种行星运动的领导者和万物之王，它模仿持续的永恒，捍卫指向善的永恒之光。"太阳透过光成为善的供给者，从高

---

[1] Proclus.Commentary on Plato's Timaeus V, Cambridge University Press, 2008, p151.

处普照万物和万物的部分。太阳使宇宙充满光芒，使神圣的身体充满生命，它指引灵魂通过完善的光走向完美，给予灵魂走向完美和上升的力量。它的光束使它引领宇宙，把热烈的种子撒播在灵魂中。由于太阳的秩序来自高处，来自宇宙的创造模式，造物主点燃了它，使它成为分离的和理智的球体，建立了与善的相似性。宇宙因此拥有可见的有形的身体。这种像善一样的神圣之光就是通过神圣的理智窥视真理的眼睛。"①这样行星的运动就在太阳的理智之光的照耀下显现出来了。可见的时间潜合在其中的运动轨迹通过数来计算。太阳绕黄道旋转一圈就是一个光年，月亮绕黄道旋转一圈超越太阳的时候就是一个月。但是地球是灰暗的球体，太阳只有靠近地球，地球的黑暗才会褪去。太阳可以尽可能地照亮整个世界，但它不能同时照亮整个地球，尤其是春分和秋分时刻，太阳对地球的照射时间最短。因此，太阳也为地球带来阴影，带来昼夜的区分。造物主没有在第一轨道的地球上点火，而是选择了位于第二轨道的太阳。太阳的微光对于变动世界的分配是不对称的，但首先接受太阳光的月球却更加对称，月球就像一个小太阳，为被阴影笼罩的地球带来太阳的微光。这就是时间意义上的与太阳的运动关联的昼夜观念。"昼夜是我们窥视同的运动和相似性所产生的数。这个数既不是理智也不是思想，而是意见，是前存在中的数的符号。正像我们依赖思想的数认知不可见的数，与意见相连的是可见时间的数。""昼夜由于光的创造拥有自己的进程，最小时间的度量已经被中介所分离。昼夜是单一的最大智慧的旋转周期，它并不意味着恒星的旋转是单一的和最大智慧的旋转，或者说这个属于旋转的周期就是昼夜。单一的最大智慧的旋转是属于同的运动圆圈的认知。旋转的周期是恒星的球体的运动进程，而认知能力是领导性的。毕竟旋转是行动，是周期，但首先是来自根源的本性，后者只是模仿旋转的结果。有了昼夜这个最小的中介，我们就可以计算出月与年。我们通过年测量整个宇宙在整个时间中的旋转。"②普罗克洛斯把昼夜作为最小的时间单位，代表了时间的图像，而作为天体运动的周期则必须由许多时间单位组成。这就涉及时间的分割来

① Proclus.Commentary on Plato's Timaeus V, Cambridge University Press, 2008, p156.

② Proclus.Commentary on Plato's Timaeus V, Cambridge University Press, 2008, pp161-162.

测量天体的运动周期。如果说周期是天体旋转一圈的时间，那么周期的概念就会引起困惑，因为不同天体的运动周期是不同的。

亚里士多德批评柏拉图的这种叙述："有些人主张时间是天体运动，有些人主张时间就是天体本身。但是天体旋转的部分也是时间。如果有不止一个天体，任何天体的运动也是时间，就会有许多平等的时间。天体本身就是时间意味着万物都存在于时间中，也存在于整个天体中。这种说法是荒谬的。"[①]时间不是运动，时间也不能脱离运动，这是正确的。但是亚里士多德没有认识到时间的双重性：原初意义的时间、与天体运动相连的时间刻度，也就是柏拉图所讲的时间与时间的形式是不同领域的逻辑划分。时间指向宇宙天体的整体和本质，时间之形式是度量天体运动速度的刻度。因为在人类认知到天体运动之前与对时间进行形式的分割之前，时间就已经存在。时间的存在不以我们的意识为转移而永恒存在。时间的形式则是我们认知天体的结果和理智的构建，用以测量天体运动的变化过程和旋转周期。亚里士多德的时间观局限在物理学的位移运动，因此无法窥视天体运动的奥秘与时间永恒的神秘，所以他把时间定义为"运动前后的数"。这样的时间恰是人类意识分割的时间之形式或以数计算的时间之部分，而时间本身是无法分割的永恒的存在。这也是赫拉克利特所讲的"太阳是时间的管理者和监护人，它规定、裁决、揭示并照明变动，带来了产生万物的季节"。

当星体运动的相对速度在同的圆圈和相似运动中以同一的方式完成完善的一年就构建了完善的数。这就是柏拉图主义的"大年"或"狗年"的观念。很明显，时间由于模仿生命体而与永恒一致，宇宙变得完善是由于时间的原初存在。时间也由于宇宙七个星体的运动而得以构建。由于时间与生命体相连，生命体是充满灵魂的，时间的进程就与灵魂相似。这决定了时间既是永恒的也是变动的。由于混合了灵魂与身体的生命体的存在，时间进入到第二种存在。由于数既是进程又是圆圈，时间就既是中心又是偶数。时间的双重属性决定了天体的运动和七个行星的运动过程既是单一数的运动，也是各自不同的运动轨迹。它们在异的圆圈内旋转的同时保持

---

① Rossen.Aristolle's Physics,Cambridge University Press,1995,p385.

同的根源，受同的运动的支配，在保持自身差异性运动的同时与同的运动的圆圈有相似性。"时间度量运动的整体，从终点回到起点，这就是完善的数。但是月或年由于具有部分，所以对于更大的持久性的周期来讲，作为数是不完善的。时间是普遍的或整体的，目的是模仿永恒。后者以原初方式确实是整全的，但是组成整全的'一'同时也是部分的整全。在永恒的中心形式中保持着整全枝节的身体的整全却是被时间连接，因此普遍的时间度量宇宙单一的生命体与拥有运动进程速度的万物一致，无论这些速度是属于天体的圆圈还是次级天体的领域。因为在这些向下运动的事物中也有旋转的周期和完整的圆圈，尽管这些拥有速度的事物需要在同的运动圆圈中存在一个领导者。它们就以这种方式返回起点，因为同的运动毫无疑问是万物中最单一的，完善的圈也与它拥有的黄道相关。"①柏拉图解释时间进入时间之形式的逻辑进程，不可分割的时间被分割为部分时间的逻辑切割。解释了时间更迭、季节变化与天体运动轨迹的逻辑勾连。因此，我们所谓的春分与夏至、秋分与冬至是时间分割与行星运动旋转轨迹的关系。不过，《蒂迈欧》中的完善的数与《理想国》讲的"神圣的创造者穿过的周期"不同。因为前者拥有更多的部分和时间分割，而后者只是叙述行星的运动过程，与时间分割无关。前者的目的是叙述行星的运动与时间之永恒的模仿之间的关系，而后者则是叙述行星运动所宣示的命运的法则与秩序。前者讲述行星运动与造物主之善的亲缘，而后者讲述行星循环运动与灵魂不朽的亲缘。不同的叙述展示的是不同的意图。

　　生命体本身的模式就成为理智与理智存在之间的中介，就像在永恒与数之间；宇宙展现创造之模式的完善性，通过时间保持其永恒性。宇宙就通过时间之整体贯穿生命体的全过程。时间之整体是不可毁灭的，在永恒中的时间就是完善的数。宇宙中被造的星体就尽可能模仿永恒的存在之模式，模仿永恒。但是生命体并不完全与模式相似，生命体只是展现造物主创造之完善和永恒的图像。造物者要依据模式的模本继续完成续任的工作，他创造了四种生命体：天空中的诸神、空中的飞行物、水中的居住者和陆地的行走者。宇宙拥有生命体本身的理性，从而有能力辨别这些生命

_____

① Proclus.Commentary on Plato's Timaeus Ⅴ,Cambridge University Press,2008,p171.

体的不同表现形式。"柏拉图只是把宇宙比拟为生命体本身，他同时提到三种时间：使这个宇宙成为创造中的一种、在永恒中完成了宇宙的创造、使宇宙完善。这样生命体本身就被三种事物所塑造：存在的种、永恒与完美。生命体在理智中就处于第三等级。它拥有存在的种作为第一秩序的结果与一的存在一致，它拥有永恒的存在与永恒一致，它还拥有完善的存在作为第三种。这样整体就是三维的，来自最高的理智本身。宇宙就是最好理智的图像。宇宙就必然与整体中的每一个部分一致：首先与部分之前的整体一致，其次与部分组成的整体一致，最后与剩余的部分一致。造物主使宇宙秩序化，因此生命体的存在是镶嵌着理智与灵魂的。"[1]由于这样的设计，造物主首先使宇宙从无序进入秩序，赋予宇宙创造的数学法则；其次造物主设计了宇宙灵魂的几何比例运动进程和宇宙身体数学比例组成元素并使其黏合起来；最后造物主依据创造之模式创造了生命体本身作为宇宙的图像，使生命体在最大程度上相似于模式，模仿永恒的模式，并依据这个图像创造了四种生命体，组成了生生不息连续旋转运动的宇宙图景。作为生命体的本身的整体，不仅包含了理智的生命体也包含感觉性的生命存在。由于这些生命体与生命体本身和创造生命体本身的模式之间具有最大程度的相似性，使得生命体在造物主的指引下朝着完善的路径旋转，指向永恒的原初创造之模式，从不相似走向相似，从不规则的运动走向规则的运动，从无序走向秩序，从不完善走向完善，从部分走向整体。所有生命体的运动都是依据数的比例的规则旋转运动，必然受到数的比例的约束。这是柏拉图保证生命体走向完善的计划。由于生命体本身是在整体的永恒中分有理智的，所以生命体本身不会与存在本身一致，也不会与理智的生命一致，它的生命存在是第三等级的，是思想中最美的客体。由于生命体本身就是理智性的理智，它自身就包含理智的秩序，把这些秩序同一起来创造完整的一。由于它是有限的存在，是所有理智的事物中最美的，它就会把理智的同一的未知的原因通过理智的生命存在展现出来。

在叙述了生命体在造物主创造次序中的位置后，造物主展现了生命体存在的四种形式：天空中的诸神、空中的飞行物、水中的居住者与陆地的

---

① Proclus.Commentary on Plato's Timaeus V, Cambridge University Press, 2008, pp176-177.

行走者。但疑问是：为什么生命体本身的形式是四种？为什么这些生命体是展现生命体本身的形式？柏拉图对生命体之形式的数的规定源自毕达哥拉斯学派的"神圣的数的演绎"："万物的原则是'一'，从'一'中产生不确定的偶数'二'作为物质的原因；数就是源自奇数与偶数的组合与分离。来自'点'的数组成'线'，'线'的数组成'平面'，而'平面'组成了可见世界的立体图像——火、水、土、气四种原初的元素，而立体需要四个点支撑。这四种原初元素构建了有生机活力的宇宙和理智的球体，在其中心围绕地球旋转。这种点、几何数与感觉体的数学来源就必然随着数的比例旋转。这就是《蒂迈欧》宇宙论的图景。"①柏拉图的叙述体现了典型的毕达哥拉斯学派三角数与生命体本身的关联。我们看到：三角数几何学列的"四维结构"。

```
          0

       0     0         0  0  0        0  0  0  0

     0    0    0        0  0  0        0  0  0  0

   0    0    0    0      0  0  0        0  0  0  0
```

　　所有 1、1+2、1+2+3、1+2+3+4 这些和数都是三角形数；而第四个三角形数 10 是毕达哥拉斯学派推崇的"神圣的完美数"；在柏拉图《理想国》的厄尔神话中被称为"塞壬的歌声"（The Sirens Sing），指引着天体运动的旋律，使每一个星体发出同一个声音和音调，维持着宇宙的和谐。三角形的每个边都是 4 个点，4 是最得宠的数。这种有秩序的三角数的"四维结构"就组成了毕达哥拉斯学派的完美数：1+2+3+4=10。"四位一体"的宇宙生命体作为生命体本身的模仿物就组成了宇宙音乐秩序的完美音符。毕达哥拉斯创立了纯粹数学，把数学变成了一门完美的艺术。柏拉图的造物主依据这些纯洁的数的设计作为宇宙图像的生命体的几何结构，赋予生命体四个和谐的形式。普罗克洛斯在更深层次的理智的本质上谈到生命体本身包含的四种形式："理智的本质就是原初、单一与同一，这种理智来自最初的暗藏的父亲般的'一'；第二种来源是单一的力量与整体的不受限制的刻

　　① Charles H. Kahn. Pythagoras and the Pythagoreans: a Brief History, Hackett Publishing Company Inc. 2001, p80.

度；第三是进入行动和多样性的力量，已经父亲般创造性的建立起来的模式之图像。首先毫无疑问是潜藏在整全的理智领域的'一'与神圣的数；其次是来自永恒结合了存在的存在于理智的种之中的'二'。我们目前的对象就是接受潜藏的'一'的原因，在自身之内展现前者不可分离的力量。在'二'中的事物是原初的同一的不可分离的存在，而'四'则是宣示被分离的已经被数延伸的存在。第三种已经拥有适合它的秩序，以变动的方式分有优先于它的原因。它已经被分配了超验的造物主之秩序拥有的生产性和再创造的力量。因此被称为生命体本身。"①柏拉图分割了造物主创造之模式的力量为四维的生命体形式，安排了创造的等级秩序。这些混合的生命体形式当然也包括单一的生命存在本身。原初的生命存在数是四个，因为来自理智领域的偶数"二"已经存在并充满造物主的"一"之中。但是我们也要明白，造物主并没有创造所有的生命体，他只是创造了生命体本身和与他的模式相似的模本——天体和众神；造物主创造的是不朽的生命体，可朽的生命体是年轻的众神模仿造物主创造的模本创造的。因此，《蒂迈欧》中生命体的创造就划分为两个等级。

《蒂迈欧》中诉说，造物主用以火缔造诸神的形式模仿宇宙的图像赋予其球形和优异的理性，安置在天空各处，点缀整个宇宙，使之辉煌。造物主赋予诸神两种运动：原地运动，思考同一的问题；与同的运动相似的向前的运动。造物主没有赋予诸神其他五种异的运动，目的是使它们尽可能与创造它们的模式之生命体一样完善。全部恒星就是这样产生的，它们是生命体，永恒自我旋转。至于那些漂泊着的游荡的星体，前面已经谈过了。造物主把地球设计为人类的护卫者、昼夜的护卫者和度量者，围绕轴心旋转，是诸神中最受尊敬的。毕达哥拉斯提出"宇宙中心火"。毕达哥拉斯的弟子菲洛劳斯认为，太阳像一面镜子，接受宇宙中心火的照射，再把光与热透给我们。因此，在这种意义上，有两个太阳：一个位于天体中火的地带，一个是它照射在镜子上产生的火的区域。如果不再有第三个太阳，那么通过反射散射到我们的光，我们称之为太阳，就模仿真实的太阳而言，其实不过是一种想象的幻觉。菲洛劳斯没有论述为什么引入宇宙中

---

① Proclus.Commentary On Plato's Timaeus V,Cambridge University Press,2008,p191.

心火。"火比地球更加尊贵，这是毕达哥拉斯学派的学说。菲洛劳斯可能认为，人类的身体来自'热量'。既然火与热都优先于生物体，那么宇宙中心火就必须是原初意义上的，位于宇宙起源的起点、宇宙图形的中心。火就是世界的根源，应当位于中心。火就是'一'与'无限'。"①菲洛劳斯当然是推测，不过与前苏格拉底自然哲学家认为的地球是宇宙中心的观点来说是颠覆，蒂迈欧作为毕达哥拉斯学派的弟子继承了这一学说。柏拉图学说的基本出发点是"一"与"不定的二"。柏拉图受菲洛劳斯的影响是无疑的，"菲洛劳斯第一个出版了毕达哥拉斯的论文集《论自然》，认为万物产生于必然，并处于和谐的关系中。柏拉图前往西西里狄奥尼修斯的宫廷，花了40个米娜向菲洛劳斯的亲戚买了这本书，而《蒂迈欧》正是转录的这本书"②。蒂迈欧把火植入神圣的生命体中作为诸神存在的基本元素，真正纯洁的火在天上，是纯洁的光，而观察光属于我们视觉看的行动。有火组建的宇宙众神就成为造物主与人类之间的中介，成为理智世界与感觉世界沟通的桥梁。恒星作为特殊生命体中的第一类也由火组成，赋予其圆形的几何结构，位于宇宙的中心，做自我旋转运动。火已经成为恒星运动的基本形式，充满神圣的创造力量，布满整个星空。火作为万物的起点与归宿就像被赫拉克利特所讲："这个世界的秩序既不是神也不是人创造的，它过去是、现在是、将来也是一团永恒的活生生的火，按照一定的尺度被点燃，按照一定的尺度被熄灭。万物就是根据这个永恒的逻各斯产生的。"③赫拉克利特的宇宙演变的逻辑秩序就是火，是"一"。火不仅仅是一个符号，而是世界的物质性存在的根基与永恒不动的事物的度量。蒂迈欧把赫拉克利特与菲洛劳斯结合起来规定，作为宇宙众神的形式火的图像球体，赋予其变化的永恒性和对世界的净化功能。宇宙论意义上的火不仅对土或水而言是原初性质的，而且充斥着宇宙的神圣的不朽的滋润着天体的力量。火决定了自然世界的物质演化和这种演化的秩序。火的燃烧与熄灭作为火的物质形式的转化——从火到土到水，总是保持着比例上的平衡而自

① Carl A. Huffman.Philolaus of Croton,Cambridge University Press,1993,ppp79,244-245.

② 拉尔修:《明哲言行录:下》,吉林人民出版社1993年版,第548页。

③ Leo Strauss.Heraclitus' Cosmos,Cambridge University Press,1954,p307.

身保持不变。火向上的力量决定了火在四种原初元素中的领导地位，它保存并支配万物，它自身充满神圣的创造力量，充满生命，催生了万物。

但是"理智之火的运动不同于形式上的身体之火。火的逻辑存在于理智中，与事物共存的火依赖物质的存在秩序。如果来自星辰的火的组成的确是神圣的，它就不会向下潜合于物质中；如果前者是最亮的最美的，它就与黑暗的混合着物质的丑陋没有相似性。当身体的火也是最亮最美时，这确实是真理的宣示。对于星辰的盲目的不透明的光就是神圣的善本身的想象，它外在的美就适合于理智的对称性。因此，神圣之火是一回事，非神圣之火是另一回事"①。因此，柏拉图才说，众神之火是造物主赋予的，真正的火在最高的位置，是向上的、向善的，是地球的护卫者，而地球只是分有了火的最低等级。由于火的本性决定了众神的运动就是围绕自身圆圈中心的自我运动和向前的旋转运动。这样就与同的运动吻合，也最具相似性地模仿造物主创造宇宙之模式的永恒。这样每一种星辰的运动就具有两种相似性：与宇宙整体、与整体之形式。每个星体就表现整个宇宙和相应的模式，与其图形相似，也与运动相似，既模仿造物主也模仿造物主创造之模式。既然整体优先于部分，部分也就与整体保持相似性。生命体本身就是由众多的生命体组建的整体，有些生命体如星辰是不朽的造物主创造的永恒物，有些生命体是由造物主创造的年轻的众神模仿造物主创造之模式创造的可朽物。这样生命体在创造的等级上就体现出差异性。而模仿造物主创造之模式的众神就必然被置于宇宙的中心和边沿的各处，星辰就通过同的运动进程被安置环绕天体，赋予秩序在其他天体之上，展现丰富多彩的变化，造物主把星辰植入神圣的灵魂，赋予其生机活力，提供与其理智相应的生活。以相似方式把行星植入异的轨道，在宇宙中旋转似的漫游。如果灵魂推动的星辰做有序运动，就是理性的；如果灵魂推动的星辰做无规则运动，就是非理性的。每个星辰独特的运动展现创造的完美，从而与宇宙灵魂的秩序一致，最大程度上相似于宇宙灵魂与宇宙身体。星辰在宇宙中的位置是由宇宙灵魂决定的。宇宙灵魂为宇宙安排了统治者——正义，指挥着多元化的星辰把不规则的运动引入有比例的规则运动中，体

---

① Proclus.Commentary on Plato's Timaeus Ⅴ, Cambridge University Press, 2008, p204.

现造物主创造之秩序。

　　既然灵魂是运动的根源，灵魂的运动通过身体的图像体现运动的轨迹，那么旋转的圆圈运动就来自造物主。每个星辰都有适合自己图像的特殊的运动轨迹，那么作为组成整个天体运动的星辰的个体的运动是如何与整个宇宙保持和谐一致的呢？蒂迈欧设计了两种星辰的运动：以自我为中心的原地运动和与整体保持协调的向前的运动。"身体的运动是双重的，属于神圣存在拥有合适生活方式的灵魂通过适合的行动与理智结合，被宇宙灵魂引导，作为其部分也积极与整体的理智结合。每个星体的灵魂与身体也是双重的，身体围绕自己的中心旋转，模仿自身灵魂的与众不同的行动，它自身的理智被带入恒星的图形的向前的运动中，模仿自身灵魂与整体灵魂的联合行动。整体中的安排是属于理智的。星体的身体进入与整体的进程相结合的行列，虽然它也有来自自身的冲动中，承受思想行为与理智的永恒运动的想象。同的运动与相似性意味着同的圆圈运动属于世界灵魂，每个个体星体的灵魂受其领导，同化自身进入到世界灵魂的神圣轨道。而向前的运动属于整体上从一个位置进入到另一个位置的运动。这样星体向前运动的时候，恒星的圆形围绕这样天体的运动包含了这个变动世界的运动，指导着天体的运行。对于其他的漫游着的行星，不仅存在围绕轴心的圆周运动，而且在运动方向上有前后上下的运动轨迹。"①这五种行星的各自独特的运动轨迹使得天体的和谐秩序显得美与善。作为造物主创造之模式与终极原因的产物，所有的恒星都是生命体，分有永恒，自我旋转，因为其内部包含神圣的理智与神圣的灵魂。这样就与没有分有神圣理智却依赖神圣理智存在的其他的生命体区分开来。这种行星的巨大差异的根源在于火在不同的位置结合的原初元素不同，在一个位置火结合了土的形式组成的立体结构起决定作用，在一个位置火结合水的形式，在另一个位置火又结合气的形式，这决定了行星的多样性与运动轨迹的差异性，也决定了行星或隐或现地出现在我们的视野里。

　　蒂迈欧把七个星体作为宇宙的领航者，它们在同的旋转运动的指引下按照自己的轨道以同样的方式旋转，时间作为宇宙整体的度量追随天体的运

---

① Proclus.Commentary on Plato's Timaeus V，Cambridge University Press，2008，pp214-215.

行，测量各个行星运行的速度与周期。地球是诸神中最尊贵的，是人类的养育者和时间的护卫者。这种隐喻式的叙述使地球在天体的秩序中就像母亲的角色，而天空就像父亲的角色。天空提供了天体运动的图像和形式，地球提供了物质与质。地球作为生命物拥有神圣的灵魂与生命体，围绕理智旋转；作为可见的有形的球体被生命激活成为灵魂的工具，星体中的物种在地球的土壤中就会扎根，脱离地球的土壤就会死亡，这就是地球拥有生命体的证据，地球拥有非物质的力量与神圣的生命存在。因此，地球是拥有理智与灵魂的实体。"地球成为人类的养育者是因为：首先，它拥有与天体等值的力量，天体拥有神圣的生命体，地球本身也包括了所有陆地的生命存在。其次，来自生命体本身的地球把生命置于我们的呼吸之中，产生了适合自身的生命存在，地球不仅生长谷物滋养我们的身体，而且把自身的灵魂充满我们的灵魂。"①因此，地球拥有为理智成长提供营养的力量，拥有为灵魂提供营养的土壤，推动人类理智与灵魂的生长。柏拉图在《菲多》中叙述地球的状况：大地是圆形的，位于天体的中央，它自身的均衡使得各方面与天体同一，足以维持自身的位置不变，永远停留在同一位置，也不会掉下来。大地有许多洞穴，它本身是纯洁的，位于纯洁的星空之中……我们没有觉察到自己住在洞穴中，以为生活在大地的表面……从未把头伸出海面，到上面的世界看看，我们把其称为天，以为就是星辰运行的天。柏拉图在这里只是描述了地球的位置与人类在地球中的位置和处境，好像地球是不动的一样，其实地球的运动是与同的旋转一致的运动，地球也与其他星体围绕单一的圆圈运动。由于我们在地球的位置与视角的原因，把假象误认为真理。《菲多》中叙述的不足延伸到《理想国》中对"必然性的纺锤"的叙述，"他使必然性的纺锤的支撑与挂钩来自稳固的点。这个单一的点组成的轴是可以把万物带入中心宇宙的神圣的轴线，以此包含这个宇宙，把神圣的事物安置在运动的进程中，围绕主题旋转。它拥有的力量使得它好像是不动的不变的一样。这单一的力量护卫着整体的圆圈"②。这也是《理想国》叙述了八个星体，而《蒂迈欧》叙述了七个星

---

① Proclus.Commentary on Plato's Timaeus V，Cambridge University Press，2008，p233.

② Proclus.Commentary on Plato's Timaeus V，Cambridge University Press，2008，p236.

体，把地球单独叙述的原因，是因为地球在天体中的独特位置与功能。地球位于天体的中央，并不意味着地球是宇宙的中心，只是由于地球的运动速度极快，而且是围绕着宇宙天体的轴线旋转，与天体在秩序上拥有相似的欲望与图像，从而与众天体和谐一致。由于地球的物质组成及其运动的轨迹与太阳有重叠的地方，地球的圆锥形给予这样的尺寸与形状以阴影，从而产生了夜晚，昼的概念是尾随白天而后的。所以说，地球创造了夜，是夜的原因，太阳是昼的原因。但是太阳没有力量创造昼夜。太阳是光的源泉。昼夜时间的不均等恰是地球运动与太阳运动比例速度的差异造成的。理智的地球接受了来自天体的父亲般的无穷的神圣力量，使万物的生长成为可能和现实。地球就成为最尊贵的生命体，是生命之源。地球是人类的家园，地球是我们的母亲。毕达哥拉斯称之为"宙斯的守望塔"。

第四章

柏拉图《蒂迈欧》的科学叙事:众神的工作

蒂迈欧对造物主创造的"可见众神"的叙述结束了,因为这些星体的位置、运行的顺序和时间表以及传递给人类的信息都必须以同的运动模式为参照系。不过要详细叙述很困难,因为我们缺乏天文学观测数据的支撑。但是数学是天文学的基础是没有疑问的。我们的诗人荷马与赫西俄德已经有了史诗传统的想象性叙述,我们在没有新的证据之前,还是遵循诗人们对我们凡人的告诫吧。或许诗人的想象和猜测也能够为科学探索提供微弱的智慧之光。毕竟神圣法则定义了神圣秩序,而神圣秩序又为我们尘世的秩序提供了模仿的参照与坐标。造物主创造的宇宙和谐秩序是真善美的统一,是造物主数学设计的结晶,这是柏拉图《蒂迈欧》宇宙创造的真善美同一的第一等级,体现了《理想国》追求的"几何学的必然性"和对完美性的追求。而第二等级的创造则是以造物主创造的众神按照几何学的数学比例铸造的模本为原型,同时混合了《理想国》中所言的"情欲的必然性"作为材料,因此众神的创造是不纯粹的创造。这也是"宇宙灵魂与宇宙身体"和"人类的灵魂与人类身体"的本质不同。

第一节　众神的创造:人的身体与灵魂

一、造物主的宣称

造物主创造了不朽的生命体——天体之后宣誓了自己的创造物的不朽的神性,但这些天体并非永恒,而只是分有永恒,并非不可分解,而是分有不可分离的模式，它们的永恒与不可分解依赖造物主的意志。但是生命体中还有三种生命体没有创造：天空中的飞行物、水中的居住者与陆地上的行走者。这三种生命体是造物主创造的众神模仿造物主创造之模式以自身为模本创造的，包含不朽的灵魂与可朽的身体。因此，众神创造的生命体的灵魂来自造物主，而其身体来自众神的创造。众神装备了人类灵魂所需要的可朽的身体，成为人类的统治者。这样这些生命体的本性就包含两个方面：善与恶。

造物主宣称自己是造物主与创造者，造物主只对人类灵魂中不朽的元素负责，对于可朽的元素，由于纯洁程度的差异与混合比例的失调而显示出差异性。众神接受造物主的指令，模仿造物主创造众神的模式，把水、土、气各取一些份额，捏成团，用小的看不见的栓拴住灵魂进出的通道，而不像创造众神所用的几何比例的纽带那么有比例。这样人类灵魂的运动就受制于人类身体的不和谐的局限。但造物者赋予人类"自由意志"，这种灵魂的"自由意志"与身体的失调（欲望、恐惧、愤怒与理性的交织）就破坏了灵魂原初元素之间的神圣结合的纽带——2倍数的比例与3倍数的比例，使得人类灵魂与身体的运动混乱、失调、无序、无规则，使得灵魂走向善的道路极其艰难，而通往恶的路径极其通畅。但是造物主宣誓了人类灵魂的命运法则——永恒轮回与命运的惩罚。灵魂的终极归宿是回到天上过和谐的幸福生活，而拒绝回归的灵魂必然受命运的惩罚，进入到更低级的生命体中。因此，蒂迈欧的灵魂轮回是通往真理的上升之路，灵魂的惩罚是通往意见的下降之路。灵魂轮回的叙述最早来自奥菲斯宗教，被毕达哥拉斯学派接受，被柏拉图发展，成为沟通天界与人间的桥梁，折射出人类的生存困境。杨布里柯回忆道："毕达哥拉斯生气的时候，从来没有惩罚过一个奴隶或纠正过一个自由人的错误。他在等待，等待他们理性思想的重建，他称之为'回归'。当他等待的时候异常平静。毕达哥拉斯的弟子阿肯塔斯从战场归来，看到管家与其他奴隶没有照看好农场，而是表现出极度的疏忽。尽管他可以愤怒和烦恼，但是他没有，他把举起的手又放下了。他说：'如果我没有生气，你们已经很悲哀了，因为我已经惩罚你们了。'"①因此，"灵魂轮回"的基本含义是"回归理性与节制""回归秩序与和谐"。毕达哥拉斯的另一个弟子菲洛劳斯提出了"灵魂之厄""灵魂被束缚在身体里，生命将会在世界的秩序中接受惩罚与神的审判。如果灵魂不能够从身体中解放自己，将会忍受更大的折磨。灵魂的解放来自神圣的意志。"②灵魂的解放是有限度的。

蒂迈欧对众神的指令与人类命运的宣示，对人类生活道路的选择提供了多样的可能性与唯一向善的途径。这再一次显示了柏拉图研究宇宙秩序的政治意图——为人类的政治秩序提供样本与模式。地上的事物必须与天上的事物和谐一致才能久远，这就是柏拉图"理念"在人类世界的延伸，揭示了欲望与理想的形而上学的根源——这个世界源自一个更高的、更完美、更完善的审美世界。这种古典理想把这个宇宙作为完整的整体来思考，人类的居所只是它的投影。但是人类灵魂是否能够作为一个统一的整体行动是有疑问的。"人们有一种相当模糊的任性的看法，觉得人类应当解决一项总的任务，人类应当作为整体朝向一个总的目标前进。这种看法很稚嫩，也许还没有成为一种'定型的理念'之前就被抛弃了。人类还不是一个整体，人类具有的上升与下降的生命过程有一种不可分解的多样性，此过程并没有从青春到成熟，到最后的发展阶段，也就是说各种层次交错重叠。在数千年中，人类可能始终比我们证明的还要年轻。人类所有的周期都存在颓废、渣滓与腐烂的物质，这就是生命过程本身，排泄衰退的败坏物。"③尼采也相信"永恒轮回"，但与柏拉图不同，尼采的永恒轮回是生物学意义的循环上升，已经丧失了完美的参照物，从而与天体的和谐运动无关。

二、人类的身体结构

诸神创造了身体中最神圣的部分——头颅，作为身体的统治者，支配身体的各种运动。在头颅的核心部分创造了眼睛，眼睛里拥有不会燃烧的

① Carl A. Huffman.Archytas of Tarentum,Cambridge University Press,2005,pp283-285.

② Carl A. Huffman.Philolaus of Croton,Cambridge University Press,1993,p403.

③ 尼采:《重估一切价值》,华夏出版社2011年版,第243页。

光，与太阳的光接触产生共鸣。眼睛是灵魂的窗户与视觉的器官，可以接受万物的映像。柏拉图在《理想国》中把太阳比作善的儿子。太阳就是可见世界的原因，太阳的光与视觉之光接触结合为单一体，对各种视觉的图像进行复制，形成直观与意见，但这些还需要灵魂之理智的参与才能接近真理。因此，视觉必须向上注视天体的运动，寻找真理的来源。柏拉图用"水中的映像"或"镜中的映像"比喻这种单一体的特性——常常为错误的产生提供源泉。康福德认为："我们必须意识到柏拉图的光学知识，他没有提及镜头或视网膜。他知道一条射线的入射角与反射角是均等的。这种命题出现在欧几里得的光学中。柏拉图谈到太阳之光与眼睛之光的聚集产生视觉的三个条件：（1）两条火光的结合；（2）必须有来自光滑平面的单一的火光与来自物体反射面的可见光合并；（3）必须有一面镜子，两边弯曲向前，平面就成为圆柱形与弯曲的水平线。如果通过直线的镜子反转，曲线就成为垂直的，图像就颠倒了。"[1]柏拉图的代言人蒂迈欧强调了太阳光线对视觉产生的重要性，解释了视觉的来源，但是忽视了对梦的解释，因为晚上的视觉是模糊的，也会产生镜中的想象。不过柏拉图在《智者篇》中谈到模仿产生的想象与幻觉产生的想象的区别：模仿产生的想象来自对存在的误视，是视觉迷失在现象领域而丧失理智，离开神圣之光的结果；幻象却完全是灵魂受到身体扰乱导致的人为的结果。因此，只有不可见的理智的灵魂才会真正拥有理性，才是次级事物变动的原因。

柏拉图《理想国》中的"洞穴比喻"谈到"视觉的迷茫"产生的原因：一个人走出洞穴，看到太阳的光辉，眼中充满光线，任何真实的东西也看不见。因此需要一个习惯的过程。刚开始最容易看到阴影，接着看到水面的倒影，然后是事物本身，晚上他会更容易观察到天上的东西与天体本身。因此，是这一物体（天体）给予了季节与岁月，是它管理着可见世界的一切，在一定程度上，它也是他们此前看到的那些东西的起源。[2]"对于洞穴比喻的叙述，最重要的是叙述的过度以及从人工的火光区域到太阳之光的攀升过程，同样还有从光源到洞穴之黑暗的回归。洞穴比喻的说明

---

[1] Francis Cornford.Plato's Cosmology, Cambridge University Press,1997, pp154-155.

[2] 柏拉图:《理想国》,华夏出版社2011年版,第252页。

力集中展现在他叙述的生动故事，使得图像之本质变得可见与可知。柏拉图同时以拒绝的方式表明，图像之本质并不在于把单纯的知识倒入毫无准备的心灵中，犹如灌入一个空的、任意被端出来的容器中。与之相反，真实的图像抓住并改变心灵本身与心灵整体。这个比喻不仅说出了图像的本质也开启出来一道进入'真理'之本质的转变的目光。"[1]由于太阳的存在，使我们拥有了数与时间的观念，拥有了研究宇宙的能力与哲学探究的欲望，把眼睛注视着天体有秩序运动的进程，追随众神注视诸神的运动轨迹。因为我们可见世界的一切不过是理念世界的投影。这些投影拘束着我们的理智与灵魂，因此灵魂必须转向天体，才能摆脱经验的迷雾直视真理。诸神赋予人类听觉，人类产生了音乐，可以矫正人类灵魂的迷茫，使灵魂回归秩序与和谐。柏拉图在这里没有仔组分析音乐与灵魂和谐与人类听觉的关系。但是"世界灵魂的和谐运动与世界身体的和谐数学结构是不能听到的，也是看不到的，尽管通过天体与行星的运动可以在可见的世界被接受，通过音乐可以间接地展现在我们的听力中"[2]。音乐涉及物理学的声学理论与空气的运动，但是理性的灵魂在头脑中，声音通过头脑进入心脏，激起情感的波澜，这就是柏拉图在《理想国》中谈到的"音乐调式"的差异以及音乐不同调式对灵魂的双重影响，这关涉理智的灵魂中理性与非理性的关系，因为只有优美的语言、优美的乐调与优美的节奏才能使灵魂正直，才能真正嵌入灵魂深处感染灵魂理智的部分，才能真正模仿灵魂的和谐秩序之美，这种高雅是与天体运动相和谐的。这样"这个世界就一分为二了，一个是'真实的'，另一个是'表面的'，这个世界是人类有理由居住和生活的世界，可是它在人类的面前失去了权威"[3]。柏拉图对人类身体的叙述就是道德目的论的解释。自由意志就束缚在目的论的宇宙观与人生观设计的牢笼中。身体的意识与估价就不是来自自身而是来自神圣的理智与模式。

---

① 海德格尔:《路标》,商务印书馆2004年版,第250-251页。

② M. R. Wright.Reason and Necessity, Essays on Plato's Timaeus, The Cassical Press of Wales, 2000, p86.

③ 尼采:《权力意志》,商务印书馆1998年版,第479页。

第二节　理性与必然的共处

在蒂迈欧看来，这个世界是必然与理性共同决定的产物，理性是统治者，必然是理性竭力要说服的对象。既然必然是不定的原因，这样宇宙的产生就经历了一个从无序到秩序的过程。不过智慧是一件事，对智慧的认识与言说是另一件事。

"必然性"的概念最早由赫拉克利特提出，但是他的"必然性"是由逻各斯决定的，这个逻各斯是万物流变的终极原因与归宿。它的图像就像"火"。"世界秩序本身就是永恒的生命之火。火只是决定世界存在基础的符号。"① 柏拉图的"必然性"是那种无序的、无目的的、不可预见的非理性的运动，是不连续的、既不可知也无法推理的力量。这种界定显然与赫拉克利特的叙述有极大的相似性。这种"必然性"是前宇宙存在的混沌状态，问题是赫拉克利特的"必然性"尚未上升到语言分离的层次。《约翰福音》开篇讲到"太初有道，道与神同在"，作为利用希腊自然哲学与《蒂迈欧》的创造模式言说宇宙开端与起源的文献正确地认识道：这个世界的起源与开端是不同的。《圣经》看到了光在分离世界中的作用，但是《蒂迈欧》强调的是数学支持的理性之光。

一、必然性的力量

造物主赋予几何比例秩序，才使得对宇宙的认知与解释成为可能。因此，这个世界虽然是造物主的产品，但是造物主并不是唯一的原因。造物主的创造除了需要造物主的创造之理念与几何模型外，还需要物质材料。这些物质材料被定义为"必然性"的源泉。因为在天体产生之前的原初的物质元素：水、火、土、气的本性尚无人进行过解释。泰勒斯把"水"看作是万物之本源，阿那克西美尼把"气"看作是万物之本源，赫拉克利特

① Euian Philipe.Heraclitus' Cosmos，Cambridge University Press，1954，p306.

把"火"看作是万物之本源,恩培多克勒提出"四元素",但是没有人解释过这些原初的物质元素的本性是什么。"理性对必然的劝说的依据在于:必然性关系物理世界不可打碎不可分解的因果链条,决定着这个世界的进程,它是知识与自然科学课题。"①康福德无法解释蒂迈欧的"必然性"是不定的漂移的原因,如何被理性的认知所征服。托马斯·约翰逊认为:"必然性的意义必须联系它与理性的关系来理解。事实上,必然性包含了不定的原因(Wandering Cause)、分配原因(Contributing Cause)与接收器(Receptacle)三个方面。不定的原因意味着不规则,是无目标的,并不指向理智的目标与结果。分配的原因是由外力推动的结果,它没有自己的计划与理智的目标,它并没有被理智引向善。而接收器则是土、水、火、气的无序的追逐运动,它需要在接收器内部接受检验与筛选。必然性的工作就是造物主创造宇宙的覆盖的行动。造物主创造宇宙之前必须保证建筑的材料符合创造的要求,必然性是创造的产品。在前宇宙状态不存在必然的原因。我们需要在必然性与宇宙、前宇宙之间互相区别的基础上理解蒂迈欧的必然性的概念。"②因此,宇宙是理性劝说必然的结果。必然性就是宇宙创造之前显现的原初物质运动的必然性。因此,蒂迈欧在接受宇宙原初物质的组成与宇宙单一身体的运动之前,先叙述了接收器的原因。因此,我们对宇宙产生的解释只能是相似性的叙述、最近似的解释。这种相似性的解释,依据的是几何图形与几何比例意义的相似性。

二、第三种存在:载体

蒂迈欧在叙述宇宙产生的时候把存在划分为:模式与模本。造物主创造世界是以自身的想象作为模式的,其产品宇宙就是模式的模本。蒂迈欧认为,要详细叙述宇宙产生的具体细节,必须引进第三种存在——接收器(空间),是一切生成物的接收者。这种接收器如同养育者不容易说清楚,也是很难的工作。但困惑的是:为什么前后有不同的叙述?它是物质性的还是空间性的?或者兼有两者?因为第三种存在关涉宇宙的成长过程,宇

---

① Francis Cornford.Plato's Cosmology,Hackett Publishing Company Inc.1997,p163.

② Thomas K. Johansen.Plato's Natural Philosophy,Cambridge University Press,2004,pp93—96.

宙成为有形体的可见的宇宙身体与不可见的无形体的宇宙灵魂的终极原因的前提条件。蒂迈欧进一步解释第三种存在的地位，我们要搞清楚三种存在：第一是生成中的东西，第二是生产过程的接收器，第三是被生成物所模仿的存在。打个比喻，我们把接收器比作母亲，把生成物的来源比作父亲，生成物就是合二为一的婴儿。如果形式来自模式，那么模式压模与材料上的就必须是无形的，否则，它就不是合格的造型材料。就像打手印一样，那个接受手印的材料要光滑无痕才好。母亲与接收器，这个承受一切的被造物以及一切可见可感物的存在不能与土、水、气或者它们的复合物同一。它是不可见的无形体的存在，承受一切事物，以神性的方式分有理性，它的存在是最难解释的。这种难解释的第三种存在不是物质性的东西，也不仅仅是形式，而是超越二者的东西，它是变动世界的护卫者与养育者，是物理世界秩序的来源。因此，纠缠于第三种存在是物质性的还是叙事性的完全是亚里士多德的提问方式。亚里士多德在否定了空间不是物质与形式，也不是容器与虚空之后认为："空间是包围物体的边界。"①这样亚里士多德就把柏拉图"接收器"的不定型漂移的性格形式化、格式化、数学图像化了。接收器是"变动"的护卫者，柏拉图并没有使用"空间"一词。这使得我们理解这个词语的时候，不要与几何学的空间概念混淆，因为接收器是与宇宙原初的物质元素联系在一起的。但它又不是物质性的东西，因为它是永恒的存在，其本性并不会改变也永恒不分裂。柏拉图借用了"黄金雕像"的比喻——一块黄金，无论怎样变形，它都是黄金，说明了接收器并不是空间概念，它是流动的无形体的理念的模仿物，是永恒事物的复本。它承受有形体的事物而不丧失其本性，也不以任何方式占据一定的形式，尽管事物进入它之内是拥有一定形式的。它承受一切形式的铸造的材料，承受各种形式的改变，并在不同的时间表现不同，这些进出的事物乃是不朽存在的模本。这样接收器就不仅与物质材料相连也与物质材料的形式相关。它是物质材料成型的处所，没有量的规定性，也没有空间的数学图像结构，就像镜中之像。这样永恒的理念、接收器与永恒的变动就构成了宇宙创造的三个前提条件。康福德说："接收器没有可见的本

----

① 亚里士多德：《物理学》，商务印书馆2004年版，第103页。

性，不可以接受万物以某种让理智困惑的方式分有永恒，是很难理解的理智的碎片。这种理智的碎片、理性思想的客体，与存在、感觉的客体相对应。"①蒂迈欧对于接收器的叙述揭示了神圣真理的双重来源：一方面是显现的，可为人类的经验所领悟；另一方面是隐蔽的，与人类的智力相冲突。这种否定的叙述与定义揭示了人类理智的言说困境。蒂迈欧第三次概括三种存在：理念，不生不灭的思维把握的对象；与理念相似的东西，可以感觉其运动的实际规程；空间，不朽而永恒，为生成物提供运动变化的场所，感觉无法认识只能依靠不纯粹的理智认知，它也很难是信念的对象。第三种就被定义为与生成物（What Comes to be）、生成物的生成过程（The Process of Coming-to-be）原初的关系中。第三种存在就是与数、接收器和位置三位一体的结合。柏拉图的目的是更好地叙述物理世界。

柏拉图的代言人蒂迈欧在这里虽然使用了Space（空间）一词，但是是"位置与处所"的意义上的。这样对于三种存在：（1）理念作为理智与思想的对象，不可见不可感觉，完全依赖自身而存在；（2）模本作为与理念相似的东西，总是处在运动中，可以被感知，是生产性的存在；（3）空间作为生成物运动的处所，不朽而永恒，感觉无法认识，触觉无法接触，只能够依赖一种不纯粹的理智性的推理来把握，它也很难是信念的对象。我们可以想象三角形，但是无法想象空间，对它的谈论就像是在探梦，但它是真实存在的东西，只是我们无法用语言给予确切的说明。这三种存在，在天体产生以前就已经存在了。

三、宇宙原初元素的几何结构

在造物主参与宇宙设计之前，宇宙原初的四种基本元素就在接收器中颠簸，相似则聚合在一起，不相似则互相远离，处于混沌与无序状态中。造物主只是赋予其数的比率与形式，尽可能使它们完善，但宇宙原初的四种元素本身就具有立体结构。这就说明了宇宙原初元素的整体结构是由等边三角形作为原本组成的，因为三角形是元素中最具有稳定性的最完美的

---

① Francis M. Cornford. Plato's Cosmology, Hackett Publishing Company Inc.1997, pp187–188.

图形。在所有的三角形中，等腰直角三角形只有一种，而不等边的直角三角形却是众多。而两个等腰直角三角形加起来就构成一个正方形，其中心到四个端点均等；而斜边是直角边2倍的两个直角三角形就构成一个完善的正三角形，它的中心到三个角的端点均等，因此是三角形中最完善者。其他三角形只是最完善的三角形的相似性或不相似性的模仿物。这些具体的图像用数的比率计算就是：1、2、3与1、1、2。如果在等边三角形的中心向各边做垂线并连接起来就分割为六个直角三角形。以四个这样的等边三角形组合为一个立体就是正四面体，这是最完善的由三角形组成的原初物质元素的基本几何结构。八个这样的等边三角形组成一个正八面体，二十个这样的等边三角形组成一个正二十面体。还有第五个立方体是动物的模型，柏拉图没有谈这个立方体的合成方法。这五种模型就是造物主参与宇宙生成的五种立体，有人可能觉得这样是否会出现五个宇宙？柏拉图认为这五种立体式共同参与宇宙的构建，而非单一立体的功劳。这样四种原初元素都拥有自己的几何结构：土的几何结构是正方体；火的几何结构是正四面体；气的几何结构是正八面体；而水则是正二十面体。蒂迈欧这样考虑是因为土在四种元素中惰性最大，而水最不活跃；原初把最小的立体给了火，最大的给了水。在宇宙创造的原初问题上，柏拉图与原子论是针锋相对的。柏拉图的宇宙是一个和睦的宇宙，与德谟克里特原子论的宇宙观是相反的。

造物主就把这五种几何体赋予四种原初的元素，使它们互相按照算术比率结合为物质。既然这些立体结构的物质在量上都很小，我们的视觉无法看清他们具体的几何属性，只能够进行理性的推理，但是它们结合在一起的时候就能容易看到与触及了。造物主赋予它们一定的结合比例，说服必然走向完善。必然性只是造物主创造的工具，它在变化的事物中造就最好的事物。这就为我们感知宇宙和理解宇宙提供了前提与可能性。但是必然的原因与神圣的原因是不同的，神圣的原因是造物主创造的模式，必然性的原因是运动的原因，具有被动性，我们只有通过思考与理解必然性才能更好地理解神圣性，只有理解神圣性才能更好地理解尘世中的城邦如何才能够得到更好的治理。毕竟最佳城邦是最理想的治理模式，而最理想的治理模式需要最和谐的参照物，而这个最和谐的参照物除了宇宙天体的和谐秩序之外还有别的参照系吗？

第三节　理性对必然的劝说

造物主赋予宇宙以秩序，使混沌的宇宙开始分化为两个部分：必然与理性。万物就在造物主的安排下进入有序的运动。造物主所创造的生命体分有神性与永恒的本性。但是造物主只是创造了不朽的生命体，而可朽的生命体是众神模仿造物主的创造模式进行创造的可朽的身体与可朽的灵魂。因此，人类的灵魂与身体充满非理性的欲望、激情和冲动，渴望脱离理性的指导走向无序与混乱。造物主创造了不朽的灵魂，众神创造了可朽的灵魂。但是众神模仿造物主创造之模式并从造物主那里得到的不朽灵魂的样本，把人类的理性安置在身体最核心的部分，使理性统治感觉，灵魂统治身体，天体和谐运动支配城邦的治理。

一、灵魂的两个组成部分

灵魂的不朽的理性部分被安置在大脑中，灵魂勇敢与竞技的部分安置在脖子与隔膜之间，以便听从理性的召唤。心脏是灵魂的护卫者，也是血的源泉，检测灵魂中欲望的部分是否出现差错，及时发出警告与指令。当欲望上升，心脏加速跳动，激情燃烧时，众神设置了肺进行缓和，使心脏恢复平静更好地服务于理性，它是身体中灵魂节制的器官。由于身体的肉身性质使得身体接受理性指引的力量变得弱小。众神设置了肝作为惩罚性的器官，安置在心脏的核心部位，使身体时刻接受理性的预警。肝像镜子一样，理性把自己思想的影子照射在上面，对欲望产生威慑。当身体由于肝受到欲望的伤害时，便会产生痛苦与恶心；当肝受到身体中理智的指引时，便会保持身体的健康与愉快。肝对身体的警告是温和地劝说，并没有强制性。梦常常是肝受到欲望损伤的映像，这是神对人类身体渴望脱离理性指引的愚昧性的预兆。回忆并重建梦中的景象，是人类反省的开始，也是回归理性的坦途。蒂迈欧就把梦与预兆看作是身体脱离灵魂指引的先兆，是对人的警示。位于肝左侧的脾是为肝设计的，是肝的护卫者，当肝受到损伤时，脾清洗并吸收污秽物，使肝脏洁净恢复健康的吸收器。而受理性支配的哲人就是意向的解谜者与神示的代言人。这样宇宙众神就把灵魂中不朽的理性部分与受理性统治的可朽的非理性部分分割，植入身体的结构中，使灵魂的不同部分位居不同的空间，居于不同的处所，赋予理性对身体的支配地位。身体支撑着灵魂的和谐运动，为了保证身体的营养，众神又设计了肠，用于吸收养分，承担食物与饮料出入的通道，同时使肠缠绕起来，目的使消化缓慢化，防止人类变成只知道吃喝的浊物。身体是灵魂的寓所，为灵魂上升提供能源与动力，而忘记追求智慧与拒绝理性指挥的欲望却在阻碍这种理性的回归。这就是灵魂中理性与欲望的冲突和灵魂的节制构成了灵魂的三位一体结构。这就是身体中众神的理性设计，是身体中不朽的部分。

　　灵魂中可朽的部分就是骨髓、骨头与肌肉。蒂迈欧说："骨髓是可朽灵魂的根。"因为骨骼是众神利用原初的四种基本元素（火、水、气、土）的平滑整齐的三角形分开后，按照一定的数学比例混合而成的生命体中可朽部分的种子。骨髓因为数目与形式的不同而形成各种不同的形状，并成为灵魂的承受者。而脑作为球形的骨髓组成的神圣的种子，就种植在大脑的骨骼中。由头部的骨髓开始延伸至下体，组成生命体的链条承受灵魂的其余部分，像一条纽带把这个灵魂拴在一起成为整体。这是众神模仿造物主使用同的原则创造的灵魂的种子。众神按照异的原则创造了骨头，作为骨髓的防护者。众神先筛选出纯粹的骨髓创造了大脑，经过火的锤炼，再放入水中使之冷却变成坚硬的球形保护着脑。然后顺着脖子、脊椎形成链条，从而脊椎就成为身体与灵魂运动的枢纽。由于骨头的坚硬性使其容易受到损伤，众神按照原初的四种基本元素以一定比例进行混合组成柔软有韧性的肌肉保护骨骼。众神在肌肉中加入了酸与盐的霉素，创造了肌腱，使得骨骼的运动在方向上自由伸展，赋予人身体与灵魂运动的自由意志的同时，为灵魂的不朽部分提供支援。因此，众神创造人类的灵魂与肉体的时候是经过充分考虑的：那些包含最多骨头的生命体，众神赋予其更多的理性，从而不需要太多的肌肉组织保护，而包含最少骨头的生命体，众神赋予其更多的肌肉组织保护，理性的成分也最少，欲望的部分最大。因此，这一部分感觉最迟钝，缺乏理智，甚至没有思维的能力，包含腿、臀、臂的部分，它们只是人类身体与灵魂运动的支撑物。

这种由宇宙原初四种元素按比例混合组成的人类身体非理性的部分，就构成了柏拉图《理想国》中所讲的"情欲的必然性"与人类身体中理智的部分构成的"几何学的必然性"，共同组成了必然的整个时域。理性就潜伏在身体结构的"几何学必然性"之中，这为理性劝说必然提供了最佳的支援。头部因为最敏感、最理智，由于缺少肌肉的过多保护也最脆弱。为了防范欲望脱离理性的控制，众神在头部进行了加固，众神设计了脖子周围理性的头脑的支撑物，依靠肌腱的连续性连接身体的下体部分，形成一个等级的统治秩序，并用牙齿、舌头与嘴唇装备口腔系统，发送理性的声音。因此，语言是理性的符号，是理性最高贵、最神圣的宣示。为了防止大脑受到外部的侵袭，众神设计了头发与皮肤保护神圣理智的处所；而腱、皮、骨的三位一体的混合物就组成了手指与脚趾单一的硬皮，使得大脑中理性的指令能够指挥身体的运动方向与感觉的敏锐性。可朽物的部分与肢体结合为一个完整的生命体作为必然性的产物。因此，人类离不开火与气的有益呼吸，也离不开土与水，用于营养与运动。众神还创造了动植物作为完整生命体的最后组成部分。这种生命体拥有"第三等级的灵魂"，没有理性思维的能力，也没有理想信念，只拥有维持生命存在的最低级的感觉，扎根于土地，没有自我圆周运动，只有直线运动。为"第二等级灵魂存在的人类"提供生命体必需的材料供应，否则就会失去其存在的意义与价值。就如人类如果不能够为宇宙众神所养护，脱离众神的监护将会失去生命的意义与价值。这样造物主创造的众神就模仿造物主创造宇宙的模式创造了"第二与第三等级的灵魂秩序"，这两者秩序完全受制于造物主的善。

二、人类身体的运动系统

众神设计了人类灵魂与身体的理性结构，和造物主创造宇宙所用的四种基本原初元素混合构筑了人类身体的整全。但这种人类的身体只是静态的描述，理性支配身体，推动身体的运动。众神设置了人类身体的四种基本运动系统：血液循环系统、呼吸系统、听觉系统、消化系统，作为灵魂贯彻身体的通道。这是人类与动植物共同拥有的身体运动结构，因为动植物的视觉系统很微弱，它是人类注视宇宙自然的最佳工具，已经设置在人类头部作为理性的中枢，而动植物的理性是朝向大地的，所以这个系统就在此略去了。宇宙之神在规划了人类理性的核心部位大脑及其护卫之后，在人类身体中开辟管道系统。在头脑的一端开辟了两条血管，伏在身体背后的左右两边，沿着脊柱而下混合着有生殖力量的骨髓自上而下流动，由于人类脚踏大地的运动会使血液回流到大脑，使理性的统一力量得以贯彻执行，也使身体的肌肉富有隐含水分的物质元素，在血液中的火元素上升本性的支持下而充满精力，从而使头脑拥有向上窥视天体的能量。血管中充满气，为火提供了神圣上升的通道，这样血液中火与气编织为网状结构。嘴就像是一个消化系统的入口，被分割为两条管道通往身体的两边开展异的运动，最终回归大脑的同一运动的归置。由于血液的网状结构在本质上只是火元素，而气则构成了血液网状结构的连接点与主体，这就为通过口腔系统的呼吸运动提供动力。众神在漏斗状的口腔入口处分离为两条通道：一条通过血管连接肺部，支持呼吸运动，一条通过肠胃对养料的吸收与排泄连接肚子中的血管，为呼吸运动提供力量源泉。这样火元素就在血液中沿着气的通道做双向运动，火与气就成为支撑人类生命体的最基本的物质元素。正因为如此，身体有养料与水分的灌溉才能不被火燃烧殆尽，也不会被气闲散殆尽，从而为身体的存在提供永恒不竭的圆周运动的动力，也为灵魂的旋转上升运动提供可能性。因此，人类身体必须依赖外在的物质补偿力量，人类身体不像众神与造物主那样自足，人类身体的局限决定了理性认知与感觉的空间限度，也决定了人类生命体的时间限度。

这两者身体的运动为身体的循环运动打下了地基，因此身体的运动就拥有两种推动力：（1）众神在人类身体结构内部设计的理性，做同的圆周运动；（2）众神在人类运动系统内部设计的物质结构。听觉系统也可以按照这种原则解释：身体内部的理性之声与身体外部的物质运动产生的声音产生共鸣，便会产生和谐的音乐比率。若产生的高低音与身体中理性灵魂的指令不相符合，便会使灵魂烦躁，失去和谐，从而损伤身体运动系统的正常运动，也会使理性的统治地位发生动摇。我们从自然界的琥珀的互相吸引现象与水的流动可以看到，万物归于同的运动是自然界的共同法则，人类身体也不例外。柏拉图的代言人蒂迈欧否认真空的存在，这是当时希腊科学的局限导致的，也说明了物理学经验观察的限度。这三种身体运动都离不开消化系统，因为消化系统的正常与否决定了身体与灵魂和谐的程度。营养物质与水分通过口腔进入肠胃，通过吸收与排泄进行物质的净化，转换为火与气进入血液上升到脑部与身体的其余部分，提供理性思考与身体骨骼运动的力量。由于物质元素的结构是由骨髓中的三角形组成的，而这种物质元素的结构柔软而又坚硬，因此能够把不规则的三角形结构的物质碾碎重新组合，被身体所需要的同类物质元素吸收，而无法碾碎的异类物质元素就会通过身体下体的通道排泄出去，从而保证身体运动结构的畅通。这同时也暗示了众神创造的人类身体中几何理性构造并不足以克服物质坚硬性的障碍，人类理性说服必然的力量还有待提升。因此，宇宙众神创造的人类身体的完善性只是次一级的，与造物主创造的宇宙的整全的完善性只是相似而已。

三、身体与灵魂的疾病

由于宇宙众神创造人类所用的原初材料是造物主创造宇宙时的剩余物，无论在物质结构与纯洁性上都没有最好的完善性，这种局限决定了众神创造的人类理性，虽然也是对造物主创造的几何模式的模仿，但是这种理性在劝说必然性方面存在巨大的缺陷：人类的身体与灵魂中存在可朽物，这对不朽物的存在是一种腐蚀与负担，这种可朽物在身体的净化与灵魂的上升中是一种障碍。因此，在人类身体运动出现阻隔时，身体的疾病与灵魂的痛苦便会产生甚至出现身体腐朽与灵魂死亡。这种情况的出现是由于：（1）身体结构违反自然的秩序，这是身体吸收了不合适的物质元素，在数学比例上失去协调，这是人类欲望导致的病变，是失去理性秩序指引的结果；（2）人类身体物质结构的变异。这或者是天生的遗传或者是后天的损坏，这使得身体结构上出现失序或结构的重组，导致灵魂的根基——骨髓失去对骨骼、肌肉与肌腱的支撑，导致身体脱离理性灵魂的牵引从而出现错乱的异的运动，最严重的是结构的败坏使得身体的运动朝向与同的运动相反的方向运作。这样身体的三角形结构就无法消化碾碎不规则的三角形，从而使得身体的这个系统发生混乱。这种状况的出现首先是损坏骨髓，然后是血液、心脏与肌肉，接下来是作为身体病变的晴雨表的肝胆，这样整个身体失去了吸收营养的力量，也丧失了排出剩余物的能力。从而导致呼吸系统、消化系统、血液循环系统，然后是口腔系统的疾病，当发展到头部神圣部分的时候便会出现"神圣之病"——疯癫与精神病。这样身体彻底脱离理性的轨道走向完全的堕落。至于灵魂上的疾病，根源在于众神创造的人类理性对造物主创造宇宙的模式模仿的程度上存在差异，这完全是天赋的原因，后天的教育可以通过矫正理智的秩序从而改善身体的状况。

灵魂的疾病主要是：（1）知识上的欲望导致的愚蠢与无知，感情支配理智导致灵魂出现迷乱与疯癫，性欲的过渡损坏身体的结构。因此，教育是灵魂提升与健康的重大工程，必须重视。（2）身体理性结构的错位。因此"无人自愿作恶"，作恶的原因是身体理性结构上的或者是后天的坏的教育导致的，从而使灵魂的三个部分出现错位与颠倒。人的自然的欲望包含两种：身体营养上的欲望与身体神圣部分的求知欲。如果前者占据上位便会出现灵魂的迟钝、遗忘与愚蠢；而如果后者的欲望占据上位则会引领人类去研究数学与天文学，参加体育、音乐锻炼，在身体的各个结构上模仿宇宙天体的自我圆周运动，从而使身体与理智、肉体与灵魂保持和谐比例，在自然的生命周期结束，走向生命的尽头，度过幸福快乐的一生。这就是蒂迈欧的"理性对灵魂与身体的告诫"。这样人类身体与灵魂运动就会在最大程度上与宇宙身体和灵魂最相似、最完善。这就是人类生命体的理性运动法则。

命运的轮回是我们人类的最终结局。人类身体与灵魂的疾病是柏拉图的代言人蒂迈欧利用恩培多克勒医学伦理学，从而把宇宙的目的论与人生的目的论结合在一起。蒂迈欧再次继续《理想国》的"厄尔神话"中的"命运惩罚的灵魂轮回"。神话确实带有天外之音的神韵，可以使听众陷入沉默从而产生敬畏。哲学追求的终极真理就在一次通过《蒂迈欧》的"生物学轮回"，体现对人类脆弱的理性与善的劝说。因为根据相似性的解释：身体脱离理性指引的灵魂的转化顺序；缺少血气的男人将会变为女人，而缺少理智的女人将会变为动物。而人类身体结构中最大的欲望在于人类的性欲。蒂迈欧最后把身体脱离理性统治的根源归结于身体下体最无理性可言的生殖系统，这是一个最不愿听从理性指挥、追求狂热欲望的身体结构。众神创造这个身体部分的目的是繁殖身体健康与理智健全的后代，而非满足无休止的性欲。这种叙述就是我们回到柏拉图《会饮》中"爱欲的等级秩序"：哲人也是爱欲的追逐者，不过哲人追逐的是智慧，而智慧的追逐在快乐的等级与神圣性上与造物主创造宇宙之善最具相似性。蒂迈欧提到"鸟"由本性善良却智力低下的人类转化而成，这隐隐约约在回应喜剧诗人阿里斯托芬探讨"宇宙秩序与城邦政制秩序关系"的喜剧《鸟》。不过在《会饮》的结尾，苏格拉底竭力说服阿里斯托芬：哲人可以同时写作喜剧与悲剧。这样柏拉图在《理想国》中的"终末论神话"就与《蒂迈欧》中的"科学创世神话"遥相呼应。在柏拉图对话中，哲学与神话是完整的统一。因为对灵魂的劝说来讲，神话的力量也许不如逻辑的力量更有效果。灵魂轮回的神话作为一种"非证伪性的话语"要比数学的论证更能改变人类心智的灵魂转向。因为对于人类而言再也没有比错误的政治技艺所导致的政治混乱更能够扰乱人类灵魂的心智了。在《理想国》开篇对"正义"的讨论中，首先触及的是灵魂的秩序，就是我们究竟应该过一种什么样的生活，而这种生活必须要寻找适当的尺度与标准。《理想国》展示了政治家必须是哲学家，因为只有哲学家才懂得辩证法意义上人类优异的灵魂组建的最佳城邦所需要的编制技艺。

第五章

柏拉图《蒂迈欧》"科学叙事"的影响

　　柏拉图《蒂迈欧》的三重叙事结构：重述《理想国》、雅典与大西岛的文明冲突及因宇宙运动导致文明毁灭的历史记忆。西西里的天文学家蒂迈欧对宇宙与人类产生的科学叙事对政治学、乌托邦的科幻文学、近代天文学与哲学的影响是显而易见的，甚至在城市规划与建筑美学上都产生了重大影响。无论是把《蒂迈欧》看作科学的颂歌还是创世的神话（对理性宇宙的颂歌），总是给人无限遐想。蒂迈欧的科学叙事最大的影响：（1）古典犹太宗教与基督教奥古斯丁对三位一体的论证，犹太教菲洛对《圣经·创世纪》的解释并间接触及迈蒙尼德《迷途指津》的宇宙观，其对造物主、创造之模式、宇宙三位一体的叙事决定了基督教"上帝、灵魂与世界"的构想；（2）近代自然科学与唯理论哲学对数学化的宇宙设计的影响到近代哥白尼与托勒密的数学化的天文学。莱布尼茨对《蒂迈欧》的研究决定了哲学数学化的理性主义的思路。谢林对《蒂迈欧》的研究肢解了德国古典哲学的统一性，开创了德国浪漫主义解读柏拉图的新潮流。《蒂迈欧》是理解近代哲学与科学尤其是德国古典内部的分歧与思想演变的钥匙。

　　在12—13世纪，自然哲学的基本走向就是亚里士多德的《物理学》。阿拉伯哲学翻译运动中也重视亚里士多德的著作。柏拉图的《蒂迈欧》受到重视乃是文艺复兴以后的事情了。柏拉图的《蒂迈欧》与基督教的关系是复杂的、令人困惑的。柏拉图的《蒂迈欧》中数学化的物理学对中世纪的人来说是陌生的，这种状况延续到文艺复兴时期的菲西诺的柏拉图学园。具体来说，《蒂迈欧》的影响是三重性的：（1）重述《理想国》展现的是最佳政制的构想，体现在奥古斯丁的《上帝之城》对罗马帝国这座尘世之城毁灭的解释，就是它是对天上的永恒之城的背叛。这种叙述与解读是对柏拉图《理想国》的机械的模仿。阿拉伯政治哲人阿尔法拉比在《最佳城邦》中对真主居住的处所之美与善的赞美也是在模仿《理想国》的主题。"在《理想国》中，苏格拉底构建了完美有序的城邦，每个人全身心真诚于共同的善。阿尔法拉比从柏拉图的《理想国》出发直接推断自己的最佳政治的构想，渴望把它引入伊斯兰世界为真主的正义与统治世界的野心论证。每个民族的统治者都需要'哲人王'，每个城邦也需要寻找适合自身状况与哲学一致的统治方式。"①无非是柏拉图的造物主换成了上帝与真主，并汇集了浓郁的宗教氛围。(2)大西岛与古典雅典城邦的战争叙事，为后来的乌托邦与科幻文学提供了基本的架构。雅典与大西岛的文明冲突并非像亨廷顿所言是文化与意识形态的冲突，而是政制之冲突，是对最佳政制模仿的真实程度之间的差异。只有具有最佳政制的城邦才能经受住战争的考验，在于政制战争中的胜利，即便是在《克里蒂亚》中叙述的大西岛的城市规划，也是在众神划分势力范围后确立的世界统治秩序，也是与造物主创造的数学化的宇宙拥有最大限度的相似性。

柏拉图的真实意图不过是为自己创设的最佳政制播种"高贵的谎言"。"大西岛神话之境就如一面死亡的镜子，映射了后世所有的乌托邦幻想，这种新的文学范式不仅预示了真实城邦的死亡，也预示了哲学的死亡。《克里蒂亚》叙事的奇特与怪异只不过暗示了人类所言的任何叙述，不过是一次模仿或者说是一次影像化的表达。"②雅典与大西岛之间的文明冲突在柏拉图看来，其实是天体众神之争与宇宙星辰之间竭力脱离同的运动，而进行异的运动的旋转导致的，这种叙述仿佛又回归到了荷马与赫西俄德的创世神话中。大西岛作为海神波塞冬的后裔，最终堕落腐化，遭受到宙斯的惩罚，这隐隐约约在回应赫西俄德《神谱》中对"黄金种族"的叙述。因此，柏拉图《蒂迈欧》开篇"重述《理想国》"与"大西岛"神话绝不是多余的闲聊或者插科打诨，而是有着深层次的思量。如果说《理想国》勾勒了最佳政制的样本，那么古典雅典就是这个最佳政制样本的映像。而大西岛则是最佳政制的幻想，最佳政制的模式则潜伏在造物主创造的宇宙天

---

① Joshua Parens.An Islmic Philosophy of Virtuous Religions,State University of New York Press,2006,p2.
② 马特:《柏拉图与神话之境》，华东师范大学出版社2008年版，第303页。

体之中。因此，《蒂迈欧》从苏格拉底"重述《理想国》"到克里蒂亚追忆"古典雅典与大西岛的战争叙事"，过渡到天文学家蒂迈欧叙述宇宙天体与人类诞生的科学叙事，就构成了一个完整的三联剧，体现了"理念"创造万物的思想。由于知识的局限，本书只能够局限在《蒂迈欧》对犹太教与基督教的创世模式和对近代科学与哲学思维方式的崛起的影响上。

第一节　犹太教与基督教的创世模式

公元 1 世纪，埃及亚历山大的犹太人菲洛①是犹太教中的柏拉图门徒。著有《〈圣经·创世纪〉释义》与《论世界创造》，创造性地利用柏拉图哲学的遗产，尤其是《蒂迈欧》中的神话的劝说与理智的论证，来解释犹太教的经典《旧约》中的上帝与摩西的律法。菲洛完成了充分的希腊基本教育，在哲学研究上达到顶峰，尤其是他已经能够很好地阅读柏拉图，他最感兴趣的是《蒂迈欧》与《斐德若》。他逐渐认识到摩西五经包含了最高类型的哲学，开始利用希腊哲学知识从《旧约》隐喻的叙事中提取哲学。虽然他并没有丧失作为犹太人对本民族宗教的虔诚。②学界对菲洛究竟是柏拉图主义者还是神话主义者存在争论，但是阅读他的《〈圣经·创世纪〉释义》，可以感受到柏拉图《蒂迈欧》的写作方法与理性神学的思想意图对他的影响。具体体现在：

1. 神话与真理

柏拉图的《蒂迈欧》作为科学的神话只是相似性的科学叙事，柏拉图用神话的语言诉说了宇宙的创世、宇宙灵魂与身体的几何结构。因为神话本身就源自不可言说的真理之领域，神话也更容易使那些尚未准备接受真理的人，在真正神话的暗示中得到启迪并进而得到研究哲学真理的奥秘。

---

① 国内介绍菲洛的译注参见罗纳尔德·威廉逊：《希腊化世界中的犹太人》，华夏出版社 2003 年版。比较详细地介绍了菲洛的生平与著作，剑桥出版社出版了《菲洛全集》。

② Dillon 把菲洛称为"中期柏拉图主义的代表"，强调希腊哲学对菲洛的决定性的影响；Winston 认为菲洛不过是利用柏拉图《蒂迈欧》中的创世神话解释《旧约》中的摩西形象，只是一个犹太教的注疏者。

菲洛认为，在神的工作中，没有神话也没有幻觉，只有真理。神话是先知摩西劝说使徒遵守上帝的道路不偏离上帝的道，从感觉视觉的领域中走出，进入更高的领域不可或缺的教育手段。"摩西利用隐喻获得预想的效果。《蒂迈欧》的造物主也用隐匿的方式使神话成为唤醒沉睡灵魂的技艺，神话语言是为了拯救理智。在利用《蒂迈欧》的学说解释摩西创造性地解说宇宙的产生时，菲洛不可避免地引入了隐喻的解释。创造是什么时间发生的？创造的过程是在时间中吗？如何诉说神？上帝的意志、上帝的言辞与上帝的行动是什么意思？在解决这些问题的时候，菲洛采用了《蒂迈欧》的语言与理念。"①《蒂迈欧》为《旧约》中上帝的创造提供了解释的模式与解释的语言。柏拉图因为言说的困难而被迫利用神话，而菲洛只是积极地在为上帝的事业进行思想教化与大众启蒙。

2.创世过程

与《蒂迈欧》中造物主创造宇宙与人类的过程相比，《旧约》中上帝的创造过程是极其简单的，只花了六天时间就创造了万物和万物之秩序。《旧约》中的上帝在第七天休息了。所以尼采说："他把万物造得过于完美了……魔鬼是上帝第七天懈怠的产物。"②柏拉图把创造的过程分为两个等级：造物主创造宇宙天体，造物主创造的众神模仿造物主创造了星辰与人类。因此，"恶"的问题就与造物主的创造无关，而是源于众神创造人类与星辰所用的物质材料的质量存在问题。而《旧约》中上帝的创造好像也把"恶"携带进了创造的过程中，这就是尼采的质疑。柏拉图《蒂迈欧》中的造物主就是一个有着数学才华的艺术家，而《旧约》中的上帝好像是建筑师。《旧约》需要柏拉图的《蒂迈欧》来补充创造过程中面临的诸问题。创造的秩序是柏拉图《蒂迈欧》概念框架的中心特质。造物主与他的助手被描述为宇宙整体的创造与部分的创造，这种创造秩序为宇宙结构提供了有价值的信息。菲洛不会仅接受《蒂迈欧》创造宇宙的次序与在六天之内摩西叙述的创造次序之间的平行结构。这就意味着《旧约》中的创造行为是上帝独立完成的，这与柏拉图《蒂迈欧》的创造次序完全不同。菲

---

① David T. Runia.Philo of Alexandria and the Timaeus of Plato，Brill Academic Publishers，1986，p416.

② 尼采:《权力意志》，商务印书馆1998年版，第87页。

洛无法接受柏拉图的《蒂迈欧》创造宇宙整体的方式。但是在上帝的创造过程中，时间是个关键因素，菲洛借鉴了《蒂迈欧》中的数学解释，因为数字本身就是秩序。菲洛把创造次序局限在蒂迈欧创造的后半部分，从天体开始到人结束，这样就与《蒂迈欧》接近吻合了。菲洛再一次发挥了数学隐喻的解释："摩西宇宙论的第一天就相当于柏拉图的宇宙整体，但是第三、第四天的创造次序是有问题的，因为地球与植物的创造在天体之前。这种矛盾的次序有特殊的目的，它在警告人不能依赖可能性而是要指向绝对的真理。第七天不能够在字面意义上理解，第七天的创造是返回到第一天，在算术意义上达到连续性的创造过程。"[①]这样，上帝的创造过程也是毫无间断的连续的创造了。这也暗示了《蒂迈欧》在创造秩序和创造过程方面与《旧约》的创世说存在根本分歧。菲洛为了摩西而会舍弃柏拉图，但不会为了柏拉图而舍弃犹太教。因此，那些把菲洛称为柏拉图主义的看法欠妥也不符合事实。

3. 神的学说

柏拉图的《蒂迈欧》中的造物主创造的是宇宙灵魂与宇宙身体、天体与生命体本身的模式，而天体中的可朽物与人类是众神模仿造物主创造之模式第二次创造的，在创造的秩序上是低层级的，高级的创造与低级的创造是分明的。因此，宇宙整体的创造与宇宙部分的创造，虽然拥有共同的理智模式但却是完全不同的创造。因此，柏拉图的《蒂迈欧》就存在两种创造与两种隐喻。柏拉图把造物主与众神区分开来，造物主是创造的终极来源，造物主创造之模式是创造之工具，众神是处在第二梯队的创造之工具与辅助者。这就是《蒂迈欧》中的神圣等级的创造秩序。而《旧约》的上帝是孤独的创造者，处在《蒂迈欧》创造梯队的第二阶梯。很显然，《旧约》中的上帝创造世界缺少一个创造的模式，《旧约》中的上帝创造世界只是按照自己的形象，而这个形象需要一个支撑性的模式才能够完整。"一个生产性的模式对菲洛比对柏拉图更重要，就是铸造与塑造世界的隐喻式的模式。这不仅是工具性的需要，而且是创造的秘籍。一个模本必须被创造

---

① David T. Runia.Philo of Alexandria and the Timaeus of Plato, Brill Academic Publishers, 1986, pp417–418.

出来。菲洛需要利用一个有计划的设计元素，那就是工艺性的隐喻。在创造这个产品之前，造物主必须在理智上思索这个模式，注视这个模式。这种方式就是菲洛需要从柏拉图的《蒂迈欧》的创造模式中吸取神圣建筑师的想象。"①《旧约》中的上帝是一个模糊的形象，这个形象需要在理智上进行重新设计与绘制，就像建筑师在建造房屋之前需要一个理念、一只彩笔和一张图纸一样。这样，菲洛就把《蒂迈欧》中抽象的造物主创造之模式与众神模仿造物主创造之方式结合为一体，就如一枚硬币的两面，一面是图像一面是文字，构筑了上帝创造的模式与图像。但是麻烦的问题是：这个创造的模式与创造物之间的关系，这个在《蒂迈欧》中同样存在困惑的问题再一次出现。《旧约》使用的词语是上帝的逻各斯，而在柏拉图的《蒂迈欧》中则是载体连接造物主之模式与创造物。

4. 造物主与宇宙

柏拉图在《理想国》中对神的立法，规定了神与恶无涉，神是善的原因，这样就抽象化了神的形象，神是真正的存在，是创造与知识及其他存在的源泉。《巴门尼德》把神规定为"一"与"二"，因为真正的存在既是"一"也是"一即多"，而非存在的领域则是"一与多"。《蒂迈欧》依据巴门尼德建立了"真理之路"对"意见之路"的统治与引领，在此基础上叙述宇宙天体与人类的创造与演进。宇宙万物在《蒂迈欧》那里是造物主之父与宇宙众神共同协作创造的结果。菲洛把这种创造的二级阶梯合并为一级阶梯。蒂迈欧的造物主与众神之间只是"一"与"多"的关系，丝毫没有"一神论"的痕迹。柏拉图的神是理智化的奥林波斯众神体系，天体只是众神的图像，展示的是造物主创造的秩序、和谐与美。菲洛则进一步把理智化的奥林波斯众神一元化为"一神论"并赋予其神秘化的显现，并通过与人的约法确立了神对人的统治与支配。这是对柏拉图《法篇》的模仿与吸收。菲洛对上帝的规范更多的是吸收了新柏拉图主义埃及亚历山大学派普罗提诺的神学观点。无论柏拉图是否依赖摩西，菲洛的神学对《蒂迈欧》的依赖却是确定的。"从《蒂迈欧》那里菲洛认识到了善的模式与善的

---

① David T. Runia.Philo of Alexandria and the Timaeus of Plato, Brill Academic Publishers, 1986, p421.

产品之间的关系。神在理念之上以计划创造了可见的宇宙。不过它们被安置在逻各斯之中要甚于在理智之中。造物主的地位上升，而理念的地位下降。这样，柏拉图思考性的语言就转换为圣经的语言。宇宙已经不再是思考的对象。"①这样，菲洛就以矛盾的方式使《蒂迈欧》中造物主指导年轻的众神进行的创造活动隐退，他使摩西取代了众神的地位作为上帝的辅助者。

　　在菲洛的视野中，上帝作为创造者就成为善的唯一来源，而不像柏拉图的《蒂迈欧》中善的等级决定了事物的完善程度。尼采说，基督教是平民的柏拉图主义。尼采看到了作为基督教来源的《旧约》在菲洛那里已经磨平的所有的等级秩序，上帝高高在上，成为众人膜拜的对象，而不是模仿的对象。柏拉图从《理想国》延伸到《蒂迈欧》的核心理念——善，已经转换为《旧约》的逻各斯。谢文郁谈到希腊哲学与基督教的关系："希腊哲学预设了真理的存在，然后开始寻找道路去认识真理。人们在对道路无知的情况下谈论真理，认为真理就是目的。奥古斯丁早年就是在这个思路中寻找真理，最后陷入怀疑主义。但是基督教认为，真理不是在判断中的预设，而是一种情感指向。即便真理就在面前，人们在判断中无法认识真理，反而会加以拒绝。除非真理自己来到人们的面前，并宣布自己的真理身份，而人们放弃真理的判断权，相信并追随这个宣告，以它为道路，否则人是无法与真理发生关系的。换句话说，希腊哲学谈论真理的方式是：在判断中预设真理在先，寻找道路认识真理在后。基督教谈论真理的方式是：相信道路在先，接受真理在后。前者称为理性认识论，后者称为恩典真理论。"②这就是奥古斯丁把《蒂迈欧》的造物主、模式与模本转换为"三位一体"的论证。

---

　　① David T. Runia.Philo of Alexandria and the Timaeus of Plato，Brill Academic Publishers，1986，pp439-440.

　　② 谢文郁：《道路与真理：解读约翰福音的思想史密码》，华东师范大学出版社2012年版，第2页。

第二节 意大利文艺复兴与近代科学的崛起

公元前 2 世纪，希腊天文学家托勒密构建了完整的地心说的宇宙体系，太阳、行星与恒星都围绕地球运动。这个理论恰恰与《圣经》所描绘的宇宙图景相吻合，成为支持基督教神学的科学依据。托勒密时代天文学的观测资料很少，猜测的部分与理智的想象结合就被尊崇为至高的权威，甚至成为新柏拉图主义者普罗克洛斯解释柏拉图《蒂迈欧》中天体运行的重要理论支持。[①]加之亚里士多德的逻辑学与物理学解释自然神学的走向，长期在埃及亚历山大与叙利亚的阿拉伯世界中占据统治地位，使得《蒂迈欧》的数学设计的宇宙被淹没。

柏拉图的《蒂迈欧》受到重视，要归功于 15 世纪意大利柏拉图学园的菲西诺对柏拉图著作的大规模翻译运动与随之而来的文艺复兴。菲西诺从拜占庭获取了柏拉图对话的希腊文，将它翻译为拉丁文并注疏了柏拉图的《理想国》《巴门尼德》《蒂迈欧》与柏拉图的书信，但他在理解柏拉图的《蒂迈欧》上与柏拉图存在巨大的反差。菲西诺依然以基督教的眼光阅读柏拉图，在他看来，柏拉图对话与基督教达成了完美的和谐。"苏格拉底的生活是基督生活的图像，或者至少是一种折射。《旧约》通过柏拉图而被确证，《新约》则通过苏格拉底被确证。"[②]菲西诺就把柏拉图基督教化，从而创造了基督教平民化的柏拉图主义。尼采对柏拉图的攻击，很大程度上也是针对菲西诺理解的柏拉图。菲西诺企图调和柏拉图与亚里士多德的分歧。在《蒂迈欧》中，"神圣的世界是自然世界的原因与模式，而自然世界是神圣世界的想象与结果。在《巴门尼德》中，柏拉图叙述神圣世界必然进入到自然世界，在处理《蒂迈欧》时，自然世界需要上升到神圣世界。像亚里士多德一样，柏拉图把自然世界神圣化，也把神圣世界自然化"。

---

① Birk Baltzly, Proclus. Commentary on Plato's Timaeus Ⅴ, Cambridge University Press, 2013, p221. 在普罗克洛斯解读《蒂迈欧》中关于"天体与恒星运动"的部分所依据的材料基本是托勒密的天文学解释。

② Arthur Farndell. Gardens of Philosophy: Ficino on Plato, Shepheard-Walwyn LTD, 2006, p130.

"在《巴门尼德》中，万物都是神圣的；在《蒂迈欧》中，万物都是自然的。在两部对话中，柏拉图基本上是一个毕达哥拉斯主义者。在《蒂迈欧》中，他追随来自罗柯西的毕达哥拉斯分子蒂迈欧（曾经写作了论述宇宙自然的著作）。"①这样菲西诺实际上遵循的是新柏拉图主义者波菲利与杨布里柯的亚里士多德立场，忽视柏拉图对话中潜伏的荷马史诗的神话的逻辑结构。不过，他对毕达哥拉斯学派数学的重视，却推动了文艺复兴运动突破基督教的束缚，这体现在哥白尼的数学天文学和伽利略的天文学观测与数学研究中，这样《蒂迈欧》中的数学元素就在近代的科学崛起中复兴。经过36年的天文学观测与柏拉图《蒂迈欧》的启发，哥白尼的"日心说"终于出笼。亚里士多德物理学的宇宙观瓦解只是时间问题了。

　　哥白尼批评传统的天文学与宗教纠缠阻碍了科学进步，"我对传统的天文学关于天体运动的观点思考良久，想到哲学家不能准确地理解最美好、最技巧的造物主创造的世界而懊悔"。"我又重读了一些哲学家（如西塞罗与普鲁塔克）的著作。有人认为地球不动，但是毕达哥拉斯学派的菲洛劳斯认为，地球与太阳、月亮一样，沿着倾斜圆周运动，受到这些启发，我开始思考地球运动的可能性。有些人对《圣经》断章取义，为自己的目的服务。"②这表明哥白尼在毕达哥拉斯数学天文学的启发下，已经开始走出基督教神学笼罩下的宗教宇宙论的阴影。哥白尼接着引述柏拉图批评托勒密的话："柏拉图认识到这门科学对人类灵魂的益处与美感。《法篇》第7卷中，他指出天文学把时间分为年与月，是为了对国家的节日与祭祀保持警觉与注视。柏拉图认为，如果有人否认天文学这门高深学科的重要性，就很难成为神职人员。托勒密利用了近400年的天文学观测资料，把天文学发展到完美，就技巧与勤奋而言，他远远超过他人。但我们观测到许多事实与他的结论并不吻合，还发现了他不知道的星辰的运动。"③这样有了天文学观测的新资料与柏拉图对天文学的重视与启发后，哥白尼才有可能突破基督教神学宇宙论的框架，走向数学化的天文学，使天文学成为与占星

　　① Arthur Farndell.All Things Natural,Ficino on Plato's Timaeus,Shephears-Walwyn LTD,2010,p3.

　　② 哥白尼:《天体运行论》,武汉出版社1992年版,前言。

　　③ 哥白尼:《天体运行论》,武汉出版社1992年版,第1—2页。

术相区分的科学。哥白尼的新世界体系对欧洲的触及是巨大的，随后的伽利略、开普勒与牛顿对天文学的物理学研究彻底冲垮了亚里士多德物理学体系的影响，促进了近代科学的崛起。

牛顿在物理学上的数学方法的范例直接引爆了近代欧洲哲学经验论与唯理论的争吵。因为对宇宙天体的研究一方面离不开经验观察的支持，另一方面在方法上也离不开数学直观的理智支持。近代哲学开始于笛卡尔的命题"我思故我在"，这就把理智直观地提到哲学的首要问题上，而这也是柏拉图的《蒂迈欧》的宇宙论未经审查的前提。柏拉图的《蒂迈欧》中理性与必然性的冲突在莱布尼茨那里概括为"自由与必然"与"连续性与不可分割性"。上帝创造的世界虽然是这个世界中最好的世界，但是恶的存在破坏了这一因果链条的统一性。理性既然是上帝创造宇宙的最好原则，但是偶然性的存在使理性的解释面临挑战。几何学的必然性与人类自由意志的冲突在莱布尼茨的"预订和谐"中得以解决，支配上帝创造的理性统一性与连续性在"单子论"中得以解决。

莱布尼茨说："柏拉图在他的《蒂迈欧》中说，世界之本源性存在于与必然性相联系的理智中。"[①]也即造物主本身就是理智与必然的统一。造物主以理智与几何学的方式创造的宇宙，必然面临现象世界多元化的挑战，但是理智始终是统一性的支配性的原则。斯宾诺莎相信，他通过数学可以为哲学最终走向科学开辟新的康庄大道的信心，在柏拉图看来是可笑的。德国古典哲学中唯一苛求回归柏拉图《蒂迈欧》的是拥有浓郁宗教气息的谢林。谢林对康德哲学的不满，促使他重新思考《蒂迈欧》中"理性与必然"的关系。谢林于1809年在《对人类自由本质的哲学研究》中批评"笛卡尔以来的近代欧洲哲学的共同缺陷是：没有自然，缺乏一种鲜活的证据"[②]。自然哲学是谢林早期思想的出发点。在谢林看来，自然哲学应该提供宇宙万物存在的内在动力与普遍结构。自然在谢林那里被认为是一种盲目的无意识的理智。这种理智在同与异的差异与共同作用下最终催生了人类的精神。自然在谢林看来是可见的精神，精神是不可见的自然。自然体

---

① 莱布尼茨：《神义论》，生活·读书·新知三联书店2007年版，第120页。

② 转引自萨利斯：《方圆说》，华东师范大学出版社2013年版，第218页。

现的是某种原初的理智。自然科学的目的是发现现象背后的真实理智。

近代哲学的启蒙理性经过德国古典哲学，最终证明了启蒙学者提倡的理性也不过是一种新的信仰。整个近代哲学的一个最大迷雾，就是以为哲学可以建筑在科学的地基之上，这在柏拉图的《蒂迈欧》看来是可疑的。在近代科学的土壤中，成长的近代哲学对理性世界的构想最终也不过是虔诚的虚构。当启蒙理性构想的新世界最终被实践证明也是谎言的时候，虚无主义就出场了。而虚无主义的基本信仰就是：世界上无所谓真理。从柏拉图《理想国》的"善理念"所引爆的"真理观念"，到基督教《约翰福音》的"道路与真理"，到尼采"对理性的信仰是虚无主义的根源"，使《理想国》的"高贵谎言"在《蒂迈欧》中被落实。

结　语

　　希腊人有着追求真理的顽强意志与不竭冲动。埃及祭司对梭伦所讲的话："你们希腊人都是孩子，永远长不大的孩子。"在他们身上体现了高贵的孩子气与牛犊气，常常把对追求真理的严肃与笨拙混合在一起。这种典型的哲人品性在柏拉图的《苏格拉底申辩》中体现得淋漓尽致。雅典法庭起诉苏格拉底的罪名：（1）引进新神；（2）腐蚀青年。喜剧作家阿里斯托芬在《云》中，嘲讽研究自然与天体而毫无理会城邦所信仰的奥林波斯众神的苏格拉底；苏格拉底肆无忌惮的辩证法追问，事实上是在质疑城邦政制的合理性。苏格拉底只承认"无知"而不承认"有罪"。追求真理还会犯罪，在苏格拉底看来是荒谬的、滑稽的。这就是由苏格拉底引领与追求的希腊人独有的"真理意识"。

　　柏拉图的《菲多》记载了临终的苏格拉底与门徒的对话，同时插叙了苏格拉底早年追随阿那克萨戈拉学习自然哲学的困惑：心灵能否安排万物？《理想国》叙述了苏格拉底对希腊诸神的攻击。《菲多》与《理想国》恰恰反证了《苏格拉底申辩》中的谎言。苏格拉底本可以像亚里士多德那样逃脱惩罚，他也可以选择永远沉默来应对法庭的审判。但他忠于雅典这个受智慧女神保护的城邦，他宁愿选择死亡也不愿意放弃对真理的追求；在他看来，生命如果不是用来终其一生追求真理与智慧，那么生命将毫无价值。在柏拉图那部讨论快乐与幸福的《菲莱布》中，最终把幸福规制在对知识的追求和对宇宙秩序的敬畏中，真实的快乐被纳入对神圣知识与神圣之善的一致性的追逐与模仿中。《理想国》在开篇与克法洛斯讨论"尘世快乐"，而结尾却停止在对宇宙天体的凝视与命运轮回的劝诫中。《理想国》中真理的"太阳"使得生活在洞穴中的居民眼花缭乱而丝毫不会理睬人类视觉的感受。《蒂迈欧》的核心是：理性对必然的劝说。而最大的必然恰恰是"创世之谜"，这个创世之谜拥有对真理的终极审判权而不会理睬人类的信念。一句话，希腊人身上拥有"真理强迫症"。苏格拉底死于对真理的狂热追求，而"柏拉图为真理所强制而不能不说，也不能不想。柏拉图对话隐藏着问题：世界是否存在一种力量，它能够迫使我们彻底而又永久同一。柏拉图虽然明白要寻找造物主之父与创造者是很困难的，即便找到，要把它展示给人类更是不可能的。尽管如此，他还是竭力克服这个困难，战胜这个不可能性。只有困难才能够激起他的兴趣，而他的哲学才华只有面对不可能性的时候，才能进入真正的工作状态"①。这就是苏格拉底死后柏拉图所走的哲学之路，这条道路潜伏在前苏格拉底的自然哲学冲动中，被巴门尼德对"真理之路"与"意见之路"的划分所规定。从《菲多》的"灵魂不朽"的论证，《理想国》对"善"的追求与《蒂迈欧》对潜伏在自然之中的那个决定着万物之存在根据的"最高存在"或"万物之王"，最终演进到《法律篇》对现实政制的探索，而数学恰恰是摆脱现象世界走向真实世界的最佳拐杖，同时也决定了《蒂迈欧》在柏拉图对话中的位置与创作意图：为《理想国》筹划的"最佳政制"辩护。

柏拉图的《菲多》在对"灵魂不朽"的论证陷入困境时，讲述了"大地神话"：（1）我们的地球处在天体的中央永恒不变，地球万物和谐有序；（2）我们人类处在海滨一隅之地的洞穴中，因此我们对"上面的世界"的认知仅仅通过视觉是有问题的；（3）我们从上面看宇宙的方法就是通过观察思考它在下面的模本来进行理智的想象。这是柏拉图物理学的最初叙述，这种叙述从荷马那里吸取了想象猜测与理智描绘。《菲多》暗示了人类研究宇宙面临的局限。无论埃及人，还是雅典人，都生活在地球的低洼之处，在他们开始理解我们生活的这个世界、我们与这个世界的关系时，始终受到视觉的限制。而对宇宙万物的理智想象催生了早期的伊奥尼亚学派的泰勒斯、阿那克西曼德与阿那克西美尼对宇宙万物起源的最初思考。西西里的岛屿林立的图形结构，催生了毕达哥拉斯学派的数学宇宙论的构想。早期希腊自然哲学的出现，使人从荷马-赫西俄德史诗描绘的物理现象中走出来成为可能，开始用自然本身解释自然，自然并不是偶然性力量的

---

① 列夫·舍斯托夫：《雅典与耶路撒冷》，上海人民出版社2004年版，第37-38页。

产品，而是渴望寻找现象背后的真实原因，并希望建立逻辑连贯的因果链条，这样就在"自然"与"超验"之间做出了区分。这是一个戏剧性的断裂，并由此产生了早期希腊自然哲学研究的中心：一与多。但是泰勒斯给出"世界由水组成"的自然解释。阿那克西曼德提出宇宙的边界问题即"无限"，对自然现象的解释又一次陷入迷茫。阿那克西美尼提出的"气"又返回到泰勒斯的处境。而出生于萨摩斯岛后移居南意大利的毕达哥拉斯专注于数学尤其是几何学，开始放弃具体物质元素，而是把抽象的数字作为宇宙万物的基质，物理世界是对数理世界的模仿，但是无论数或模仿都充满神秘。柏拉图的"理念"确实源自毕达哥拉斯学派的数的理念。爱利亚学派的巴门尼德批评毕达哥拉斯学派建立在连续的变动的数列基础之上对世界的解释，提出通往存在的真理之路与通往非存在的意见之路的区分，真理之路是逻辑谈论的对象，意见之路是感觉的对象，并把这两个世界割裂，虽然巴门尼德也承认现象世界并非虚无，现象世界也有自身的开端、运动与终结，而存在却无始无终保持永恒的"一"。巴门尼德就使得从存在到非存在成为不可能。巴门尼德的弟子芝诺则从反面论证了"一"不是"多"，并否定了"运动的可能性"。这就阻隔了宇宙秩序与城邦秩序之间的关联，也使"天道"与"人伦"无法衔接。柏拉图的《巴门尼德》绝不仅仅是"辩证法的练习"。柏拉图的《蒂迈欧》在叙述宇宙起源时所做的划分，沟通了"存在"与"非存在"，建立了宇宙和谐秩序、最佳城邦与人类灵魂和谐秩序之间的勾连，也使得《蒂迈欧》的宇宙论的数学解释，为《理想国》数学模型构建的最佳政制提供了支援。

如果说柏拉图的《巴门尼德》是为了"拯救现象"，那么《蒂迈欧》则是解释现象尤其是解决巴门尼德的困境，苟求通过数学算术与几何比率解释宇宙万物演化的进路，表达了柏拉图对前苏格拉底自然哲学的回应，但这种回应也始终笼罩在神话的布景之中。"这就是柏拉图在《蒂迈欧》中渴望产生的自然哲学，他通过蒂迈欧之口以神话的形式展现的是世界创造的相似性的叙事。柏拉图并不相信我们可以对物理世界有精确的描述，因为我们物理世界的对象总是变动转换的，我们只能从这里才能产生真实的知识的可能性。在《蒂迈欧》所叙述的世界的结构中，他把理念作为世界的基础。他这样做只是表明物理世界只不过是真实永恒世界的想象或模本。我们唯一的世界是造物主或神创造的。正是这位神圣的造物主使前存在的混乱无序的物质世界成为有秩序的世界，成为可能的和谐的世界。尽管柏拉图解释了世界的数学结构，但是他很少相信我们能够真正认知这个总是处于永恒变动的物理世界。我们对物理世界的认知相对于真实的知识也只是依据意见来进行分类。他使用了理智的抽象分析的方法，基于观察与对感觉的依赖，表明了这个城邦世界是理智的产物。"①

　　柏拉图是具有诗人气质的哲学家，即便是对宇宙天体的叙述也充满理智的想象与机智。宇宙天体与人类在柏拉图《蒂迈欧》的造物主与众神手中成了一种创造的艺术品。也许在柏拉图看来，物理学的本性与艺术的本性的互相吸引也是自然法则。海德格尔谈到诗性思维与科学思维的区别："到目前为止大为不幸的是：人们以为似乎科学思维才是惟一的和真正严格的思，惟有它，也必须是它才能成为哲学运思的准绳。可是事实却正好相反，一切科学的运思都只是哲学运思衍生出来的和凝固化了的形态。哲学绝不由也绝不通过科学产生。哲学与科学绝不齐肩并行，相反，哲学位于科学之先，这种在先不仅仅指'逻辑上的'或者说它处于科学总体系的范围内。哲学处于与精神性的此在的一种完全不同的领域与地位上。只有诗享有与哲学、哲学运思同等的地位。""在诗中（那些真正伟大的诗歌）都自始至终贯穿着与所有单纯科学思维对立的精神的本质优越性。由于这种优越性，诗人们总是像说在者那样说出与说及它们。在诗人的赋诗与思想家的运思中，总是留有广大的世界空间，在这里，每一个事物：一棵树、一座房屋、一座山、一声鸟鸣都显现出千姿百态，不同凡响。"②海德格尔的话是对以僵化的形而上学逻辑思维看待希腊自然哲学的批评，当然也适合《蒂迈欧》科学叙事的写作方式：神话（诗歌）与科学的艺术性的编制。《理想国》是柏拉图的苏格拉底用几何学的彩笔绘制的理想城邦；《克里蒂亚》是柏拉图的克里蒂亚用几何学的尺规勾勒的理想城邦的城市蓝图；《蒂迈欧》是柏拉图用几何与算术比率演绎的宇宙图景。这种图景在神

---

① Edward Grant.A History of Natural Philosophy,Cambridge University Press,2007,pp24-25.

② 海德格尔:《形而上学导论》,商务印书馆1996年版,第26-27页。

话的阴影下充满数学解释与逻辑论证的缺陷。《蒂迈欧》以数学解释物理现象的思路，与亚里士多德对物理世界的机械论解释产生了分歧，亚里士多德针对《蒂迈欧》的这一解释思路写作了《物理学》《论天体》《动物志》《论生成》。柏拉图数学化的宇宙解释，无法与亚里士多德的世俗化的生物学与物理学竞争。在以后的长时期内，亚里士多德对《蒂迈欧》的态度决定了柏拉图《蒂迈欧》的命运。新柏拉图主义重视亚里士多德的形而上学与逻辑学，使得他们尤其是普罗克洛斯也在对崛起的基督教毫无办法。

尼采曾经说："要理解一个哲人的形而上学的主张，健全的做法就是首先要理解这种主张的政治或道德意义。"那么，理解《蒂迈欧》必须把《蒂迈欧》安置到整个柏拉图对话中去。尼采曾经谈道："柏拉图的斯芬克斯本性，人们在柏拉图死后的枕头下没有发现埃及神学的东西，也没有毕达哥拉斯的东西，而是发现了阿里斯托芬的喜剧。"[1]阿里斯托芬的《云》讽刺了那个只知道研究宇宙天体而对城邦漠不关心的自然哲人——苏格拉底；在《云》中的苏格拉底，一点也不关心政治与道德。苏格拉底在"思想所"中所传授的"正义的逻辑与邪恶的逻辑"，恰恰颠覆的是政治社会美德的基础。柏拉图的《苏格拉底申辩》叙述了法庭上苏格拉底的言辞：苏格拉底自称是"众神的使者"，但众神似乎并不关心苏格拉底的命运。宇宙与人事的关系不像《理想国》与《蒂迈欧》所构建的那么密切。不过，"阿里斯托芬曾经写作探讨宇宙与城邦政制关系的喜剧《鸟》"[2]。柏拉图的《蒂迈欧》是为了回应阿里斯托芬的《鸟》；柏拉图在《蒂迈欧》的开篇植入《理想国》，是为《理想国》中的最佳城邦政制进行辩护。从这个意义上也可以说，《蒂迈欧》就是一篇科学的喜剧。柏拉图与苏格拉底一样，拥有斯芬克斯爱提问的个性：宇宙和谐的秩序能否为城邦最佳政制提供样本？

---

① 尼采：《善恶的彼岸》，中央编译出版社2000年版，第31页。
② 施特劳斯：《苏格拉底与阿里斯托芬》，华夏出版社2011年版，第167页。

主要参考文献

英文文献

［1］COOPER J M.Plato：The Complete Works［M］.Indianapolis：Hackett Publishing Inc.1989.

［2］TARRANT H.Proclus：Commentary on Plato's Timaeus I, Proclus on the Socratic State and Atlantis［M］.Cambridge：Cambridge University Press，2006.

［3］SHARE M.Proclus：Commentary on Plato's Timaeus Ⅱ, Proclus on the Causes of the Cosmos and Its Creation［M］.Cambridge：Cambridge University Press，2008.

［4］BALTZLY D.Proclus：Commentary on Plato's Timaeus Ⅲ, Proclus on the World's Body［M］.Cambridge：Cambridge University Press，2006.

［5］BALTZLY D.Proclus：Commentary on Plato's Timaeus Ⅳ, Proclus on the World's Soul［M］.Cambridge：Cambridge University Press，2006.

［6］BALTZLY D.Proclus：Commentary on Plato's Timaeus Ⅴ, Proclus on Time and the Stars［M］.Cambridge：Cambridge University Press，2013.

［7］TATLOR A E.A Commentary on Plato's Timaeus［M］.Oxford：Oxford University Press，1928.

［8］HUFFMAN C A.Archytas of Tarentum［M］.Cambridge：Cambridge University of Press，2005.

［9］HUFFMAN C A.Philolaus of Croton［M］.Cambridge：Cambridge University Press，2003.

［10］BENARDETE S.The Argument and Action［M］.Chiago：The University of Chiago Press，2000.

［11］ROSAN L J.The Philosophy of Proclus［M］.California：The University of

California Press，1949.

[12] ROSEN S.Plato's Republic：a Study [M].Yale：Yale University Press，1992.

[13] VOGAL C.Pythagoran and Early Pythagraism [M].Oxford：Oxford University Press，2001.

[14] MORROW G R.Proclus：a Commentary on the First Book of Euclid's Elements [M].Princetion：Princetion University Press，1970.

[15] BURKERT W.Pythagorean Question [M].Harvard：Harvard University Press，1972.

[16] HAUBOOLD J H.Plato and Hesiod [M].Cambridge：Cambridge University Press，2005.

[17] BRUMBAUGE R S.Plato's Mathematical Imagination [M].Indiana：Indiana University Press，1988.

[18] WATERFIELD A.Plato's Timaeus and Critias IX [M].Oxford：Oxford University Press，2008.

[19] NIETZSCHE F W.Nietzsche：the Gay Science：with a Prelude in German Rhymes and an Appendix of Songs [M].Cambridge：Cambridge University Press，2001.

[20] WILBERDING J.Plotinus' Cosmology：a Study of Ennead [M].Oxford：Oxford University Press，2006.

[21] STAMATELLOS G.Plotinus and the Presocratics [M].New York：State University of New York Press，2007.

[22] BARNES，JONATHAN.Porphyry Introduction [M].Oxford：Oxford University Press，2003.

[23] ADAMSON P.The Cambridge Companion to Arabic Philosophy [M].Cambridge：Cambridge University Press，2005.

[24] O'MEARA D J. Pythagoras Revived [M].Oxford：Oxford University Press，1989.

[25] WEAR S H.The Teachings of Syrianus on Plato's Timaeus and Par-

menides[M].Boston：Boston University Press，2011.

[26] CLAY J S.Hesiod's Cosmos [M].Cambridge：Cambridge University Press，1990.

[27] VERNANT J.Myth and Thought among the Greeks [M].New York：Zone Books，2006.

[28] VAN R M，BERG D.Proclus' Hymns[M].Leiden：Leiden Library of Congress，2001.

[29] ARCHER-HIND R D.The Timaeus of Plato [M].Cambridge：Cambridge University Press，1888.

[30] DORTRE J M.The Transformation of Plato's Republic [M].Cambridge：Cambridge University Press，2006.

[31] FAUVEL J.Music and Mathematics[M].Oxford：Oxford University Press，2006.

[32] THOMAS I.Greek Rational Medicine[M].Harvard：Harvard University Press，1992.

[33] STRAUSS L.Plato's Republic[M].Chicago：University of Chicago Press，1957.

[34] SCHINDLER D C.Plato's Critique of Impure Reason [M].Catholic：The Catholic University Press，2008.

[35] SEOLNICOY S.Plato's Parmenides[M].Cambridge：Cambridge University Press，2002.

[36] LAMBERTON R.Homer：the Theologian [M].California：University of California Press，1989.

[37] STRAUSS L.The City of Man [M].Chicago：The University of Chicago Press，1964.

[38] STAUFFER，DEVIN.The Unity of Plato's Gorgias[M].Cambridge：Cambridge University Press，2006.

[39] HACKFORTH R.Plato's Examination of Pleasure[M].Cambridge：Cambridge University Press，1945.

［40］STRAUSS L.Natural Right and History［M］.Chicago：The University of Chicago Press，1952.

［41］SEVETH S G.Plotinus on Number［M］.Oxford：Oxford University Press，2000.

［42］ALLEN M J B.Nuptial Arithmetic：Marsilio Ficino's Commentary on the Fatal Number in Book Ⅷ of Plato's Republic［M］.California：University of California Press，1994.

［43］BARKER A.The Science of Harmonics in Classical Greece［M］.Cambridge：Cambridge University Press，2007.

［44］OPSOMER J.Proclus on the Existense of Evils［M］.Cornell：Cornell University Press，2003.

［45］SCOTT，DOMINIC.Plato's Meno［M］.Cambridge：Cambridge University Press，2005.

［46］LE Ⅵ N F R.Greek Reflections on the Nature of Music［M］.Cambridge：Cambridge University Press，2009.

［47］STEVENS J.Greek Musical Writtings Ⅱ［M］.Cambridge：Cambridge University Press，2002.

［48］JOHANSEN T K.Plato's Natural Philosophy［M］.Cambridge：Cambridge University Press，2004.

［49］GRANT E.A Histrory of Natural Phlosophy［M］.Cambridge：Cambridge University Press，2007.

［50］PARENS J.An Islmic Philosophy of Virtuous Religions［M］.New York：State University of New York Press，2006.

［51］DODDS E R.The Elements of Theology：a Revised Text with Translation and Introduction and Commentary（Clarendon Paperbacks）［M］.Oxford：Oxford University Press，1971.

［52］MORGAN K.Myth and Philosophy［M］.Cambridge：Cambridge University Press，2004.

［53］PANGLE T.The Law of Plato［M］.Chicago：The University of Chicago

Press,1980.

中文文献

[1]保罗·朗多米尔.西方音乐史[M].朱少刊,等译.北京:人民音乐出版社,1989.

[2]柏拉图.理想国[M].王扬,译.北京:华夏出版社,2011.

[3]柏拉图.法律篇[M].张智仁,译.上海:上海人民出版社,2001.

[4]薇依.柏拉图对话中的神:薇依论古希腊文学[M].吴雅凌,译.北京:华夏出版社,2012.

[5]普洛克罗.柏拉图的神学[M].石敏敏,译.北京:中国社会科学出版社,2007.

[6]崔振华,陈丹.世界天文学史[M].长春:吉林教育出版社,1993.

[7]拉尔修.明哲言行录[M].马永翔,等译.长春:吉林人民出版社,2010.

[8]哥白尼.天体运行论[M].叶式辉,译.武汉:武汉出版社,1992.

[9]黑格尔.精神现象学[M].王玖兴,译.北京:商务印书馆,1979.

[10]海德格尔.存在与时间[M].陈嘉映,王庆节,译.北京:生活·读书·新知三联书店,2006.

[11]海德格尔.路标[M].孙周兴,译.北京:商务印书馆,2009.

[12]海德格尔.演讲与论文集[M].孙周兴,译.北京:生活·读书·新知三联书店,2005.

[13]柏拉图.柏拉图的《会饮》[M].刘小枫,译.北京:华夏出版社,2003.

[14]列夫·舍斯托夫.雅典与耶路撒冷[M].张冰,译.上海:上海人民出版社,2004.

[15]列奥·施特劳斯.苏格拉底与阿里斯托芬[M].李小均,译.北京:华夏出版社,2011.

[16]列奥·施特劳斯.政治哲学史[M].李天然,等译.石家庄:河北人民出版社,1998.

[17]克莱因.柏拉图的三部曲[M].上海:华东师范大学出版社,2006.

[18]莱布尼茨.神义论[M].朱雁冰,译.北京:生活·读书·新知三联书

店,2007.

[19]苗力田.古希腊哲学[M].北京:中国人民大学出版社,1989.

[20]亚里士多德.亚里士多德全集:第2卷[M].北京:中国人民大学出版社,2009.

[21]普罗提诺.九章集[M].石敏敏,译.北京:中国社会科学出版社,2009.

[22]色诺芬.回忆苏格拉底[M].吴永泉,译.北京:商务印书馆,1984.

[23]施莱尔马赫.论柏拉图对话[M].黄瑞成,译.北京:华夏出版社,2011.

[24]马特.柏拉图与神话之镜:从黄金时代到大西岛[M].吴雅凌,译.上海:华东师范大学出版社,2008.

[25]尼采.悲剧的诞生[M].赵登荣,译.桂林:漓江出版社,2000.

[26]尼采.曙光[M].田立年,译.桂林:漓江出版社,2000.

[27]尼采.希腊悲剧时代的哲学[M].李超杰,译.北京:商务印书馆,2006.

[28]尼采.快乐的科学[M].黄明嘉,译.桂林:漓江出版社,2000.

[29]尼采.查拉斯图拉如是说[M].尹溟,译.北京:文化艺术出版社,2003.

[30]尼采.善恶的彼岸[M].赵千帆,译.北京:商务印书馆,2015.

[31]尼采.重估一切价值:上[M].张念东,凌素心,译.北京:商务印书馆,2011.

[32]尼采.权力意志[M].贺骥,译.桂林:漓江出版社,2000.

[33]亚里士多德.形而上学[M].吴寿彭,译.北京:商务印书馆,1997.

[34]亚里士多德.尼各马可伦理学[M].廖申白,译.北京:商务印书馆,2003.

[35]亚里士多德.物理学[M].张竹明,译.北京:商务印书馆,2009.

[36]柏拉图.泰阿泰德·智术之师[M].严群,译.北京:商务印书馆,1963.

[37]戈登,等.戏剧诗人柏拉图[M].刘麒麟,黄莎,等译.北京:华夏出版社,2007.

[38]威廉逊.希腊化世界中的犹太人：菲洛思想引论[M].徐开来,林庆华,译.北京：华夏出版社,2003.

[39]谢文郁.道路与真理：解读约翰福音思想史密码[M].上海：华东师范大学出版社,2012.

[40]萨利斯.方圆说[M].孔许友,译.上海：华东师范大学出版社,2013.